天水简史

TIANSHUI JIANSHI

天水市社会科学界联合会 编

刘雁翔 著

兰州大学出版社
LANZHOU UNIVERSITY PRESS

图书在版编目（CIP）数据

天水简史 / 刘雁翔著. -- 兰州 ： 兰州大学出版社，
2025. 6. -- ISBN 978-7-311-06915-5

Ⅰ. K294.23

中国国家版本馆 CIP 数据核字第 20256Y0Y02 号

责任编辑　张国梁
封面设计　肖　勇

书　　名	天水简史
	TIANSHUI JIANSHI
作　　者	刘雁翔　著
出版发行	兰州大学出版社　（地址：兰州市天水南路222号　730000）
电　　话	0931-8912613(总编办公室)　0931-8617156(营销中心)
网　　址	http://press.lzu.edu.cn
电子信箱	press@lzu.edu.cn
印　　刷	陕西龙山海天艺术印务有限公司
开　　本	710 mm×1020 mm　1/16
成品尺寸	170 mm×240 mm
印　　张	20
字　　数	302千
版　　次	2025年6月第1版
印　　次	2025年6月第1次印刷
书　　号	ISBN 978-7-311-06915-5
定　　价	78.00元

前　言

　　天水地处祖国腹地，横跨黄河、长江两大水系，扼守关陇咽喉，雄踞甘肃东南部，历来为陇东南军事、交通要冲和政治、经济、文化中心。现辖秦州、麦积两区和秦安、甘谷、武山、清水、张家川回族自治县5县，总面积1.43万平方千米，总人口372万。

　　天水历史文化源远流长，是中华文明的重要发祥地。考古发现有数千万年前的古代生物化石，出土有距今3.8万年旧石器时代的"武山人"头骨化石。进入新石器时代，先民在这里的活动更加频繁，现已发掘的以秦安县大地湾、秦州区西山坪和师赵村等为代表的新石器时代文化遗址多达数百处，大量珍贵文物的出土对研究中国古代人类活动、原始文化及其发展蜕变过程有着十分重要的意义。

　　天水的远古历史文化是从伏羲开始的。伏羲是中华民族敬仰的人文始祖，居三皇之首，有关伏羲的传说在中国源远流长，有关伏羲的记载在先秦典籍及以后历代的古籍中累见不鲜。唐代历史学家司马贞作补《史记》之《三皇本纪》载华胥"生庖牺于成纪"，庖牺即伏羲，成纪即天水。伏羲画八卦、造书契、制嫁娶、结网罟、兴渔猎、造历法、定节气、制琴瑟，在多个领域都有开创性成就，反映了早期人类对自然规律的认知与技术创造，在推动远古氏族社会进步中产生深远的影响。

与伏羲时代相对应的大地湾原始村落遗址，点燃了远古黄河文明的曙光。大地湾遗址位于甘肃省天水市秦安县五营镇，总面积约275万平方米。大地湾文化层在距今7800年至4800年之间，其一期文化比著名的仰韶文化代表西安半坡文化要早1000年。大地湾先民在此定居、活动达3000年之久，考古出土的地画、宫殿式建筑、彩陶和黍谷等，是人类早期文明的考古学实证，具有十分重要的历史文化研究价值。

天水是秦人逐步向东扩张、统一六国、建立秦王朝的起点。秦人先祖在天水一带为周王室养马，获得封地、姓氏与地位，正式登上历史舞台。在长达300多年的时间里，秦人在此兴起并建国，产生和形成秦早期文化。天水境内的李崖遗址、马家塬墓地、毛家坪遗址、放马滩遗址，见证了秦早期文化的辉煌。秦襄公护送周王立功，封侯获地；秦文公迁都"汧渭之会"，占领岐西，经略关中。两代国君在嬴秦故国天水完成嬴秦东向发展、挺进中原的战略转移，为秦的昌盛奠定了最重要的基石。

三国时期，天水成为魏蜀两国争夺的战略要地，是陇右枢纽、关陇屏障、蜀汉北伐的跳板。这一时期为后世留下众多著名的战役、人物和脍炙人口的故事，诸葛亮兵出祁山、智收姜维，魏蜀决战街亭、木门道射杀张郃等著名战例和轶闻典故就发生在天水，众多三国古战场遗迹使天水成为当今研究发掘三国文化的重要地区。

南北朝时期，佛教文化在此兴盛，天水作为丝绸之路东段的重要节点和陇右佛教传播中心，石窟开凿活动十分活跃。麦积山石窟成为佛教艺术的重要代表，中原与西域的艺术风格在麦积山石窟的壁画与雕塑中相得益彰，在历史上留下了浓墨重彩的一笔。

此后，以麦积山石窟为核心，以仙人崖石窟、大像山石窟、华盖寺石窟、水帘洞石窟群、木梯寺石窟等众多石窟为主线的"百里石窟艺术走廊"构成天水佛教石窟文化的宝库。

隋唐时期，由于连接着长安与河西走廊，天水成为丝绸之路"陇右道"的枢纽，是中原与西域各族经济文化交流的重要地区。这里商旅往来频繁，佛教艺术、粟特文化、波斯文化与中原文化在此不断碰撞融合。唐肃宗乾元二年，杜甫流寓秦州，留下《秦州杂诗》20首等诗作，真实反映出唐时西北边疆的危机与战乱史实，填补了正史记载的空白，堪称以诗存史的典范。

五代十国时期，天水地区先后被后梁、前蜀、后蜀、后唐等政权占据，战乱频繁。宋元时期，天水地区多次成为战争的焦点。宋夏战争、宋金战争等多次在此地爆发。尽管如此，而各民族在这里相互交流、融合，形成了独特的文化景观。

明清时期，天水地区的手工业和商业得到进一步发展，成为西北地区重要的经济中心之一。同时，天水地区的文化教育也得到长足进步，涌现出著名学者胡缵宗、"关西师表"巩建丰、"陇上铁汉"安维峻、"陇南文宗"任其昌以及教育家张世英、实业家哈锐等许多著名人物。

近代以来，天水人民在民族危亡之际，积极投身于革命斗争。辛亥革命爆发后，秦州起义首次将民主共和的旗帜插到了甘肃大地上。抗日战争时期，天水成为西北抗战大后方的中心之一，为抗日战争的胜利作出了重要贡献。1949年8月，天水解放。随后，天水地区经历多次行政区划调整，1985年7月，经国务院批准，撤销天水地区，实行市管县体制，天水市升为地级市。

沧海桑田，斗转星移。站在新的历史起点上，今天的天水，正在积极融入"一带一路"倡议，不断培育壮大装备制造业、现代农业、文化旅游等特色产业，深度参与对外交流合作，努力打造丝绸之路经济带建设中"向西开放"战略的重要基地。围绕省委、省政府提出的"三区一地一中心"发展定位，聚焦"建设区域中心城市，推动老工业基地走出高质量发展新路子"的目标，深入推进"四强"行动，全力做好"五量"文章，努力书写着推动经济社会高质量发展的崭新篇章。

纵观天水的历史发展，主要呈现出以下几个特征：

文明肇启，华夏始祖开天立极之源。天水是人文始祖伏羲的诞生地，素有"羲皇故里"之称。天水还是女娲、轩辕黄帝的诞生地，秦安县、清水县被称为"娲皇故里""轩辕故里"。新石器时代大地湾遗址出土的彩陶、地画等文物，印证天水在农耕文明起源中的关键地位。天水还是嬴秦故里，秦先祖秦非子受封于此，其后人筚路蓝缕，励精图治，建立了历史上第一个中央集权封建王朝。

兼收并蓄，多元共生的文化交融地。天水地处中原农耕文明与西戎游牧文明交汇处，自古以来是多民族聚居的地区，这种特殊地理位置促使其成为多元文化融合的前沿阵地。秦汉至三国时期戎、氐、羌散居，魏晋南北朝时期"五胡"遍布杂居，隋唐时各民族聚居盛极一时。北宋时，天水是抵御西夏的前线；南宋归金，回族、蒙古族等迁入，形成新的格局。在绵长的历史发展进程中，各民族聚居，多元文化交织，形成独特的文化景观。

关陇锁钥，军政兼重的战略要地。历史上，天水是连接关中与河西的门户，是控制陇右与巴蜀的咽喉，《读史方舆纪要》称天水为"关陇之喉舌"。从秦武公在境内设置邽县、冀县，到西汉武帝设立天水郡，再到隋唐时期的州县制，天水一直是西北地区重要的政治中心。三国时期，天水的归属直接关系到蜀汉能否打通陇右、进取关中，十六国时期成为多民族政权争夺的战略基地，唐后期多次成为唐蕃反复拉锯的战场。宋夏战争、明清西北战事中，双方围绕邽山山脉展开的交通控制权争夺从未间断。历史上众多名将驻守在此驻防征战，为维护国家统一、民族团结发挥了重要作用。

丝路通衢，商贾辐辏的流通中枢。天水是丝绸之路西出长安第一重镇，是"陇右道"关键枢纽。大批僧侣、商贾经停天水，译经传教、开窟造像、贸易往来，促进了东西方文化的交流。盛唐时期，经济贸易活动十分活跃，史书载"富庶者无如陇右"。南宋与金国对峙时期，设立于南宋绍兴年间的天水榷场，为边地贸易发展和文化交流起到重要作用。从大地湾遗址的制陶、纺织业，到秦汉时期的铜、铁生产及冶炼、加工，再到明清时期的盐铁、漆器生产，天水的手工业一直保持着较高的水平。

红色走廊，星火燎原的革命热土。天水人民具有强烈的革命意识和斗争精神。五四运动后，马克思主义在天水传播，天水籍学生受其影响积极投身反帝反封建斗争。中国共产党成立后，天水孕育出一批优秀的共产党员和地方党组织。1925年，葛霁云等成立"天水学会"，传播马列主义，后王承舜到天水组织农民协会，掀起农民运动热潮。红二十五军和红一、二、四方面军长征先后过境天水，在其时天水下辖的徽县、成县、两当和武山等地建立苏维埃政权，推动了中国革命形势的发展。中国人民解放军第一野战军解放天水，为解放整个西北地区奠定基础，对中国革命的胜利、新中国成立作出了重要贡献。

修史立典，存史启智，以文化人，是中华民族赓续数千年的传统。习近平总书记强调要"着力提高研究水平和创新能力，推动相关历史学科融合发展"，这为新时代史学发展指明了方向。站在迎接中国式现代化的伟大征程的历史起点上，认真梳理天水历史发展脉络，对于今天建设幸福美好新天水具有十分重要的意义，而关于天水的历史，一直缺少一部系统凝练、雅俗共赏，融学术性与普及性于一体的通俗读本。故此，2023年初，在天水市委宣传部、天水市社会科学界联合会的共同策划和全力推动下，《天水简史》的编纂出版工作正式启动。《天水简史》按中国通史通行办法分期，共9章，计有故事100个，其中有遗址文物、重大事件、杰出人物等，力图涵盖政治、军事、经济等各个方面的主要内容。比如，第二章秦汉时期，设秦权、甘谷汉简、河峪摩崖石刻等目写遗址文物；设天水郡、隗嚣割据陇右、羌人反抗斗争等目写重大事件；设"飞将军"李广、壮侯赵充国、西域都护段会宗、两个真隐士、汉阳上计吏赵壹等目写杰出人物。如第六章隋唐五代时期，设李唐王朝的祖籍目，专论唐朝将自家李姓郡望确定为"陇西李氏"，次级地望为"陇西成纪"或"陇西狄道"的来龙去脉；第七章设"天水一朝"目，专论嬴姓和赵氏的关系，赵宋王朝坚持将确认以天水为郡望的原因，以至学者以"天水一朝"代指宋朝，用以解惑。如设"秦州之风土，多出国色"目说天水白娃娃由来有自，设"沈括谑说秦州人"目述沈括开秦州人玩笑的公案，以增加趣味。如设杨应琚《天水七日记》，摘取其《据鞍录》日记而为之，以节"导读"之法引导读者阅读乾隆四年（1739年）杨亲眼所见秦州之山川地理、风景名胜、轶闻掌故；设地方志所载秦州物产目，叙秦州清代的粮食、蔬菜、植物、动物等物产，以广见识。

《天水简史》将天水看似分散的地理特征、历史事件、文化符号、哲学思想等，通过核心线索编织构建成有机体系，各部分之间相互关联、相互印证，结构精巧，逻辑清晰。以时间为"经"，全景式展现天水作为历史舞台的纵深感和连续性；以空间为"纬"，立体式呈现天水作为八千年文脉传承地的丰富肌理。全书在叙事风格上空间与时间交织，宛如一幅画卷，体现出天水古今交融、生生不息的城市生命力。作者不仅是在介绍天水，更是在展现一方水土所孕育的独特精神气质，其写作本身就是一次充满挑战也极具魅力的文化建构。

钱穆在《国史大纲》中写道，"当相信任何一国之国民，尤其是自称知识在水平线以上之国民，对其本国以往历史，应该略有所知"。编写《天水简史》的目的在于简明、系统地梳理天水历史的脉络，揭示天水历史的特征，弘扬天水的优秀历史文化。在《天水简史》的编写过程中，团队成员多次召开研讨会，对书稿的内容、结构和观点进行了反复讨论和修改，最终放弃常见的章节体，以大编目+历史故事的形式编写，目的就是简明扼要、通俗易懂，便于阅读、利于宣传。应该指出的是，《天水简史》并不是以往地方历史文化研究专著的内容概要。我们始终坚持用辩证唯物主义和历史唯物主义的立场、观点和方法，注重全面吸收最新研究成果，坚持学术性、普及性并重，以求利于大众阅读。《天水简史》的出版，为新时代弘扬地域文化提供了重要载体，这既是对习近平总书记文化传承发展重要指示的践行，也是让深藏典籍的天水文脉真正活起来、传下去、以文化软实力赋能城市发展的创新实践。我们期待这部简史能成为广大干部鉴往知今的案头卷、群众喜闻乐见的教科书、青少年培根铸魂的乡土志，通过读史明智的阅读实践，激扬文化自信之力，厚植"知天水、爱天水、兴天水"的赤子情怀，激发"建家乡、报家国、担大任"的使命担当，争做幸福生活的创造者、文明传承的接力者，共同绘制既有历史厚度又有时代温度的当代画卷。

"以史为鉴，开创未来"。站在实现中华民族伟大复兴的新起点上，372万天水人民正在历史的现实中埋头苦干、勇毅前行，奋力谱写新时代经济社会高质量发展的崭新篇章。衷心希望广大文化工作者不忘初心、牢记使命，充分发挥知古鉴今、资政育人作用，不忘本来、吸收外来、面向未来，讲好天水历史、写好天水故事，推出更多历史文化研究成果，为丰富和满足人民群众精神文化需求、为建设文化强市作出积极贡献！

天水市社会科学界联合会

2025年5月6日

目　录

图版目录

第一章　史前时期

史前时代，也就是考古学上的旧石器时代和新石器时代。今天水市境内有相关遗址400余处，主要分布在渭河流域的河谷地带台地上。武山狼叫凸遗址是旧石器时代的代表，距今约3.8万年，出土"武山人"头骨化石。大地湾文化、仰韶文化、马家窑文化、齐家文化等典型古文化遗址在境内多有分布，彩陶产业发达、丰富灿烂，石岭下类型文化富有地域特色。而距今7800—4800年的大地湾遗址则是新石器时代的典型代表，规模宏大，出土文物众多。此外，重要的遗址有：秦州区的西山坪遗址、师赵村遗址，麦积区的柴家坪遗址，秦安县的王家阴洼遗址，清水县的永清堡遗址，张家川的疙瘩川遗址，甘谷的礼辛遗址，武山县的石岭下遗址、种谷台-傅家门遗址，等等。

一、狼叫凸遗址

遗址在武山县鸳鸯镇苟家山村，下层为旧石器时代晚期遗址，上层有新石器时代遗存，核心区面积35万平方米。甘肃省境内发现的旧石器时代遗址只有20余处，而发现人头骨化石的遗址少之又少，而此遗址出土2具人头骨化石，更是罕见难得。经碳14测定，距今约3.8万年，中国科学院研究人员命名为"武山人"。2013年，遗址被公布为全国重点文物保护单位。

第一具人头骨化石为1984年地质工作者野外勘查时采集。化石存颅盖骨部分，包括额骨和左右顶骨。在额骨鼻突前端附着一小段鼻骨，鼻根部完整，颅骨两侧翼区各附着一块蝶骨大翼的顶端。据研究，化石属一男性个体，年龄在20岁左右。现藏甘肃省博物馆。

图1-1　狼叫凹遗址

第二具人头骨化石系1987年村民平整荒地时发现。之后，中国古脊椎动物与古人类研究所研究人员多次前往狼叫凹遗址调查。经现场勘察，确认第二具和第一具人头骨化石相距1.2米，出土于同一地层。此化石保存几近完整，顶骨、额骨、蝶骨、颞骨、颧骨、枕骨、下颌骨和上颌骨等齐全，上下颌骨上还保留有侧门齿1颗、犬齿2颗，第一前臼齿2颗、第二前臼齿3颗，第一臼齿2颗、第二臼齿3颗，第三臼齿1颗，共14颗。颅骨最宽14.7厘米，长16.8厘米，高16.9厘米；下颌骨高6.6厘米，宽11.5厘米，长10.9厘米，重685克。经鉴定，化石属一壮年女性个体，年龄在35岁左右。现藏武山县博物馆。

此两具人头骨化石的接连发现，对于甘肃省的旧石器时代考古意义重大，彻底改变了以往"只见器物不见人"的缺憾。

考古学实践证明，旧石器时代是人类社会演进的必由阶段，其时段大约为距今300万年至1.2万年，人类历史的99%即是旧石器时代。这个时代社会发展极为缓慢，但在学术研究层面和新石器时代同样重要，因为这个时代记录着人类艰难进步的过往。

据相关研究，"武山人"在体质形态上和广东的"马坝人"、广西的"柳江人"接近，代表着比北京"山顶洞人"更原始的早期蒙古人种类型。中国境内迄今发现最早的人类遗迹在河北原阳县，其"泥河湾人"距今约200万年。若单纯

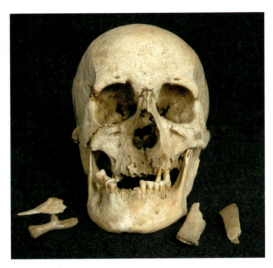

图1-2　"武山人"头骨化石

以年份比较，"武山人"似乎无足道哉，但作为晚期智人阶段的代表，对研究东亚古人类演化和中国现代人的起源具有重要意义，也可证渭河上游是早期先民活动的区域之一。

狼叫凹旧石器时代遗址发现有先民使用锤击、砸击和碰砧等方法生产的石片、体积较小的漏斗状石核和利用台面脊棱为打击点的石片。还有一件三棱大尖状器，有些锤击石片又长又薄，表现出较熟练的打片技术。由此可以部分复原"武山人"的生活场景。

二、大地湾遗址

遗址在秦安县五营镇邵店村东侧葫芦河支流清水河南岸的二三级台地及缓坡山地上，总面积275万平方米。1958年甘肃省第一次文物大普查时发现。1978—1984年，甘肃省博物馆文物工作队连续发掘，发掘总面积计14752平方米，共清理发掘房屋遗址240座、灶址98个、灰坑和窖穴325个、墓葬71座、窑址35座、沟渠12段，累计出土陶器4147件、石器（包括玉器）1931件、骨角蚌器2218件、动物骨骼17000件。1988年，遗址被公布为全国重点文物保护单位。2001年，被学术界评定为中国20世纪百项

考古重大发现之一。

遗址文化内涵可分为五期，即前仰韶文化前期，仰韶文化早、中、晚期，仰韶文化向齐家文化过渡的常山下层遗存，学术界通常称为大地湾一期、二期、三期、四期、五期。考古年代从距今7800年一直沿续到距今4800年，上下跨越3000年。

一期文化距今约7800—7300年，和关中老官台文化相当，是西北地区迄今为止考古发现年代最早的新石器文化遗址。出土绳纹碗、三足钵彩陶器200余件；并出土炭化黍颗粒，是为中国最早的旱作农业标本之一。

二期文化距今约6500—5900年，和仰韶文化半坡类型相当。典型器物有人头形器口彩陶瓶、彩陶圆底鱼纹盆、小口尖底瓶、玉凿、玉锛等。出土方形、长方形半地穴式房址156座，可证氏族村落之繁荣。

图1-3　大地湾二期人头形器口彩陶瓶

三期文化距今约5900—5500年，和仰韶文化庙底沟类型相当。典型器物有陶鼓、曲腹勾叶圆点纹彩陶盆等，彩陶艺术进入鼎盛期。房址大者达

60平方米。

四期文化距今约5500—4900年，和仰韶文化石岭下类型、马家窑文化马家窑类型相当。典型器物有犬纹陶壶，四足鼎、簸箕形器物、条形盘、釜组成的量器，汉白玉权杖头等。大型器增多，彩陶减少。房室以平地建筑为主，山坡中轴线上有大型殿堂式建筑F901。F901占地面积420平方米，由前厅、后室、左右侧室及门前棚廊式建筑组成，居住面以料礓石煅烧后加红黏土构成，耐压强度相当于100#沙石水泥混凝土，是为迄今国内发现最早、体量最大的宫殿式建筑之一。距今约5000年的F411房屋基址，地面有黑色颜料绘制而成的原始地画，有"华夏第一画"之称。按苏秉琦"古文化—古城—古国"学说，此时的大地湾处于古国阶段，有学者称为"陇山古国"。

五期文化距今约4900—4800年，文化面貌和常山下层文化相当。出土器物较少，均为素面。

大地湾遗址规模宏大，遗存丰富，文物精美，意义深远，为研究中华文明起源提供了丰富珍贵的史料。正因为如此，大地湾文化遗址有"原始社会小太阳"之誉。对于其内涵和意义，考古学家严文明在为2002年出版的《大地湾考古研究文集》作序时有一段评述：

　　大地湾遗址的发掘，在20世纪80年代的中国新石器时代考古研究中是一件大事。其重要性主要表现在三个方面：一是在甘肃东部找到了一个从大地湾一期文化或老官台文化经仰韶文化早期、中期、晚期到常山下层文化的比较完整的相对年代系列，为陇东及其周围地区新石器时代文化的发展建立了一个可靠的标尺；二是由于大地湾遗址所处的位置适当中原—关中地区和甘肃地区的交界，对研究两个地区之间文化关系具有特殊重要的意义，这从大地湾各期文化的具体内容中可以比较充分地反映出来；三是大地湾各期文化的聚落演变是从小到大，从简单到复杂，从内部平等的凝聚式到有中心和等级分划的高级聚落，发展线索非常清楚，为中国文明起源的研究提供了一个可贵的实例……仅此三项就足以说明大地湾遗址的发掘在中国新石器时代考古研究中的重要意义。

2011年，位于大地湾遗址山麓的大地湾博物馆建成开馆。此馆占地面积44.89亩，建筑面积3155平方米，其中展厅面积1496平方米。博物馆为半地穴式建筑，外墙以黄土泥皮装饰，古朴自然。馆藏文物4200件，其中一级文物45件，二级文物20件，三级文物27件。基本陈列以"文明序曲——大地湾遗址考古成果展"为主题，根据建筑结构及空间特点划分为"发掘保护""岁月遗痕""陶风彩韵""天地伴眠"四个单元，以文化分期为序，系统展示大地湾遗址考古发掘出土的最具代表性的文物315件，其中珍贵文物70件。

图1-4　大地湾博物馆

三、新石器时代

天水市及所辖秦州、麦积二区，秦安、清水、张家川、甘谷、武山五县之博物馆基本上是以地方通史为序陈展，其中一个共同的特点是新石器时代的见证物彩陶器最引人注目，数量众多，制作精美。

谢端琚曾长期担任中国社会科学院考古研究所甘青考古队队长，1981—1990年曾主持天水师赵村和西山坪遗址的发掘，天水市博物馆历史文物基本陈列"天水新石器时代考古学文化发展序列表"即参照其《甘青地区史前考古》所列甘青东部地区史前发展序列"编年"编制，眉目清晰，简明扼要。

表1-1　天水新石器时代考古学文化发展序列表

文化及类型		时代	主要文化遗存
大地湾一期文化		前6200—前5300	秦安大地湾遗址一期、天水西山坪遗址一期
师赵村一期文化		前5300—前4900	天水师赵村遗址一期、天水西山坪遗址二期
仰韶文化	半坡类型	前4800—前3800	秦安大地湾遗址二期、王家阴洼遗址、天水师赵村遗址二期、天水西山坪遗址三期
	庙底沟类型	前3900—前3500	秦安大地湾遗址三期、天水师赵村遗址三期、天水西山坪遗址四期
马家窑文化	石岭下类型	前3800—前3200	秦安大地湾遗址四期、天水师赵村遗址四期、天水西山坪遗址五期、甘谷灰地儿遗址、武山傅家门遗址、武山石岭下遗址
	马家窑类型	前3400—前2700	天水师赵村遗址五期、天水西山坪遗址六期、天水罗家沟遗址、秦安焦家沟遗址、甘谷灰地儿遗址、甘谷礼辛镇遗址、武山傅家门遗址
	半山、马厂类型	前2500—前2000	天水师赵村遗址六期、天水西山坪遗址七期、甘谷礼辛镇遗址

续表1-1

文化及类型	时代	主要文化遗存
齐家文化	前2100—前1900	天水师赵村遗址七期、天水西山坪遗址八期、天水七里墩遗址、甘谷毛家坪遗址、武山西旱坪遗址、武山观儿下遗址、武山傅家门遗址
辛店文化	前1400—前700	天水师赵村遗址
寺洼文化	前1400—前600	武山阴洼遗址

　　大致而言，以上所列笼统可称新石器时代文化，准确一些说，齐家文化已进入青铜时代，而辛店文化、寺洼文化并行发展，同期在关中、中原已是商周王朝时期。仰韶文化之后，中原地区彩陶文化衰微，而陇原彩陶文化走上了独立发展的道路，马家窑文化即是典型代表。上述各种文化的彩陶器在天水市、县博物馆都有陈展，从展标说明文字即可见天水新石器时代彩陶时间之连贯、品类之齐全。频频亮相电视节目及文物图册的大地湾二期人头器口彩陶瓶、麦积区柴家坪出土红陶人面属仰韶文化，甘谷西坪、武山付家门出土的人面鲵鱼纹彩陶瓶属仰韶文化石岭下类型，秦州区师赵村出土的人像彩陶罐属马家窑文化。已有发现完全可以证实，包括天水在内陇原史前彩陶具有完整的起源和发展序列，在中国彩陶文化中独领风骚。

　　天水市境有新石器时代遗址500余处，除全国重点文物保护单位大地湾遗址之外，尚有甘肃省重点文物保护单位师赵村遗址、西山坪遗址、付家门-种谷台遗址、石岭下遗址等20余处，市县级重点文物保护单位烟铺村遗址、东二十铺遗址、王家阴洼遗址、渭阳镇遗址、蔡家湾遗址、石滩坪遗址、疙瘩川遗址等80余处。这些遗址绝大多数分布于渭河及其支流河谷山前台地。

图1-5　仰韶文化石岭下类型红陶人面（麦积区柴家坪出土）

从大地湾一期开始，先民即有种植粟、黍为主的旱作农业，到了马家窑文化时期，藉河流域的师赵村、西山坪遗址可见粟、黍、小麦、水稻、燕麦、大豆、青稞、荞麦等8种农作物种子遗存，囊括东亚与西亚两个农业起源中心的重要类型，农业经济有了长足进步，我们平常所言"六畜"猪、牛、羊、马、鸡、狗齐全。那时候的先民完全可以有类似后世陶渊明"狗吠深巷中，鸡鸣桑树颠"、孟浩然"故人具鸡黍，邀我至田家"的田园生活。磨石作工具，烧陶为器物。古遗址出土有石斧、石刀、陶刀、陶灶及盆盆罐罐等各种器物，其中多有鼎、鬲、甑、釜、甗、鬶、斝等饮食炊具。通过这些文物，可知天水境内的先民们经营农业、畜牧业，有主食吃，有副食吃，加上渔猎采集，勤勉地过着日出而作、日落而息的日子。村落在望，鸡犬之声相闻；炊烟缭绕，饭食之味偕香。虽然原始简陋，但有追求、有信仰，按自己的节奏努力创造美好的生活。

关于彩陶的起源，向来有"本土说"和"西来说"的争议。"西来说"的首倡者是仰韶文化的发现者瑞典地质学家、考古学家安特生，其专著《甘肃考古记》（1925年）力主中国彩陶或仰韶文化彩陶源自西亚；传播线路是：由西亚中亚而新疆，而甘肃，而关中、中原。20世纪60年代后，言及甘肃彩陶，学术界力主仰韶文化源自关中或今陕西、山西、河南交互地带，而后渐次西传至甘肃、青海一带，演变为马家窑文化；传播方向是"东去"而非"西来"。中国社会科学院考古研究所考古学家王仁湘曾参加天水师赵村、西山坪遗址发掘，近年来连续发表《中国彩陶文化起源新论》等论文，认为甘青地区的彩陶之源既非"西来"也非"东去"，而是独立起源。其基本论点是：

1.甘青地区在距今7000年前就有彩陶文化，堪称仰韶文化正源；

2.甘青地区的彩陶一脉相承发展演变，从大地湾出现彩陶，到仰韶文化、马家窑文化，链条完整，彩陶传统本来就有，主体用不着由传播途径得来；

3.甘青地区的彩陶发展最为繁荣，传统延续最久，从仰韶到马家窑、到齐家，始终处在一个文化高地。

天水"当关、陇之会，介雍、凉之间"，是彩陶文化传播交流的必由通道。王仁湘在陈述其论点时，还特意指出"甘肃及邻近区域的彩陶，距今7000年以前起源于陇东至关中西部边缘一带"，所言"关中西部边缘一带"，天水是为关键区域，大地湾文化即是典型代表。

四、太昊伏羲

说到伏羲，总是疑问重重。伏羲是人是神？是历史人物、传说人物抑或是神话人物？谈论中国历史，有一句耳熟能详的俗语："自从盘古开天地，三皇五帝到如今"，这其中位居三皇之首的便是伏羲。

关于伏羲的事迹，先秦诸子百家就有记载；秦汉以下，经史子集各种典籍代不乏书。在典籍中，伏羲的形象是具有超凡能力的上古时代第一位圣王，有众多发明创造，诸如作八卦、造书契、结网罟、兴嫁娶、制礼乐、理庖厨，等等。在古人心目中，伏羲那就是历史人物；在现代人的理念中，伏羲是传说人物至而神话人物。不同的历史阶段有不同的认知，合情合理。虽然伏羲及其事迹笼罩在神话或传说的迷雾之中，但理性思考，无论是神话还是传说，都是上古史不可或缺的组成部分，其中不乏人类历史童年的史影。没有了伏羲为首的三皇五帝，也就没有了文字发明之前有人物的中国史。事实上，无论考古者如何考，辨史者如何辨，伏羲是历史人物的身份可以置疑，但谁也无法否认或无视伏羲及其千百年来形成的伏羲文化。

究其实质，伏羲的发明创造可以视为新石器时代原始文明的成果。现代意义上的伏羲文化，其内涵更加广泛，凡和伏羲事迹相关的事或物，诸如祠庙遗迹、民情风俗、轶闻传说、史籍记录等都属于伏羲文化范畴。伏羲创制的诸多传说使长久造福于人民的事功有了物主，以便让人民崇拜，以便引领人民更好地生活。因此，伏羲也就成了原创文化的化身，古往今来被尊称为"人文始祖"，天水民间很亲切地称之为"人宗爷"或"人祖爷"。

史籍关于伏羲最完整的记载，出自唐代历史学家司马贞《史记索引》。此书是注解《史记》之书，鉴于《史记》不作《三皇本纪》，五帝之上历史阙如，于是补作《三皇本纪》，附在书末。关于伏羲的本纪全文如下：

> 太皞庖牺氏，风姓，代燧人氏继天而王。母曰华胥，履大人迹于雷泽，而生庖牺于成纪。蛇身人首，有圣德。仰则观象于天，俯则观法于地，旁观鸟兽之文与地之宜，近取诸身，远取诸物，始画八卦，以通神明之德，以类万物之情。造书契以代结绳之政，于是始制嫁娶，以俪皮为礼，结网罟以教佃渔，故曰宓牺氏，养牺牲以庖厨，故曰庖牺。有龙瑞，以龙记官，号曰龙师。作三十五弦之瑟。木德王，注春令，故《易》称帝出乎震，月令孟春。其帝太昊是也，都於陈，东封太山，立一百一十一年崩。其后裔当春秋时，有任、宿、须句、颛臾，皆风姓之胤也。

"太皞庖牺"通常写为"太昊伏羲"，所指是同一人。这段文字共计205个字，文虽不长，但意义重大。这是司马贞在综合辨析前世有关伏羲的文献材料的基础上，撰成的一篇较为完备的史传，最终完成伏羲传说事迹的历史化，代表了唐代一种普遍的历史观——中国的历史不能没有三皇。"本纪"不仅记述伏羲氏族的活动范围、不凡身世和神奇形象，还记述了伏羲建都之地、帝王世系及风姓后裔，叙事完整，而重点突出伏羲多方面的贡献。其贡献共计8项：1.始作八卦；2.创造书契；3.制嫁娶，以俪皮为礼；4.结网罟，教民渔猎；5.钻木取火，烹饪熟食；6.设官理民，号曰龙师；7.制瑟作乐；8.造历法，定节气。有如此多的发明创造，伏羲被尊为中华民族早于轩辕黄帝的人文始祖，理固宜然。

司马贞《三皇本纪》所记，伏羲之外还有女娲和神农炎帝。女娲的身份是继伏羲氏而立的另一位"皇"。而其他史籍中我们见得最多的还是伏羲、女娲同世并存、创世治世的传说，民间则广泛流传伏羲、女娲兄妹成婚繁衍人类的故事，考古图像又多见伏羲、女娲交尾像。伏羲、女娲永远对偶、阴阳相济，《周易·系辞》所谓"男女构精，万物化生"。

伏羲的核心功业首先是始作八卦，其次是教民渔猎，无疑是渔猎经济的代表，而炎帝神农则是农业经济的代表，这正好契合人类社会发展的两个阶段。关于伏羲时代，学术界倾向于将其框定在新石器时代早期，区间为距今一万年至八千年。这一时期著名的遗址有秦安大地湾遗址、河南舞阳县贾湖遗址、浙江浦江县上山遗址等，这些遗址中的卦象图符、契刻符号、渔猎经济等遗存，都可以和伏羲功业相对照，也可证伏羲时代在历史上的真实存在。

汉代纬书就有华胥履大人迹于雷泽而生伏羲的说法，唐代司马贞《三皇本纪》所言"母曰华胥，履大人迹于雷泽，而生庖牺（伏羲）于成纪"是引用汉代纬书资料，确认伏羲诞生地为成纪，在相关文字之后特意加有自注"按，天水有成纪县"。成纪为秦汉古县，县治初在今秦安县北，北周时在今秦安县境，唐代中后期迁徙至秦州州城附郭（今天水市城区），所以天水自古就有"羲皇故里"之称。天水境内出土新石器时代中期人面鲵鱼纹彩陶瓶两件，当是伏羲人首蛇（龙）身形象的写照，也是与"羲皇故里"遥相呼应的文物证据。明正德十一年（1516年），朝廷下旨在秦州大建伏羲庙，《明史·礼志》言"立庙于秦州"，并道出立庙的原因："秦州，古成纪地"。"古成纪地"是自汉代开始认定的伏羲诞生之地，当然有立庙祭祀的资格。1992年，江泽民总书记视察天水，欣然题词"羲皇故里"。

图1-6　仰韶文化石岭下类型人面鲵鱼纹彩陶瓶（武山傅家门出土）

图1-7　仰韶文化石岭下类型人面鲵鱼纹彩陶瓶（甘谷西坪出土）

据北魏郦道元《水经注·渭水》记载，天水市秦安陇城镇北魏之前即有女娲祠，秦安自古有"娲皇故里"之称。陇城长期流传关于女娲"生于风沟、长于风台、葬于风茔"的传说。于是，天水又有"两皇故里"之称。

关于伏羲和天水上古历史的关系，中国社会科学院考古研究所编考古发掘报告《师赵村与西山坪》"序言"有一段陈述：

早在旧石器时代，天水地区就有古人类活动。1984年，在武山县鸳鸯镇西南大林山发现有保存较完整的早期人类化石，经有关专家研究，其年代约距今3万多年前。从新石器时代至青铜器时代的古文化遗存尤为丰富，有大地湾一期文化、仰韶文化、马家窑文化、齐家文化、辛店文化、寺洼文化等不同时期的文化遗存。据文献记载，天水是传说时代的人物伏羲氏的故里，伏羲氏生于成纪，长于成纪。成纪即今天水。天水有名胜古迹画卦台，俗称卦台山，传说是伏羲仰观象于天，俯观法于地，画八卦于此。天水还建有全国有名的伏羲庙，至今香火犹盛。天水和伏羲的关系亦揭示在史前时期，天水已是先民开拓发达的地区了。

的确如此，"天水和伏羲的关系亦揭示在史前时期，天水已是先民开拓发达的地区了"。

第二章　夏商周时期

夏商周时期即考古学上的"三代"，最有影响的事件是秦人崛起。秦本是东夷族的一支，原居地在今山东、河北沿海一带。殷商中后期一部分西迁，替商王守边。西周孝王时，秦祖非子替周王室养马有功，被封为附庸，在"秦"地建邑。由此，"秦"这个在中国历史上产生过重大影响的部族的族号、统一王朝的朝代名诞生。秦襄公护送周平王迁都洛邑有功，被封为诸侯。至秦文公时，迁都关中。秦人在天水及陇南礼县一带传承14代，历时300余年。著名首领有非子、秦襄公、秦文公，著名遗址有清水李崖遗址、甘谷毛家坪遗址等。秦武公十年（前688年）设立的邽县（今秦州区）、冀县（今甘谷县西）是中国历史上有史可证最早的两个县。天水也是西戎的大本营之一，今张家川县马家塬遗址即是戎王墓地。

五、齐家文化

在东方秦人进入天水之前，天水历史比较混沌，有部族，也应有方国，但和中原从大禹的儿子启开始家天下的夏王朝是什么关系，无任何文字记载，地方志写历史沿革多以"《禹贡》雍州之域"寥寥数字搪塞。现代考古学证实，中原有夏王朝的时候，天水正处在齐家文化时期。

齐家文化因最早发现于今甘肃省广河县的齐家坪而得名，分布范围广大，涉及甘肃、青海、宁夏、陕西、内蒙古等省（区），其年代约为距今4100年至3600年。夏商周断代工程给出的夏纪年为前2070年至前16世纪，两相对照，存在年代基本吻合。这一时期，甘青地区齐家文化和中原二里头文化（即夏文化）都不约而同进入铜石并用时代或青铜时代。

天水齐家文化遗址分布广泛，渭河及其支流山前或半山坡都发现有齐家文化遗迹，甚至一些现代人看来不适合人居的山巅沟壑也有齐家文化遗存。一个基本事实是，在齐家文化时期，人口较马家窑文化时期大为增加，生存压力增大，先民想尽办法拓展生存空间，使得齐家文化遗址呈现数量多、规模小、分布广的特点。还有一个基本事实是，天水齐家文化遗址分布广泛，而系统发掘的遗址并不多，主要是秦州区的师赵村、西山坪、七里墩，武山县的傅家门不多几处，经常被研究者提及的是师赵村第七期文化。

师赵村遗址，在秦州区城区西师赵村，其遗存可分为七期：一期为前仰韶文化遗存，年代和大地湾一期相当；二期为半坡类型；三期为庙底沟类型；四期为仰韶文化石岭下类型；五期为马家窑类型；六期属马家窑文化半山、马厂类型遗存；七期文化即是我们所述的齐家文化。师赵村齐家文化遗址发现房址26座，白灰地面，成组布局。出土遗物522件，以石器及陶器居多，尚有少量玉器。石器有石刀、石臼、石杵、石纺轮、石簇、石矛等。陶器以泥质红陶为主，其次为夹砂红褐陶，器型有罐、斝、杯、盆等，其中斝形制独特，器身硕大。玉器共计11件，以玉璜居多。还发现有祭祀性质的石圆圈。此外，此遗址还有辛店文化、寺洼文化遗存，西周、秦汉、隋唐、宋元墓葬，现在山麓依然是人口稠密的自然村。就是说，师赵村遗址从距今7000年前仰韶的大地湾一期文化开始，一直到今天，几千年来连续不断都有人在居住，不但史前期渭河上游地区文化发展演进的基本脉络清晰，著名的新石器时代文化一应俱全，而且还保存有历史时期的遗迹和遗物，无疑是研究西北地区长时段人类文化发展的重要遗址。

天水境内齐家文化遗址遍布而科学发掘者较少，其文化面貌展示得不太充分，兹结合市县（区）博物馆历年收藏相关文物概述其特征如下：

1.这是一个大量用玉的时代，当时流行的玉器如玉璧、玉琮、三璜联壁、玉璋、玉斧、带孔玉刀在市县（区）博物馆均有收藏。大多数得自上缴和征集。

2.制陶业发达，素面红陶、灰陶器数量众多，彩陶器罕见，表明先民生活更加质朴世俗，浮华之风减退。

3.经济生活以种植业和畜牧业为主。由于受当时气候变冷、水患频仍等影响，先民居所选址较前抬高，多在河流两岸半山坡甚至是山顶。因此，种植业受限，畜牧业比重增加，家猪之外饲养绵羊成为常态。

4.房屋多为方形、长方形半地穴式建筑，白灰铺地，灶炕齐全，由此完全可以想见夫妻持家、"老婆娃娃热炕头"的和美生活。

5.未发现大型区域中心聚落遗址，社会大致处于原始社会行将崩溃的军事民主制阶段。

图2-1　河南偃师二里头文化遗址出土绿松石兽面纹铜牌饰

图2-2　二里头文化绿松石兽面纹铜牌饰（天水市博物馆藏）

天水市博物馆收藏有嵌绿松石兽面纹铜牌饰1件，纵长13.7厘米，宽9厘米，器形为圆角长方形片状，四角处有半环形系穿。一面呈瓦状拱起。拱面以简单线条勾勒出双目兽面形象，主纹饰之间嵌满绿松石小薄片。此物系原天水市文化馆旧藏，应是20世纪80年代之前社队或群众在生产劳动之时偶然发现上交者，是天水"土产"。对比河南偃师市夏都二里头文化遗址出土铜牌饰，二者规格相仿，面相风格惊人相似，完全可证早在夏代，西部地区和中原大地就有交融共通的联系，至少说明天水的齐家文化和中原的夏王朝有经济文化互鉴关系。此铜牌饰所谓"兽面"就是龙面，其用途或为贵族或巫师系在小手臂的腕饰，一般人不可以佩戴。

六、嬴秦故园

秦人出自东方夷族，原居地在今山东、河北沿海一带。始祖称女修。传说女修某日当户而织，有燕子飞过，生蛋飘落地面，女修拾而吞之，从此，秦族的男性先祖大业就诞生了。在神话学上，吞卵而感应，属"卵生说"，反映出一个部族经历过母系社会的某些痕迹。女修之后秦人的传承，《史记·秦本纪》有一个颇具神话色彩的线索。从大业起排至大骆，其间直系有大费（伯益）、大廉、仲衍、胥轩、中潏、恶来、女防、旁皋、大几，这些"先王"或鸟身人言，或善走，或善御，都不同寻常。在这些神通广大的"先王"中，有一位重要人物叫大费，也就是伯益，因辅佐大禹治水有功，与大禹一同受到舜的封赏，舜以宗族姚姓女许配，为舜主司畜牧业，野生鸟兽多被驯服，于是受封嬴氏。

商朝中后期，关中一带的周人和鬼方强大起来，商王深感不安，于是以驱逐戎狄为名，将同族的秦人安插到周人居地关中西部一带。到中潏时，定居天水一带，"在西戎，保西陲"，时间大抵和商王武乙在位时相当。周武王灭商，周人对商王的追随者大肆镇压，秦人首当其冲，亡国灭祀，并剥夺其伯益以来取得的嬴姓。周公东征，中原嬴姓十七国被灭，部族四散奔走，一部分秦人又西迁至天水一带，与前迁的秦人会合，以西犬丘（今甘肃礼县境）为中心定居下来，磕磕绊绊，生息繁衍。

到了非子时，秦人时来运转。非子是大骆的儿子，庶出，擅长养马，远近闻名。非子的养马本领让周孝王（前891—前886年在位）知道了，于是征而召之，特别提拔他主持周王室马政，地点在"汧渭之间"（今陕西、甘肃交界地）。由于喂养经营得法，马匹马群成倍增长，周孝王非常满意，决计让他来做大骆的接班人。原大骆嫡长子成的戎王舅舅申侯坚决反对，并以戎周关系破裂相威胁。周孝王面对强大的戎族心里发虚，只好让步，成的继承人位置不变，另外"分土为附庸"，赏赐非子。分封制下，从周王、诸侯、卿大夫、士等都有一块属于自己的封土。所谓附庸者，按《孟子·万章》解释：不能五十里，不达于天子，附于诸侯曰附庸。就是说，周孝王为非子封赏土地一块，地域界为方圆五十里。《史记·秦本纪》记载："邑之秦，使复续嬴氏祀，号曰秦嬴。"从此，"秦"这个中国历史上产生过重大影响的部族的族号、诸侯国的国号、统一王朝的朝代名正式诞生。

作为地名的"秦"，据《水经注》所载，应在今天水市张家川回族自治县城南后川河谷，有学者认为清水县城北侧樊河西岸和牛头河北岸交汇处的李崖遗址或为非子早期封邑。关于"秦"的含义也多有争论。据甘肃礼县大堡子山出土的秦公簋铭文，"秦"即双手持春杆捶春"禾"于"臼"中，是一种农事活动。至于所春之物，或认为是黍子、糜子，或认为是禾即谷子。秦人农牧兼营，且农业在社会经济中占有相当比重。"号曰秦嬴"，是说被剥夺了姓氏权之后，又复与之。拥有土地，恢复姓氏，秦人由是崛起。

公元前822年，秦庄公恢复被犬戎攻灭的大骆族领地犬丘，周宣王封之为西垂大夫。从此，秦人拥有两块领地，即秦和犬丘。

图2-3 礼县大堡子山出土的秦公簋铭文拓片

公元前770年，秦襄公率兵护送周平王迁都洛邑，因功封诸侯，划岐山之西区域作为秦国领地。公元前762年，秦文公举族迁徙汧渭之会（今陕西省宝鸡市陈仓区魏家崖村东），跨越陇山，挺进关中，有效控制岐西之地，收编周余民，势力迅速膨胀。

公元前221年，秦始皇扫灭关东六国，建立大一统王朝——秦。15年后，在陈胜农民起义军，项羽、刘邦等各路反秦力量的打击下，秦灭亡。

清代学者吴翌凤论及秦朝灭亡时，评论道："秦以养马起家，以好马开国，以不辨鹿马亡天下。"其"养马起家"，指西周孝王时秦人先祖非子为周王室养马有功，得封"秦"，由此逐渐崛起；"好马开国"，指因善用马而强大，并一扫六合，建立秦王朝；"不辨鹿马"，是说秦二世、赵高指鹿为马的故事。由马论兴亡，有据有理，意味深长。

七、秦"初县"邽、冀

谈秦始皇的伟大功绩，其中最重要的一条，就是在普天之下推行郡县制。从此，郡、县二级制成为中国历代王朝最基本的行政制度被固定下来，为维护统一的多民族国家的稳定和发展起到了至关重要的作用。至今，县依旧是我们国家最基本、最稳定的行政区划。郡县制是先有县，后有郡。"郡"的称谓，或言最早出现在春秋时代的晋国，而县制的起源则和秦国密切相关。

县，繁体字作縣，金文作🔲，是为会意字，像木桩上悬挂着一颗人头。有的金文🔲将表示人头的"首"🔲写成头发倒垂的"🔲""🔲"，强调首级倒挂。总之，是说将处死的人首级倒悬在木杆之上示众。春秋时代，秦、楚等国初设之县就在边境地区，悬在外边，距离国都悬远，由国君遥领，用这个有悬挂本意的"县"作行政设置名，无疑名副其实。

《史记·秦本纪》说："十年，伐邽、冀戎，初县之。""十年"，指秦武公十年，对照公元纪年，就是公元前688年。"伐邽、冀戎"，是说攻打邽戎、冀戎并消灭之。"初县之"，是指在攻灭邽、冀戎之后，在其居地新设县。其治所，邽县城所在地就在今天水市城区。邽县始建，县名只是一个"邽"字，秦汉之际称"上邽"。西晋以后成为秦州州治，唐宣宗大中三年（758年）降为上邽镇，上距始建县的公元前688年长达1446年，是名副其实的古县。冀县，即今甘谷县的前身，按《水经注·渭水》的说法，秦国冀县治所"冀县故城"应在今甘谷县城之西大沙沟即古冀水下游河畔。此冀县东汉时为凉州（汉末并入雍州，三国时重置于今武威市）的州治及汉阳郡（西汉天水郡改名）的郡治，一度是陇右政治及文化中心。西晋时曾为新设之秦州州治、天水郡郡治，太康七年（286年）州治、郡治东迁至上邽（今天水市秦州区），冀县地位下降，晋末废。前后存在近千年。

关于谁是天下第一县，这个问题，答案不止一种。影响较大的是，或认定楚国设置的权县是"中华第一县"，或认为楚国的申县、息县是中国最早的县。事实上，权县（今湖北省当阳市东南）是学者依据《左传》相关记载"找"出来的一个楚武王时期（前740—前690年）的县。申县、息县设立是在楚文王时期（前689—前680年），有学者推定申县设立为公元前687年前后，息县设立为公元前684年前后。此三县无论早晚，都没有确切纪年。所以，说秦武公十年（前688年）秦国设立的邽县和冀县是中国历史上有确切纪年的最早的两个县，没有任何问题。

中国县制起源于春秋，形成于战国，而全面推行于秦始皇统一天下之时。公元前221年，秦始皇统一中国，其伟大的贡献之一就是推行彻底的郡县制。郡县之县的县制原本就是秦国县制推广到全国的结果，是秦国之县变成了秦朝之县，而不是楚国之县，更不是晋国、齐国等别国之县。公元前350年，秦孝公支持商鞅第二次变法，主题是调整县制、彻底推行县制。《史记·秦本纪》说："并诸小乡聚，集为大县，县一令，四十一县。为田开阡陌。"再往上溯源，就是《史记·秦本纪》所载秦国所设的频阳、杜、郑、邽、冀等县。可以肯定，商鞅之前，秦国春秋时所设的县肯定不止这些，只是史书如此记载而已。而在这些县里，以公元前688年设置的邽县、冀县最早。

考察诸侯国春秋置县的历史，两个条件非常关键：一是新辟的土地；二是强有力的君权。就设县数量而言，楚国幅员辽阔，《左传》中记载的楚国灭国所置的县也最多，不过终楚之世，楚国的县都是边地灭国置县，内地还是原来以周制为模板的管理制度。而秦国建县涉及全国，不但在老根据地陇山之西设县如邦县、冀县，也在新开辟的陇山之东关中原西周王畿之地设县，如杜县（西安市长安区东）、郑县（陕西华县北）、频阳（陕西富平县东北）等县。这也是商鞅变法改革调整县制的坚实基础。一个不容置疑的事实是，秦统一全国之后，将以县为基础的郡县制推向全国，秦国之县成为秦朝之县、中国之县，成为中国两千多年来最基本的行政体制。由此可以说，秦国最早设立的邦县和冀县是中国县制之渊源。

八、秦公簋传奇

秦公簋是秦国西垂重器，其现世、流传颇具传奇色彩。

天水籍著名学者冯国瑞《天水出土秦器汇考》"自序"说："民国八年天水西南乡出土铜器颇多，旋即散佚。今传世秦公簋，初流传至兰州商肆，置厨中盛残浆，有贾客以数百金购之，其名乃大著。后为合肥张氏所得，携往北平（《陇右金石录》）。十二年，王静安先生既为之跋矣，于是举世始知矣。"这是关于秦公簋流传较为详细的记载。《天水出土秦器汇考》，陇南丛书编印社民国三十三年（1944年）誊印出版，引文中的《陇右金石录》，张维著，民国三十二年（1943年）出版。

近年来，经学者研究，"给出"的流传线索更加清晰。说秦公簋的出土地在今天水市秦州区秦岭镇和陇南市礼县红河镇交界的庙山。民国八年（1919年）之某一天，几个放羊娃"挖窑窑""办会会"闹着玩儿，无意中发现这个簋，当时被礼县红河街上的一个叫聚源当铺子以废铜收购。后经陕西客商携至省城，流落南关商肆，在厨房盛残浆，偶然被一识货者发现，以高价收购，于是名声大著。甘肃督军张广建认为奇货可居，便利用权势据为己有。张离甘时，将簋随身带到天津。民国二十四年

（1935年），张之后人作价2000银元将簋卖给收藏家大兴冯恕。1950年，冯恕后人将簋捐献给故宫博物院。1959年，此簋又转由中国历史博物馆收藏。1986年，中国历史博物馆按原大复制秦公簋1件，交由天水市博物馆保存。

图2-4　秦公簋

图2-5　秦公簋器身铭文

冯国瑞《天水出土秦器汇考》的说法是关于秦公簋的原始记录，推断认为簋是民国八年（1919年）天水西南乡出土那一批青铜器中的一件，其

"西南乡"所指如按民国时天水县所辖应是今天水镇，范围大抵包括今秦州区天水镇、秦岭镇，陇南市礼县红河镇、盐官镇一带，而这里正是秦人的发祥地；"流传至兰州商肆"等情形是转引张维《陇右金石录》的说法。这两条记录是关于秦公簋出土流传的基本资料。

秦公簋，敛口圆腹，子母口盖，腹上部饰蟠螭纹，下部饰瓦棱纹；盖面饰瓦棱纹，坡沿饰蟠纹；圈足饰上下两重波带纹。造型庄重典雅，纹饰华美。簋盖有铭文51字，器身有铭文54字，共计105字。另外，盖和器身上又各有秦汉间刻款共18字。器盖联铭，文辞古奥。

器身铭文：

秦公曰：不显朕皇且受天命，鼎宅禹迹，十又二公，在帝之坏，严龚夤天命，保業牵秦，虩事蛮夏。余虽小子，穆穆帅秉明德，剌剌趩趩，迈民是敕。

器盖铭文：

咸畜胤士，盄盄文武，鎮静不廷，虔敬朕祀。乍旞宗彝，以邵皇且，其严御各，以受屯鲁多厘，眉寿无疆，眈夋才天，高引又庆，灶圉四方。宜。

内容是以"现任"秦公语气赞颂先祖丰功伟绩，并向上天和祖神祈求福佑，兼述秦公本人修身蓄德、治国安民的理念和业绩。铭文"鼎宅禹迹"和近年现世的豳公盨铭文"天命禹敷土"都述及大禹治水事迹，对探讨夏文化意义重大。铭文瘦劲严整，疏密有致，呈现出秦篆的基本格调。尤为独特的是，此簋纹饰制模已使用可连续反复压印的印板，而铭文也采用方块印模法，预制字模，字字连续戳印成文，而后浇铸，堪称活字印刷字模之先声，属重大发明，"应推为中国活字板之祖"。

关于"十有二公"和作器时代。民国十二年（1923年），王国维以

024

《秦公敦跋》为题加以考证，认为年代在秦德公迁都雍城之后。接着，中国一流的大学者如商承祚、马叙伦、郭沫若、吴其昌、杨树达、陈梦家、唐兰、闻一多、马衡、翦伯赞、张政烺、林剑鸣、马承源、李学勤等诸人纷纷考证，很是热闹。由于对"十有二公"从哪一位"公"算起以及"静公""出子"是否算"公"认识不同，对作器时代判断各执一端，分歧很大。冯国瑞民国三十三年（1944年）所著《秦公簋器铭考释》认为是秦景公之时器物。20世纪90年代，秦西垂陵园部分墓葬现世，有学者论定簋属秦襄公之时器物。而张政烺先生认为"十有二公"的"十二"是古人心目中的天之大数，也就成了虚数，"并不是实有所指，对考证器作者没有什么意义"。

关于秦汉间刻款器身刻款"西元器一斗七升，奉敦"及器盖刻款"西一斗七升大半升，盖"所言的"西"，应指秦汉时陇西郡的西县。可知，此簋是秦人早期都城西垂陵庙的祭器，传至汉代，成为西县官家之物。

秦公簋是秦国西垂重器，无疑也是研究秦人早期历史及都邑所在的珍贵文物。

九、《诗经·秦风》

《秦风》即产生于秦地的民歌，是《诗经》的十五国风之一。共计10首，分别为：《车邻》《驷驖》《小戎》《蒹葭》《终南》《黄鸟》《晨风》《无衣》《渭阳》《权舆》。

《诗经》的年代，上起西周初年，下至春秋中叶。此时的"秦地"应包括陇右的秦地和关中秦地，就是说，《秦风》中的一部分诗歌和天水有关。南宋朱熹《诗集传》说："秦，国名，其地在《禹贡》雍州之域，近鸟鼠山……秦，即今之秦州。"朱夫子注得相当肯定，认定《秦风》的"秦"就是宋代的秦州。宋代的"今之秦州"大致就是现在的天水市地域。20世纪90年代以来，考古工作者在天水境内的渭河及其支流葫芦河、牛头河流域，陇南境内的西汉水流域，发现多处早期秦文化遗址，已发掘的有天水市清水县的李崖遗址、甘谷县的毛家坪遗址、麦积区的董家坪遗址，陇南市礼县的大堡子山遗址、六八图遗址等。可知，先秦时期的陇右秦地还应包括秦人西垂宫所在的西汉水上游流域，即现在的礼县、西和等地。对照《史记·秦本纪》的相关记载，完全可以实证这一地域就是赢秦的崛起之地，早期秦文化的诞生之地，当然也是《秦风》的诞生之地。

图 2-6　甘谷毛家坪遗址 K201 车马坑

综合学术界各家的看法，《秦风》之中有 6 首——《车邻》《驷驖》《小戎》《蒹葭》《黄鸟》《无衣》可确定为陇右秦地的作品，数量占据《秦风》的一大半。

篇 名	名 句	诗 旨	备 注
《车邻》	既见君子,并坐鼓瑟。今者不乐,逝者其耋。	以女性口吻咏"未见君子"的寂寥苦闷,"既见君子"则及时行乐。	"邻",行车声音的摹声词。诗中"君子"多认为指秦君,既如此,本诗应是秦西垂宫中宫女之诗。
《驷驖》	游于北园,四马既闲。	赞美秦襄公打猎盛况。	驷驖,指四匹驾车的黑色战马。前770年,秦襄公护送周平王迁都成周洛邑有功,得封诸侯。打猎不是消闲游戏,而是训练军士实战技能的军事活动。
《小戎》	言念君子,温其如玉。在其板屋,乱我心曲。	良家妇女思念远征西戎夫君。	小戎,即战车。此诗多认为作于前776年秦襄公攻打西戎之时。
《蒹葭》	蒹葭苍苍,白露为霜。所谓伊人,在水一方。	追求意中人而不得。	蒹葭,指芦苇,其代表的季节有春季、夏季、秋季三说。
《黄鸟》	如可赎兮,人百其身!	秦人怜惜悼念"三良"陪葬之诗。	黄鸟,即黄雀。《左传》《史记》有明确记载,秦穆公死,他的三位良臣奄息、仲行、鍼虎陪葬从死,"国人哀之,为之赋《黄鸟》"。
《无衣》	岂曰无衣?与子同袍。王于兴师,修我戈矛。	秦人抗击戎族的战歌。	"无衣"之"衣"指军服。

陇右秦地《秦风》之中《蒹葭》《无衣》两首已进入中学教科书，流传最广。现参照程俊英《诗经译注》，试为说解。

蒹 葭

原 文	译 文
蒹葭苍苍，白露为霜。 所谓伊人，在水一方。 溯洄从之，道阻且长。 溯游从之，宛在水中央。	河边芦苇青苍苍，秋深露水结成霜。 意中之人在何处？就在河水那一方。 逆着流水去找她，道路险阻又太长。 顺着流水去找她，仿佛在那水中央。
蒹葭萋萋，白露未晞。 所谓伊人，在水之湄。 溯洄从之，道阻且跻。 溯游从之，宛在水中坻。	河边芦苇密又繁，清晨露水未曾干。 意中之人在何处？就在河岸那一边。 逆着流水去找她，道路险阻攀登难。 顺着流水去找她，仿佛就在水中滩。
蒹葭采采，白露未已。 所谓伊人，在水之涘。 溯洄从之，道阻且右。 溯游从之，宛在水中沚。	河边芦苇密稠稠，早晨露水未全收。 意中之人在何处？就在水边那一头。 逆着流水去找她，道路险阻曲难求。 顺着流水去找她，仿佛就在水中洲。

《蒹葭》一诗，今人理解大体上趋于一致，这就是一首男子思念追求女子的极致爱情诗。情境清冷，景物凄美，若即若离，缥缈缠绵。相关诗意画也多是河畔芦荡飘花，绝世美人遗世独立之类。还有一种观点认为，本诗是写秦人在河边祭祀寻找河神的民俗活动所用的神曲。我则倾向于将其理解为单相思+梦境场景的浪漫抒情诗，"伊人"是类似曹植《洛神赋》所述通人性的洛神，创作者或为专业诗人。诗是在写梦境，主人公既可以是深情的男子，也可以是深情的女子。

1975年，言情小说家琼瑶出版长篇小说《在水一方》，同年改编为同题电影，也有了同题的电影主题曲。歌曲由琼瑶改编《蒹葭》填词，林家庆谱曲，1980年经邓丽君演唱，成为经典名曲。歌词如此：

绿草苍苍，白雾茫茫，有位佳人，在水一方。绿草萋萋，白雾迷离，有位佳人，靠水而居。我愿逆流而上，依偎在她身旁。无奈前有险滩，道路又远又长。我愿顺流而下，找寻她的方向。却见依稀仿佛，她在水的中央。

　　我愿逆流而上，与她轻言细语。无奈前有险滩，道路曲折无已。我愿顺流而下，找寻她的足迹。却见仿佛依稀，她在水中伫立。绿草苍苍，白雾茫茫，有位佳人，在水一方。

无 衣

原 文	译 文
岂曰无衣？与子同袍。 王于兴师，修我戈矛， 与子同仇！	谁说没衣穿？你我合穿一件袍。 国王要起兵，赶快修理戈和矛， 共同对敌在一道！
岂曰无衣？与子同泽。 王于兴师，修我矛戟， 与子偕作！	谁说没衣穿？你我合穿一件衫。 国王要起兵，修好矛戟亮闪闪， 咱们两个一道干！
岂曰无衣？与子同裳。 王于兴师，修我甲兵， 与子偕行！	谁说没衣穿？你我合着穿衣裳。 国王要起兵，修好铠甲和刀枪， 咱们一道上战场！

　　毫无疑问，这是一首使人血脉偾张、斗志昂扬的战歌。秦人从商朝中后期从东方迁居陇右，即和土著的戎族交互杂处、生活生产、争斗争战，艰难的生存环境使其养成了坚韧不拔的尚武特质。其附庸的地位是养马有功得来，西垂大夫和诸侯国的地位则完全凭借杀伐西戎的赫赫战功得来。秦襄公连续伐戎，战死疆场。儿子秦文公继续其伐戎事业，打打杀杀，终于在继位第四年的时候，举族迁都关中汧渭之会，完全拥有周王所封土地，

开创秦国发展新纪元。是为《无衣》产生的历史背景。朱熹《诗集传》说："秦人之俗，大抵尚气概，先勇力，忘生轻死，故其见于诗如此。"的确如此。"王于兴师"，那就是"我们"共同的事业，那"我们"就"修我戈矛"，同仇敌忾，勇往直前。

《诗经·秦风》是天水文学的源头，也是甘肃文学的源头。陇右秦地产生的六首诗作，内容涉及车马、田猎、征伐、殉葬、怀人等，在真实记录秦国早期社会风貌概况的同时，很好地反映出秦人的情感世界和尚武气质，极具历史及文学价值。史籍记述的秦国，多是简单粗暴、虎狼之国的形象，读《秦风》可知，秦人不但能武，同时也能文。

一○、毛家坪秦文化遗址

遗址在甘谷县城西25公里处磐安镇毛家坪村的南山台地上。东西宽约600米，南北长约1000米，面积约60万平方米。以自然冲沟为界，分成沟东、沟西两部分。沟西的北部为居址区，多被毛家坪村叠压，南部为墓葬区；沟东主要为墓葬区。

20世纪80年代初第一次发掘，出土各类文物1200余件，其中有铁镰1把。A组遗存被认为是西周至春秋时期秦人文化遗存。

2012—2014年，早期秦文化联合考古队对遗址第二次发掘，累计揭露面积4000平方米，共清理西周晚期至春秋战国时期的大小墓葬199座、灰坑752个，出土陶器、石器、玉器、青铜器、骨器等各类文物1000余件，其中鼎、簋、方壶、甗、盂、敦、盘、匜等青铜器51件，短剑、戈、矛等青铜兵器11件。发掘车马坑5座，发掘大型墓葬两座，其中一座为高级别贵族墓葬。

毛家坪遗址遗存丰富，为研究甘肃东部早期秦文化提供了诸多有益证据，也为进一步探讨嬴秦西迁的时间、路线提供了实物资料，被考古界誉为"早期秦文化十年探索中的一颗璀璨明珠"。尤其是M2059贵族大墓及其K201陪葬车马坑，规模大、规格高，对深度解读早期秦文化意义重大。

M2059贵族大墓。竖穴土坑墓，长5.48米，宽2.98米，深9.85米。殉葬6人，男1女5。头箱出土五鼎、四簋、一方甗、两方壶、一盘、一匜、一盉，共15件青铜器。两重棺，外棺盖板上发现短剑、铜戈，内棺为髹漆的木质棺。墓主仰身屈肢葬，身旁随葬铜戈1柄，胡部正面铸有铭文两列14字："秦公乍（作）子车用。厰（严）龏（龏）武灵，戮畏不廷"，可证墓主出自子车氏一族。

图2-7　秦公作子车用戈

K201车马坑。长10.2米，宽3.6米。随葬战车3辆，1号车、3号驾4马，2号车驾2马。以居中的2号车最为精美，其车舆蒙以牛皮，牛皮髹棕黑色漆，再以红彩勾勒出虎、豹、马、兔等动物图案。

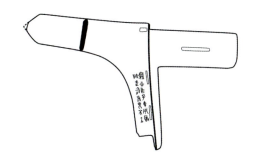

图2-8　秦公作子车用戈线描图（甘肃省文物研究所供图）

车舆前为两匹呈俯卧姿态的马，马身着皮质髹漆甲胄，饰红漆黑彩勾连蟠虺纹，流光溢彩，极尽奢华。

现在回过头来再说上文所言"秦公作子车用"戈。这是一柄非同寻常的戈，其铭文和《黄鸟》"三良从死"间接相关，适可以做本诗考古证据。

关于《黄鸟》因何而作，《左传》《史记》均有记载。《左传·文公六年》说："秦伯任好卒。以子车氏之三子奄息、仲行、鍼虎为殉，皆秦之良也。国人哀之，为之赋《黄鸟》。"秦伯任好即秦穆公，名任好。《史记·秦本纪》说："三十九年，穆公卒，葬雍。从死者百七十七人，秦之良臣子舆氏三人名曰奄息、仲行、鍼虎，亦在从死之中。秦人哀之，为作歌《黄鸟》之诗。"文中的"三十九"年即秦穆公三十九年（前621年），"子舆氏"即子车氏。秦人和商人共祖同源，一直有用活人殉葬的恶俗。而"三良"从死殉葬，举国哀痛，挽歌传世，《左传》《史记》追记，可知在当时是轰动一时的大事。

黄 鸟

原 文	译 文
交交黄鸟，止于棘。 谁从穆公？子车奄息。 维此奄息，百夫之特。 临其穴，惴惴其栗。 彼苍者天，歼我良人！ 如可赎兮，人百其身！	黄雀咬咬声凄凉，飞来落在枣树上。 谁从穆公去殉葬？子车奄息有名望。 说起这位奄息郎，才德百人比不上。 走近墓穴要活埋，浑身战栗心发慌。 叫声苍天睁眼看，杀我好人不应当！ 如果可以赎他命，愿死百次来抵偿！
交交黄鸟，止于桑。 谁从穆公？子车仲行。 维此仲行，百夫之防。 临其穴，惴惴其栗。 彼苍者天，歼我良人！ 如可赎兮，人百其身！	黄雀咬咬声凄凉，飞来落在桑树上。 谁从穆公去殉葬？子车仲行有名望。 说起这位仲行郎，百人才德难比量。 走到墓穴要活埋，浑身哆嗦魂魄丧。 叫声苍天睁眼看，杀我好人你不响！ 如果可以赎他命，愿死百次来抵偿！
交交黄鸟，止于楚。 谁从穆公？子车鍼虎。 维此鍼虎，百夫之御。 临其穴，惴惴其栗。 彼苍者天，歼我良人！ 如可赎兮，人百其身！	黄鸟咬咬声凄凉，飞来落在荆树上。 谁从穆公去殉葬？子车鍼虎有名望。 说起这位鍼虎郎，百人才德没他强。 走到墓穴要活埋，浑身发抖心惊惶。 叫声苍天睁眼看，杀我好人你不帮！ 如果可以赎他命，愿死百次来抵偿！

注：《黄鸟》原文、译文均据程俊英《诗经译注》移录

子车戈惊天现世，说明《黄鸟》乃实录，可知真有一个和秦穆公关系亲近的子车家族。其铭文"秦公作子车用。厰（严）羕（龚）武灵，戮畏不廷"，大意是"秦公特意制作此戈赐子车专用，敬秉战神佑助，杀戮征

伐不来朝见者，使之畏惧"。由此可知，子车戈类似历史剧中专制方面的尚方宝剑。据遗骨测定，M2059贵族墓的墓主为45岁左右的男性。毛家坪考古队领队梁云教授研究认为，子车戈铭文中的"秦公"应为秦穆公，此墓葬年代当在秦穆公葬雍之后的春秋中期后段或春秋中、晚期之交，这个"子车"应是从秦穆公殉葬"三良"的子侄辈，其身份是秦国西境镇抚西戎的军事长官。大概秦穆公时为子车家族制作一批兵戈，出土者就是其中之一。

子车（音 jū），复姓，出自秦国公族，郡望天水，宋代《百家姓》有录。子车戈可以完全实证子车姓氏郡望就在天水无疑，挽歌《秦风·黄鸟》产生在天水无疑。M2059贵族墓随葬品有五鼎四簋，知墓主为大夫级别，则和《左传》晋杜预注"子车，秦大夫也"完全吻合。子车戈，一柄有故事可讲的戈。

读《史记·秦本纪》，时见秦国国君死后大量殉人的记录。考古发掘的秦景公大墓，确证有殉人186人。事实上，在秦国，不但国君殉人，大夫也殉人，毛家坪M2059贵族大墓所殉葬者，都是青春年少之人。男性殉人作大张口惊恐状，很悚然，可以感受到被活埋时的极端无助和惊恐，正当是《黄鸟》"临其穴，惴惴其栗"的实录，惨无人道。孔夫子言"始作俑者，其无后乎"，咒得精炼，骂得痛快！

一、紫气东来

"紫气东来"是一则常用成语，用来比喻祥瑞征兆，春节时对联之横批普遍使用。推其源，这一成语源自西汉刘向《列仙传》所载两位道教祖师老子和尹子的故事。

老子就是李耳，字聃，一说字伯阳，楚国苦县厉乡曲仁里（今河南省鹿邑县东）人，道教中人尊称太上老君。而尹子名尹喜，字公文，天水人氏。据传尹喜天性逸雅，秉性清高，早年在终南山中修道，周王听闻他的大名，延为宫廷顾问。一日晚，尹喜夜观天象，但见紫气祥云冉冉东来，卜知将有圣人入关。于是禀告周王，求做函谷关令，静候圣人临境。七月十二日这一天，天气晴朗，微风和煦，一老者鹤发童颜，骑坐青牛，飘然而来。尹喜望见朝思暮想的圣人临境，惊喜万分，迎入关内，虚心请教。老子被尹喜的诚心打动，于是著《道德经》，也就是《老子》五千言。

《老子》问世，是中国文化史上的大事。《史记·老子韩非列传》说："老子修道德，其学以自隐无名为务。居周之久，见周之衰，乃遂去。至关，关令尹喜曰：'子将隐矣，强为我著书。'于是老子乃著书上下篇，言道德五千余言而去，莫知所终。"这是正传，还是流露出仙气道风，和历代传奇色彩浓厚的老子、尹子传说并行不悖。

图2-9　汉画像石老子、尹喜论道图

老子和尹喜相见后，一种说法，尹喜辞官伴随老子西游，及至他早年隐居的终南山楼观台（今陕西户县楼观台），自己留住，而老子继续西行。尹喜终南悟道，著《关尹子》，道家称《文始真经》。另一说法，老子、尹喜师徒结伴而行，到了上邽东七十里的伯阳（今麦积区伯阳镇），在柏林山上聚徒讲经，留居有日，而后尹喜在山后自己的家乡尹道寺修行，而老子又独自西行布道。还有一种说法，说老子一路向西，西逾流沙到了西域，至而到了印度，教化释迦弟子，云云。由是陕西、甘肃多有老子祠庙、升仙台之类遗迹。

关于老子的行迹，北魏郦道元《水经注·渭水》记渭河小支流苗谷水即今毛峪河言："西北经苗谷，屈而东经伯阳城南，谓之伯阳川，盖李耳西入，往经所由，故山原畎谷，往往播其名焉。"是说"伯阳"本来就是老子的字号，"伯阳城""伯阳川"这两个地名的由来和老子西行布道经过此地相关。

今麦积区伯阳镇之柏林山有柏林观，始建时间不详，祀奉老子，有老子讲经台。山后今清水县陇东镇有尹道寺，相传是尹喜故里，又有教化沟、牛涧里等和老子相关的地名。尹喜在道教中被尊为无上真人、文始先生，是仅次于老子的另一祖师。

一二、马家塬戎人墓地

2006年度全国十大考古新发现之一。2013年被公布为全国重点文物保护单位。2021年在中国现代考古学迎来百年之际，入选"百年百大考古发现"。

墓地在张家川县木河乡桃园村马家塬，距县城17公里，面积约3万平方米。2006—2020年，甘肃省考古研究所和张家川县博物馆考古发掘，先后共发掘大、中、小型墓葬80座、祭祀坑3座，出土随葬品1万余件。墓地存在时间为战国晚期至秦代，C_{14}测年确定为公元前350年左右。墓葬等级较高，墓主应是秦人统治下的西戎首领和属下贵族。

马家塬出土文物品类繁多，精美异常。就材质而言，有金、银、铜、铁、锡、铅、陶、骨、肉红石髓、绿松石、白玛瑙、玻璃、玻璃态材料、煤精、料珠等；就功能而言，有车马饰、车马器、日常生活用具、武器、工具、人体装饰和服饰等。其中，金、银、铜器引人注目，典型器物有金人面饰、金带饰、金臂钏、金箔质虎、单把银杯、银箔质大角羊、三鸟盖鎏金铜壶、鎏金铜鼎、青铜茧形壶、鋈金银铁矛、错金银铁饰件等，尚有玛瑙串珠、乳钉纹琉璃杯等罕见器物。而名声最大、最引人注目的当数豪华到极致的陪葬车辆，用网民的话说就是"古代中国第一豪车""战国版劳斯莱斯"。

马家塬贵族墓葬普遍殉车，车辆置于竖穴墓道及洞室前室：规模较大的墓葬在洞室前室内葬车1辆，竖穴墓道内葬1~4辆不等，组成车队；中等规模者一般是在竖穴墓道内葬车1辆。总计出土各种礼仪性陪葬车辆68辆，这些车辆大致可分为五种样式：

Ⅰ型圆角长方形车舆高栏板无耳车。多车墓和一车墓内均有，多车墓中其位于墓道东部、车队前方，墓室内葬车均为该型车，级别较高。通常整体髹漆，车舆侧板、后板、车軨、车毂和车轮辐面位置多以组合金银饰片、鋈金银铁饰以及料珠装饰。

Ⅱ型圆角长方形车舆无栏板有耳车。多车墓和一车墓内均有，多车墓中位于车队中后部。墓地中心的M6内葬有此类车3辆，说明其级别也不低。此类车多为整体髹漆，以黑漆为地，朱漆彩绘，偶尔可见紫漆、绿漆；和Ⅰ型车一样，在相同位置上均以金银和料珠装饰，此类车皆调整为青铜装饰。

Ⅲ型圆形车舆无栏板无耳车。此类车均位于多车墓车队末尾，级别较低；均为通体髹黑漆，搭配以朱漆彩绘，车舆少见侧板、后板装饰。金属器多为必要的车器连接部件，少见额外金属装饰。

Ⅳ型圆角长方形车舆无栏板无耳高轼车。此类车位于多车墓车队末尾，级别较低。此类型车通体只髹单色黑漆，不见金属装饰。

Ⅴ型圆角方形车舆低栏板无耳车。M29出土1辆，整车形制简单，未髹漆，几乎无装饰，级别较低。

令人惊叹的豪车属于Ⅰ型车和Ⅱ型车，占出土车辆的大多数。甘肃省考古研究所组织多个领域的专业人员以近4年时间用黄金、白银等真材实料、原材质、原工艺高仿真复制其中的两辆——M14号墓1号车、M16号墓2号车。每辆耗资近200万元。M14号墓1号车以金、银等昂贵材质及汉蓝、汉紫和玛瑙珠等各种珠子装饰为特色，M16号墓2号车以髹漆彩绘、贴铜饰件为特色，两车炫丽壮观，连同马家塬墓地其他珍贵文物在国内多地展出，观众的确领略到了西戎马车的奢华豪横，于是便有了"古代中国第一豪车"的赞誉。陕西省考古博物馆也复制1辆和陕西没有直接联系的马家塬豪车，置于展厅外走廊，以缓解博物馆疲劳。先秦时代，王公贵族墓葬陪葬车马是习见的葬俗，全国范围出土的随葬车舆何止万千，但迄今为止，从未有过如马家塬墓地所出那样极尽繁缛、披金挂银、珠光宝气的豪车。

2023年张家川县马家塬车舆博物馆开馆，展示等比例复原车辆8辆、1/4比例复原车辆14辆，配套展出相关出土文物500余件（套），西戎独特葬俗、车马文化得以系统展示。

学术界一致认定马家塬墓地主人族属是戎人，或可说是西戎。西戎为总称，进一步追问：这是西戎中的哪一支呢？学术界多认为是绵诸戎，理由是绵诸戎势力强大，居地距马家塬墓地也最近。绵诸是西戎八国之一，在《史记》中凡四见，秦惠公五年（395年）被秦攻灭。按秦灭国设县的惯例，原来戎族的绵诸国就成了秦国治下的绵诸道，秦封泥有"绵诸丞印"可证。绵诸道的治所或认为在清水县贾川镇灵子城，其周遭即是绵诸戎的居地。秦汉的行政设置，"县有蛮夷曰道"，绵诸道就是秦国设置的专门管理绵诸戎的特殊"县"，有类后世的羁縻州。在此前提下，可以想见，在被秦灭国之后，绵诸戎以另一种方式和秦人和平相处，上层贵族得到特殊优待，由其墓葬奢华的随葬品可知。"生于忧患，死于安乐"，估计这群贵族在极致的享乐中最终丧失血性并消亡了。

关于马家塬墓地的随葬品呈现出多元文化属性，除秦及中原因素之外，还有本地因素及欧亚草原因素，甚至西亚及地中海因素。主因当是此地的戎人和周边区域有着广泛的商贸交流，包括远距离的货物贸易。戎人是以畜牧养殖业为主的部族，在戎人社会，马车是生活的核心、财富的象征、地位的标志。当然，马和马车也是货物周转、商队往返的主要运输工具，由此促成了别具特色的多元文化交流。

基本数据：轮径150厘米，辐距6厘米，轨距175厘米，毂长55厘米，轴长283厘米；衡长116厘米，舆宽130厘米，舆深110厘米，舆高70厘米。

图2-10　甘肃省考古研究所复原的M14号墓1号车

基本数据：轮径160厘米，辐距10厘米，毂长42厘米，衡长110厘米，舆宽110厘米，舆高80厘米。

图2-11　甘肃省考古研究所复原的M16号墓2号车

马家塬墓地以其独特的墓葬形制、华美的车辆、复杂的人体装饰和服饰以及出土的珍贵文物闻名于世。墓地所反映的战国晚期至秦代西戎文化的面貌，是研究这一时期西戎文化、秦戎关系、早期中西文化交流、中国古代车辆的发展和演变以及古代工艺技术的重要实物资料。

一三、放马滩木板地图

1986年春，小陇山林场职工在麦积区党川镇北的放马滩（一称牧马滩，在石门景区）修治房舍，意外发现古墓葬。之后，甘肃省考古研究所及北道区文化馆工作者进驻展开考古调查，探知墓葬群墓地总面积为1.1万平方米、墓葬100余座。随即清理发掘秦墓13座、汉墓1座，出土文物400余件。其中，以M1秦墓出土文物最为丰富，品类有木板地图、竹简、毛笔、漆器等，计33件。竹简共461枚，内容为甲、乙两种《日书》以及关于"丹"死而复生的故事等，连同毛笔等在棺内，木板地图置于棺椁之间头箱内。其墓主人有可能是一位职业占卜者。在这些诸多文物中，以木板地图最为珍贵、最引人注目。

木板地图计4块，松木质地，3块木板两面绘制，1块只绘1面，共存地图7幅。木板长度分别为26.7厘米、26.6厘米、26.5厘米、26.8厘米，宽度分别为18.1厘米、15厘米、18.1厘米、16.9厘米，厚度均约1.1厘米。所绘墨线地图线条基本清晰。是为中国目前所知时代最早的地图实物，较1973年长沙马王堆汉墓出土的帛质地图要早半个多世纪，也是世界范围内罕见的地理古图。

地图以水系为主体绘就。图中有山系、河流、溪谷、道路、关隘和居民点，按河、溪、谷的走向，以当时通行文字标出重要名称。有的图上还特别注明某地某种可砍伐的木材，某段河谷的长度距离等，类似林产资源交通图。7幅地图除1幅因故未标记文字外，其余6幅共标注文字注记76处，其中地名67处，有居民点、山名、水名、谷名、关隘等。地图以粗细、直曲不同的线条表示河流、道路、山系轮廓，以方框填地名标示重要居民点，间或有特定意义的形象符号，无疑具备图例绘图思想。对照后世地图，许多图例被沿袭使用，有的甚至沿用至今。这些木板地图应是实测基础上绘制，在准确度及比例尺把握上已达到相当高的水平。

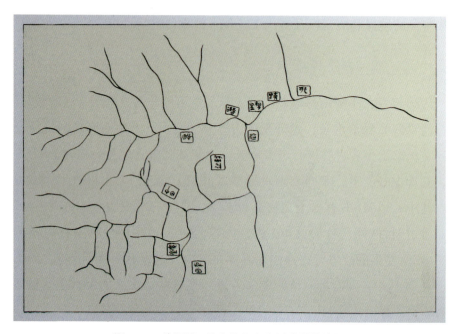

图2-12　放马滩1号秦墓出土木板地图墨线图

地图现世，研究者众多，结论也众多。比较公允的结论如下：

1.武汉大学简帛研究中心利用红外照相技术对放马滩木板地图重新拍摄识读，在图2辨识出原来识读的"上"的注记实为"北方"，于是确定地图的方向为上南下北，与此前考古发现的中山国"兆域图"和长沙马王堆汉代帛地图的方位一致。

2.绘制年代或推断为春秋战国之际的公元前300年左右。

3.地图系墓主人生前的实用地图。地域范围以墓主人葬地放马滩为中心，主要标示今麦积区示东柯河、永川河以及永宁河上游的花庙河三条河流地域，东西约40千米、南北约50千米，约计2000平方千米。此地域或与墓主人生前职掌地域有关。

最后要指出一点，图1以往释为"邽丘"的方框注记其实应为"封丘"，和秦国所设的"邽县"无关；与地图同出的秦简"丹记"以往释为"邽丞"的官员，实为"邸丞"，也与"邽县"无关，故而以往认定"地图为邽县行政图"的说法不成立。但木板地图依然罕见珍贵，是中国地图发展的重要物证。

2013 年，出土放马滩地图的放马滩墓群被公布为全国重点文物保护单位。

第三章　秦汉时期

秦一统天下，郡县制在全国确立，天水秦属陇西郡。西汉武帝元鼎三年（前114年）设立天水郡，从此有"天水"之名。现天水地域属陇西、天水郡。汉王朝反击匈奴，开疆拓土，为慷慨壮勇之士建功立业提供了广阔的舞台，天水涌现出飞将军李广、壮侯赵充国、西域都护段会宗等一代名将，史书有"关西出将"的说法。西汉末年，隗嚣起兵发对王莽，割据天水12年，天水市区北山至今有"皇城"地名。东汉伊始，天水郡改称汉阳郡，郡治冀县（今甘谷县）。东汉羌人大起义延续100余年，多次波及天水，由此形成汉族和羌族、氐族共处局面。此期，著名文士有辞赋家赵壹、隐士任棠、姜岐等。姜岐隐居因"以畜蜂、豕为事"，被后世养蜂业尊为祖师爷。遗留文物有甘谷汉简、汉阳太守刘福记功碑等。

一四、秦权

写出来是同一个"秦"字，事实上这个"秦"在不同的历史时期代表不同的政体，一是西周孝王时因嬴非子替周王室养马受封秦地的小方国，二是公元前770年因秦襄公护送周平王东迁洛邑而受封进入诸侯之列的秦国，三是秦王嬴政扫平关东六国，自称始皇帝的秦朝。秦朝，历二世15年而灭亡。虽然倏忽而亡，但天下大一统是三皇五帝以来前所未有的盛业，由此中国历史进入中央集权、地方郡县的帝国时代，影响深远。

秦王嬴政一统天下，重大的举措之一便是"一法度衡石丈尺。车同轨。

书同文字"。其中，"一法度衡石丈尺"就是指在全国范围统一度量衡器，"一法"是说法则同一。"衡"，即衡器，就是秤。秤要使用，秤杆之外还得有权，即砝码，也就是俗话说的秤砣。1967年，秦安县上袁村秦墓就出土了两枚秦朝的权。

其一，秦铜诏版铁权。现藏甘肃省博物馆。国家一级文物。高19厘米，底径25厘米，重31.6千克。权呈馒头状，上部有鼻形提梁，提梁一侧嵌铜诏版，以小篆刻秦始皇帝廿六年诏书。底部有因重量不足而加填的金属，为校验重量误差而采取的增减措施。保存完好。其铜诏版铭文曰：

廿六年，皇帝尽并兼天下诸侯，黔首大安，立号为皇帝。乃诏丞相状、绾，法度量，则不壹。歉疑者，皆明壹之。

"廿六年"，即秦始皇二十六年（前221年），本年秦王一统天下，自称皇帝。"丞相状、绾"，即秦始皇时的丞相隗状和王绾。"则不壹"，是说把不统一的度量依标准器统一。其实，秦国早在秦孝公十二年（前350年）任用商鞅第二次变法时，即已"平斗桶、权衡、丈尺"，统一度量衡器，以保障分配和商业公平。统一度量衡器，是将秦国行之有效的制度推广到全国的重大举措。

其二，秦两诏青铜权。现藏中国国家博物馆。国家一级文物。高7厘米，底径5.2厘米，重250.2克，为秦1斤。钟形，中空，顶部微弧，鼻钮，器表铸成多道觚棱，诏文阴刻在觚棱之间的平面上。以小篆刻秦始皇廿六年诏书和秦二世元年诏书。保存完好。其秦始皇帝诏书铭文和上列秦铜诏版铁权铭文完全相同。秦二世皇帝诏书曰：

元年，制诏丞相斯、去疾，法度量尽始皇帝为之，皆有刻辞焉。今袭号，而刻辞不称始皇帝，其于久远殹，如后嗣为之者，不称成功盛德。刻此诏。故刻左，使勿疑。

图3-1　秦铜诏版铁权

图3-2　秦两诏青铜权

"元年"，即秦二世元年（前209年）。"丞相斯、去疾"，即秦二世时的丞相李斯和冯去疾。第一个"称"是"称呼"之意，第二个"称"是"相称"之意。"殹"，用于句尾，相当于"也""兮"。此诏书旨在重申表态新皇帝继位，依然要严格执行始皇帝倡导的制度。大意是说，统一度量衡是始皇帝旧制，而始皇帝时计量器上铭文刻辞只称"皇帝"不称"始皇帝"，时间长了后人可能会误解为继承者所为，从而使始皇帝的丰功伟绩得不到彰显，所以要把这个诏书加刻在始皇帝诏书左边，使执行者不致有疑惑。

　　出土秦权的秦墓为1967年村民兴修水平梯田时发现，当时出土文物由秦安县文化馆收藏，上述两枚秦权即在其中。1976年6月26日至9月16日，甘肃省文物考古研究所正式对此墓发掘清理，证实墓为夫妇异穴合葬墓，男墓主人或为武官身份，死亡时间大概在秦二世时。当时今秦安陇城一带属秦略阳道管辖，秦铜诏版铁权和秦两诏青铜权既是秦王朝统一伟业的见证，也是秦朝在全国范围强势统一度量衡器的见证。其铭文为阴刻小篆，硬瘦率真、典雅宽舒，颇具书法价值。

　　带有秦统一度量衡诏书铭文的相关器物或诏版，在北宋金石学著作如欧阳修《集古录》中就有著录。全国各地历年出土见于著录的此类器物有70多件，而在一地同时出土秦朝两位皇帝诏书铭文权，则绝无仅有，十分珍贵。

一五、天水郡

天水郡的设立，史有明文。《汉书·地理志》说：

> 天水郡，武帝元鼎三年置。莽曰填戎。明帝改曰汉阳。户六万三百七十，口二十六万一千三百四十八。县十六：平襄（莽曰平相）、街泉、戎邑道（莽曰填戎亭）、望垣（莽曰望亭）、罕开、绵诸道、阿阳、略阳道、冀（《禹贡》，朱圄山在县南梧中聚。莽曰冀治）、勇士（属国都尉治满福。莽曰纪德）、成纪、清水（莽曰识睦）、奉捷、陇、豲道（骑都尉治密艾亭）、兰干（莽曰兰盾）。

"武帝"，就是雄才大略的西汉武帝刘彻，而"元鼎三年"即公元前114年。"莽曰"，指王莽的新朝乱改地名，将某地改称什么。当时的天水郡，是由陇西、北地二郡析置，郡治为平襄，治所在今通渭县县城。所辖16县，其中街泉（今秦安陇城镇）、望垣（今麦积区三阳川）、戎邑道（今清水西北）、罕开（今麦积区东南）、绵诸道（今清水县贾川乡）、略阳道（今秦安五营镇蔡河村）、冀（今甘谷县城西）、成纪（今秦安县西北）、清水（今清水县城西）、陇（今张家川县城）10县在今天水市辖区。另，陇西郡所辖上邽（今秦州区）及西（今秦州区西南）部分地域也在今天水市辖区。以上这些辖县多数是西汉新设之县，也有秦国或秦朝所设之旧县，如邽县、冀县、绵诸、略阳、西县等。历年发现的秦官印封泥有绵诸丞印、略阳丞印等，汉封泥有天水太守章等。

关于天水郡得名的缘由，古人有说法，今人有论辩，真的是众说纷纭，莫衷一是。而此事和天水历史干系甚重，相关疑问必须回答，在此以列举之法逐一予以呈现。

（一）古人说法

1.唐代大学者颜师古注《汉书·地理志》，涉及天水郡，引地记资料说："《秦州地记》云，郡前湖水冬夏无增减，因以名焉。"《秦州地记》指南朝宋郭仲产（？—454年）的《秦州记》，为地方志名作，隋之前亡佚。这是史籍所见对天水名称最早的解释。

2.郭仲产之后，著名地理学家郦道元（？—527年）在其名著《水经注》注渭水时涉及天水郡，又有类似但更加别致的解释："……上邽，故邽戎国也。秦武公十年伐邽，县之，旧天水郡治。五城相接，北城中有湖水，有白龙出是湖，风雨随之，故汉武帝元鼎三年，改为天水郡。"

于以上两说，古代的史志学家任取其一，或两说并存，相较而言，从郭说者占绝大多数，大概是认定郭说质实，而郦说过于浪漫。到了宋代，便将"郡前有湖水"之"湖"具体定格在了秦州西南七里处的天水湖。明清时，天水湖被列为秦州十景之一，名"天水盈池"或"天水灵源"。

（二）今人说法

20世纪80年代以来，学术界对天水名由重新审视，讨论热烈，否定传统说法，提出多种新说。

1.徐日辉认为，"天水"之为郡名，非起于湖名，而是得名于汉初设置的"天水"之祠，用以纪念汉之兴起于西方，象征汉初汉得水德之运的观念。见徐日辉《"天水"释名考辨》，《西北师范大学学报》1984年第2期。

2.夏阳认为，"天水"地名，基于"天汉"之说，得名主要是由于"汉水"上源之地的位置。见夏阳《"天水"名考》，《伏羲文化》（论文集），中国社会出版社，1994年。

3. 岳维宗认为，"天水"一词在秦末汉初就已经有了，并不始于汉武帝元鼎三年，起名原因当与天水市境内泉水丰旺有关。见岳维宗《"天水"一名及妙胜院古址考辨》，《天水日报》1998年9月21日。

4.刘建臻认为，"天水"即天之水德之意，既浓缩着秦始皇"水德之始"的五德政治理论，又包含着伏羲地六为水的河图之说。见刘建臻《天水地名溯源》，《天水师范学院学报》2003年第3期。

5.刘雁翔认为，天水之得名和其所在的方位有关，和汉武帝崇祀太一、三一（即太一、天一、地一）有关，主要是和当时流行的阴阳五行观念有关。"天水"是由以上几种因素综合衍生的。天水者，天一生水之谓也。天水，充满诗意；天水，和《周易》八卦关联。见刘雁翔《"天水"由来考证》，《天水师范学院学报》2003年第4期。

6.马建营认为，"天水"之名应始于秦代，命名者是秦人，不是汉武帝，所称之"水"是西汉水，不是天水湖。见马建营《"天水"地名渊源考辨》，《陇右文博》2004年第1期。

7.赵逵夫认为，先秦之时，"汉"既指天上的云汉、天汉，也指发源于嶓冢山、哺育了秦人、秦文化的西汉水，因而人们又因为"汉"也是天汉之称，而将其发源地名为"天水"，取"天汉源头"之意。见赵逵夫《汉水·天汉·天水——论织女传说的形成》，《天水师范学院学报》2006年第6期。赵先生又有文《"天水"探源》，载2019年11月6日《甘肃日报》，深化论证以上观点。

8.蔡副全认为，北宋《妙胜院敕碑》的发现坐实了天水郡得名的"天水湖"就在礼县红河镇草坝村，"天水"地名最迟出现于西汉初年，地在今天水市西南的天水镇及西汉水上游。见蔡副全《〈妙胜院敕碑〉释考——兼论天水、眛谷、西、邽之地望》，《中国边疆史研究》2016年第4期。

（三）讨论

1.天水郡依据什么而定名，由于《汉书·地理志》没有记载，便有了《秦州记》和《水经注》的两种猜解，对此，唐宋之后的"古人"不予辩驳，两种猜解并行不悖。不过，即便是"天水"之名得自"郡前有湖"的冬季、夏天不增不减、水位均衡的神奇之湖，这个湖所在的"郡前"也和现在的天水市无关，因为那时天水郡的郡治在平襄即现在的通渭县城，有湖也是那里之湖，非我们这里之湖。唐代已存在、明清列为秦州十景的天水湖，无疑是发思古之幽情的人为认定。

2.今人的诸多说法是认定古人说法不可靠之后的各种新猜解。每一种说法都是在否定他人的说法之后的"新说"或部分"新说"，要统一起来不大可能，留给我们的也就只能是这样的"选择题"。

3.有必要指出，或认为"天水"之名起自秦人或先秦，依据主要是

1972年初礼县永兴乡蒙张村出土天水家马鼎器盖器身铭文"天水家马鼎，容三升（斗）并重十九斤"。关于此鼎的制作年代，有先于秦的战国说和西汉天水郡设立之后的西汉说两说。不过，可以肯定，即便此鼎是先秦之物，而铭文是汉隶，是汉代之铭，有书法常识即可一望而知，以之判断"天水"之名起自西汉之前或秦人，证据不足。还有，以1990年礼县草坝村出土北宋《妙胜院敕碑》为依据，判断天水郡得名的"天水湖"就在碑的出土地草坝村，结论不能成立。因为此碑本是秦州南山南郭寺之碑，草坝出土者乃是南宋南郭寺沦陷金国之后在南郭寺茅城谷"常住土田"异地重刻者。

图3-3　天水家马鼎　　　　　　　图3-4　天水家马鼎铭文拓片

4.现在一些介绍天水风物名胜的文章或书刊大多有这样的开场白："天水古称秦州，因'天河注水'的美丽传说而得名"。其依据是一则好事者创作的新传说：传汉武帝元鼎三年之夏，酷热难耐，庄稼干枯，河水断流。突然天轰地鸣，暴雨狂作，大地开裂，天河之水飞泻而下，注入开裂的大地。大地恢复生机，林茂草丰，泉流淙淙。于是，人们便将这次地震降雨传为"天河注水"，并将传说和郡中的湖水与天水的由来联系起来了。这个说法流传最广，其实最不靠谱。

既然如此,那么在羲皇故里天水,介绍天水得名缘由,和《周易》八卦术数关联的"天一生水"可能是一个比较好的选项。

一六、"飞将军"李广

李广出身于一个典型的军人世家。他的先祖李信,就是在荆轲刺秦王失败之后,奉秦王军令率兵追击燕太子丹直到辽东的那位秦国名将。其家族世居关中槐里(今陕西兴平境),曾祖李仲翔战死狄道,祖父李伯考奔父丧就此安家落户,此为陇西李氏狄道房始祖。他的父亲李尚任成纪令,因而迁居成纪,就成为陇西李氏成纪房的始祖。因为李广才气无双,"功略盖天地,名飞青云上",很自然拔高了成纪房的郡望和族望,所以后来天下李氏称郡望动辄就说"陇西成纪"。

李广(?—前119年),西汉陇西成纪(今秦安县西北)人,自幼得李氏骑射真传,精骑善射,加之他体格健壮,长臂类猿,具备了成为良将的所有条件。汉文帝十四年(前166年),匈奴大举入侵,汉文帝调集全国军队进行反击。就在这个战云密布的年代,李广和族弟李蔡以世家子弟的优越身份从军,参加反击匈奴的战争。李广因作战勇敢、杀敌众多被提升为武骑常侍,护卫文帝左右。或参加征战,或参加围猎,他都表现出超人的胆略,深得文帝赏识。文帝晚年时,曾感慨地对他说:"可惜啊!你生不逢时,如果你生在高帝打天下之时,万户侯何足道哉!"

汉景帝三年(前154年),吴楚等七国叛乱,李广任骁骑都尉,随太尉周亚夫参加平叛,冲锋陷阵,并夺得叛军军旗,从此以勇力名闻天下。之后,汉和匈奴的冲突愈演愈烈,边郡战争不断。李广能者多劳,哪里吃紧哪里赴任,先后辗转接任上谷、上郡、陇西、北地、代郡、雁门、云中、右北平八郡太守,连年苦战在漫长的西北边境线上,均以力战闻名。

上郡太守任内,在一次战斗中,李广带骑兵100多名和匈奴的数千骑兵遭遇。李广临危不惧,就势向前和匈奴大军对阵,并命士兵解鞍下马休息,匈奴始终不知其虚实,误以为是诱敌之兵,不敢冒然进攻,一直相持到黑夜，匈奴兵撤走，李广安然回营，表现了非凡的胆略。右北平郡任内，匈奴称之为"汉之飞将军"（上年李广被俘，夺马抢弓驰回汉营，故称），忌怕李广威名，几年不敢侵扰边境。

汉武帝元狩四年（前119年），汉大举反攻匈奴，李广自告奋勇，请求率先出击。这时的他已年过六十，武帝认为年岁偏大，不便参战，而李广一再请战，最终被任命为前将军，随大将军卫青出征。出塞之后，卫青想独得战功，故意差遣李广出岔道策应，李广以前将军身份据理力争，不得结果，只好分兵绕道进军，终致迷路，耽误会师时间，遭到刁难责问。李广慷慨陈词，悲愤自杀。当时，全军痛哭。百姓听到李将军死讯，无论老幼、认识不认识，都是痛哭流涕。

李广为人正直宽厚、清正廉洁，担任郡太守官职四十年而家无长物。一生为将，大小70余战，功勋卓著。后世每至边关吃紧，人们就会很自然地想起这位能征惯战的飞将军，"但使龙城飞将在，不教胡马度阴山"。

图3-5　天水市秦州区石马坪李广墓

今天水市西关有飞将巷，城南石马坪有李广墓，传是李广衣冠冢，建墓年代无考。清乾隆四年（1739年）重建，遗留墓碑1通。民国二十三年（1934年），驻军天水的国民军陆军第一师师长胡宗南重修李广墓，重建垣墙、大门、享殿、墓碑等。2000年整修扩建而成今李广陵园。陵园占地20余亩，为三层台阶式布局。一层为展厅，主要陈列和展览李广事迹、太守印模以及清代墓碑拓片等文史资料；二层为清代悬山顶式享殿，享殿前台阶下有破残石马一对；三层为墓区，有圆形封土墓冢，民国二十三年（1934年）蒋介石题书的"汉将军李广之墓"塔形墓碑。园内广植花木，四季常青，树木荫荫，芳草萋萋。

一七、壮侯赵充国

赵充国（前137—前52年），字翁孙，西汉陇西上邽（今天水市秦州区）人。为人沉着勇敢，熟悉兵法，精通少数民族事务，有将帅宏略。初从军时做骑士，继而因骑射出众被选为羽林郎。

汉武帝天汉元年（前100年），以假司马的身份随大将军李广利出征匈奴，返师途中，被匈奴大军围攻。赵充国临危不惧，率敢死队100多人冲锋陷阵，杀出血路，使全军死里逃生，身受创伤20多处，因功升为中郎将。这次战役，充分展示了其军事才华，初步显露出名将风采。此后在对匈奴、羌、氐的战争中，审时度势，每战必胜，威名远扬，被封为后将军。

汉武帝驾崩，受遗命协助大将军霍光辅佐宣帝即位，因辅政功被封为营平侯。汉宣帝元康三年（前63年），居住在今青海一带的羌族部落争夺湟水流域牧地，光禄大夫义渠安国派兵镇压，激起羌族更大范围的反抗，形势异常混乱。义渠安国束手无策，只得退兵令居（甘肃永登县西北）待援。汉宣帝神爵元年（前61年），宣帝重新选派戍边将领，赵充国奋勇自荐戡乱，时已是77岁的高龄。受命之后，先至金城（今甘肃兰州城区），调查军情，而后步步为营，层层进逼，击败羌众。在取得了初步胜利之后，汉廷君臣一时被胜利冲昏头脑，认为当此时应集合重兵，一举歼之。而赵充国认为对羌人应区别对待，安抚为主，连上奏折，反复陈明寓兵于农、耕战两利的策略。这些奏折中最有名的是《不出兵留田便宜十二事》，中肯地提出屯田十二方面的好处和出兵围剿十二方面的不利情况。由于他的一再坚持，这一策略终被宣帝采纳，从而取得对羌战争的最后胜利，保持了西北边疆的稳定，同时对发展农业也起到积极的作用。

20世纪50年代末，有一次毛泽东主席在和历史学家周谷城谈论历史时，特别提及赵充国坚持屯田之事。他评论说："赵充国主张在西北边疆屯田，这个人很能坚持真理，坚持正确主张。他的主张在开始时，赞成的人不过十分之一二，反对的人达十分之八九；到后来，他的主张被人接受了，赞成的人达十分之八九，反对的却只有十分之一二。真理要人接受，总要有个过程。无论过去和现在都是如此。"

汉宣帝神爵二年（前60年），赵充国凯旋，紧接着"乞骸骨"请求退休。而边境有警，朝廷依旧征求他的意见。汉宣帝甘露二年（前52年），85岁高龄的赵充国去世。宣帝感其功绩，追赠他"壮侯"谥号，并画像于未央宫麒麟阁。汉成帝时，文学家扬雄就画作赞，最后四句说："在汉中兴，充国作武，赳赳桓桓，亦绍其后。"赵充国擅长军事，也擅长思辨，我们常用的"百闻不如一见""失之毫厘，谬以千里"等成语都出自《汉书·赵充国传》所记赵充国的言辞。

今清水县城有赵充国陵园，始建时间不详。墓区占地9000平方米，现存封土冢，高3.8米，底径10米；前有碑厅两座，立清嘉庆十三年（1808年）"汉后将军营平侯公讳赵充国之墓"和清道光十五年（1835年）"汉故将军营平侯之墓"石碑。

关于赵充国的籍贯上邽，时有争议，这里需要特意辨明。西汉的上邽是改秦朝的邽县设置，地在今天水市秦州区城区。墓建在清水，盖和旧方志误认为西汉上邽治地在清水有关。清水县本来是汉县，归属汉武帝时新设的天水郡，而上邽县归属陇西郡，西汉时此二郡二县并存，不可能是同一地。当然，赵充国屯田守边，功业千秋，值得纪念，哪里设祠纪念都没有问题。

图 3-6　清水县城赵充国陵园

一八、西域都护段会宗

段会宗（前83—前9年），字子松，西汉陇西上邽（今天水市秦州区）人。果敢勇武，有治边才能。汉元帝竟宁元年（前33年），年过五十的段会宗在杜陵令上被举荐为西域都护骑都尉，到任后，西域各国"敬其威信"，圆满完成任务。三年任期期满回朝，先后任沛郡太守、雁门太守。

汉成帝阳朔三年（前22年），也就是段会宗回朝之后的第十年，西域诸国强烈要求他再任西域都护。成帝顺应民心，第二次派段会宗出使西域，再任都护职两年。关于段会宗二度出山，还有一段小插曲。他最要好的朋友谷永感慨其年过六十还壮心不已，要外出边远任职，于是就写了一封言辞恳切的送别信，情感真挚，非常有名。

足下以柔远之令德，复典都护之重职，甚休甚休！若子之材，可优游都城而取卿相，何必勒功昆山之仄，总领百蛮，怀柔殊俗？子之所长，愚无以喻。虽然，朋友以言赠行，敢不略意。方今汉德隆盛，远人宾服，傅、郑、甘、陈之功，没齿不可复见，愿吾子因循旧贯，毋求奇功，终更亟还，亦足以复雁门之踦，万里之外以身为本。愿详思愚言。

翻译成白话文，大意就是：

> 您因有安抚远方的美德大才，又一次接任西域都护这个重要职位，很好很好！在我看来，以你的才华，完全可以从容在都城为官，博取卿相职位也不是什么难事，何必一定要去边关异域建立功业，统率"百蛮"，安抚教化那些和我们习俗相差悬殊的地方呢？对此，您思虑深长，本来我再就没必要啰嗦废话了。但即便这样，作为老朋友临别赠言，我还要毫无保留地说说掏心窝子的话。当下我大汉朝德威盛大，边远臣服，像傅介子、郑吉、甘延寿、陈汤几位西域都护那样的戡乱功业，你我这一辈子恐怕是见不着了。衷心希望您照章办事，不要追求格外的大功奇功，任职期满就赶快回来，就这也足以消除雁门任职时的晦气（注：段会宗在雁门太守任内犯过错误被免职），远在万里之外应以保重身体为第一要务。希望老兄仔细思量思量我的这些真心话。

或认为谷永写信目的是要阻挠段会宗就任西域都护，这样理解其实与事实不符。细读原文，信是老朋友段会宗接受朝廷任命即将赴任时谷永的临别赠言，本意是叮嘱老朋友在平稳做好本职工作的同时，一定要注意身体，保证能在任期结束后平平安安回家，是朋友间无话不谈、儿女情长式的私信。"可优游都城而取卿相"，是对老朋友才华极端认可的形象化说法，并不是真的劝其留在京城运作获取卿相高位。

汉宣帝神爵二年（前60年），西汉建立西域都护府，对天山南北以及附近广大地区进行军政管辖。都护府设在乌垒城（今新疆轮台县策大雅乡），都护是加官，正式称谓是"都护西域骑都尉"或"西域都护骑都尉"，俸禄和郡太守相当，多由骑都尉兼任。

汉成帝鸿嘉元年（前20年），段会宗在任职二年后被征还。之后，乌孙国大小昆弥（昆弥，乌孙国王名号）争斗不已，国内连年动乱。为稳定西北边疆形势，朝廷封他为左曹中郎将光禄大夫，先后于汉成帝永始二年（前15年）、永始三年、元延二年（前11年）、元延三年四次专使乌孙。赴任后，动情晓理、恩威并重，竭力协调大小昆弥关系，诛杀无理取闹者，最终平息内乱，他也因此得到朝廷重赏并封为关内侯。元延四年（前9年），段会宗病逝乌孙，时年75岁。西域各国感其恩德，不约而同发表并设立祠堂纪念。

乌孙是西域的大国，为安抚笼络，汉廷曾将两位公主嫁到乌孙，因此对乌孙国内的纷争相当重视。段会宗四次专使，出色地完成稳定边疆的使命，由是赢得了西域各国尊敬。《汉书》本传有"西域敬其威信""西域诸国上书愿得会宗""诸国遣子弟郊迎""城郭甚亲附"等语词记述，都是对其功绩的认可。

一九、隗嚣割据陇右

公元8年，权臣外戚王莽取代汉王朝，自称皇帝，取国号"新"。[新]莽天凤二年（15年），王凤、王匡绿林起义。次年，樊崇赤眉军起义。再次年，成纪人隗崔、隗义和上邽人杨广、冀县人周宗联络聚义，集合陇右豪族大姓，兴兵数千人，在成纪（今秦安县西北）举事，攻占天水郡治平襄（今甘肃通渭县城），建立割据政权。

隗嚣因素有声望而被推为上将军。隗嚣是隗崔的四侄子、隗义的兄长，字季孟，天水成纪人。就出身而言，是一个纯粹的文人，好经书，年轻时在州郡也当过小官，王莽国师刘歆得势时，欣赏他的才华，引荐为士。不久，刘歆猝死，关东大乱，隗嚣见形势不妙，赶紧收拾行装返回故里。对于武装反莽，他观望再三，看到叔父等人的反莽事业已成气候，才犹犹豫豫地出山。就位之后，采纳军师方望建议，尊扶汉室，声讨王莽，立汉高祖神庙，歃血盟誓，发布《讨王莽告郡国檄》，历数王莽之罪恶，从而取得了关陇豪强的支持。本年底，隗嚣兴兵 10 万，攻杀雍州刺史陈庆，先后占据陇西、武都、金城、武威、酒泉、敦煌六郡，完全控制了陇右地区。

刘玄更始二年（24 年），更始帝刘玄迁都长安，隗嚣不听军师方望劝告，应刘玄征召前往长安，就任右将军。同行的叔父隗崔和兄弟崔义认定刘玄成不了大事，密谋叛归，隗嚣怕连累自己，先行告密，用亲人的鲜血换取了一个御史大夫的官衔。更始三年（25 年），刘秀称帝，实力强大，隗嚣和"诸将"密谋挟刘玄东归刘秀，事情败露，连夜逃归天水，重新聚齐兵马，招齐旧部，自称西州上将军。

当时隗嚣面对的形势是，河西有窦融，巴蜀有公孙述，关东有刘秀，而以刘秀势力最大。刘玄的更始政权被赤眉军攻灭，紧接着赤眉军又被刘秀镇压，整个关中归刘秀控制。形势逼人，隗嚣必须表明态度，做出选择，是单个儿继续割据呢，还是择一明主而从之？光武帝建武三年（27 年），也就是刘秀称帝的第三年，隗嚣上书开始和汉政权正式接触，但这时他的心态非常矛盾，觉着委身于人有些吃亏，称王称皇又势单力薄。这种矛盾心态决定了他决策上的优柔寡断，也就决定了他的命运。对公孙述，或附或打；对光武帝，阳奉阴违；对窦融，既接受他的封号，又劝其自立。如此脚踩几只船的游戏玩了几年，光武帝终于失去了耐心。

图 3-7　隗嚣之母朔宁王太后玺

建武六年（30 年），光武帝指派耿弇等联军进攻隗嚣，隗嚣将错就错，接受公孙述"宁朔王"封号，遣将军王元率兵抗击。汉军出师不利，被王元在陇坻击败。接着，王元、行巡乘机进攻关中，隗嚣和东汉的战争全面展开。

第一番大战，汉军先胜后败。建武八年（32年）正月，经过两年的精心准备，汉军再次对隗嚣开战。中郎将来歙率兵2000余人从番须、回中（今陕西陇县西北及甘肃华亭西南）伐木开道，袭破略阳（今秦安县五营镇蔡河村），杀守将金梁。同年四月，隗嚣见势不妙，亲自领兵数万进围略阳。而光武帝认定全局成败在此一战，于是征发关东军队会同窦融率领的河西军亲征隗嚣。隗嚣全线崩溃，众叛亲离，13员部将、16个属县、10多万军队降附，略阳解围。隗嚣率众狼狈奔逃，退保西城。八月，刘秀东归，遣兵继续围攻西城、上邽。在给主将岑彭的信中写道："两城（指上邽、西城）若下，便可将兵南击蜀虏。人苦不知足，既平陇，复望蜀。"这正是"得陇望蜀"成语的出处。十月，王元、行巡、周宗所率蜀军救兵在西城挫败汉军，救护隗嚣归冀城，重新占据安定、北地、天水、陇西等郡，汉军败退下陇。

第二番大战，汉军铲除隗嚣势力。建武九年（33年）正月，隗嚣悔恨交加，重病缠身，不治而亡。王元、周宗拥立隗纯为王，总兵据守冀城。八月，刘秀派中郎将来歙率领征西大将军冯异等统大军西征隗纯，隗纯等退保落门聚（今武山县洛门镇）。建武十年（34年）十月，来歙等攻破落门聚，隗纯及所部诸将败降。至此，割据陇右11年的隗嚣政权彻底灭亡。

天水是隗嚣割据的中心，今天水市区城北、麦积山植物园雕窠峪、甘谷大象山、武山洛门西旱坪都曾是隗嚣宫遗迹所在，不时有建筑构件出土。天水市区城北至今有地名称"皇城"。杜甫《秦州杂诗》"秦州城北寺，传是隗嚣宫"即指此。杜甫之后，凭吊者多有诗作，其中清初秦州州判王际有的《隗嚣宫》别开生面，值得一读："咄嗟季孟何为者，今睹遗基向可哀。樵路久迷过辇道，耕犁偶出断碑苔。雄图未展英雄逝，残照空余雉儿来。项羽与君曾识否？东西两汉帝王才。"

二〇、羌人的反抗斗争

东汉的衰亡，宦官外戚专权是其一，黄巾起义是其二，另一个重要的原因就是东汉中后期羌人的三次大规模反抗斗争。

汉安帝永初元年（107年），第一次羌人反抗斗争爆发，起事地点在酒泉，不久转入陇西、汉阳等郡。永初五年，汉阳人杜琦、杜季贡兄弟二人乘机联合羌人攻陷上邽城，并自称"安汉将军"。羌、汉联合，攻陷区域中心城市，东汉王朝极为震恐，张皇失措的汉阳太守赵博便招募刺客刺杀了杜琦。一时失去首领的汉羌武装由杜季贡率领，边战边退，进入北地郡境内。汉安帝元初四年（117年），负责镇压的中郎将任尚内部策反，收买刺客又暗杀了杜季贡，反抗力量受到致命打击，最终被任尚和护羌校尉马贤合力镇压，战死5000余人，损失牲畜10万余头。

汉顺帝永和五年（140年），第二次羌人反抗斗争爆发，起事地点在河西、湟中一带，锋芒直指关中。此时升任征西将军的马贤惊恐万状，以汉阳为中心，屯兵10万，在汉阳、扶风一线修筑坞壁300余所，用以防御。而羌人进攻迅猛，一路沿洮水东南进攻武都郡，一路则沿渭河东下烧毁陇关（今张家川县东），夺得牧苑军马。次年，马贤被羌人击杀，整个陇右地区一片混乱。汉顺帝汉安元年（142年）始，新任护羌校尉赵冲采取镇压、招抚、诱降各种手段对付羌人，取得重大战果，而东汉军队的损失也是相当惨重，赵冲本人最终战死疆场。赵冲镇压羌众比较成功，主要依赖就是汉阳郡的军队。

汉桓帝延熹二年（159年），羌人第三次武装反抗斗争爆发，起事地点在陇西、金城二郡，兵锋依旧指向关中。段颎任护羌校尉，专事镇压。段颎，字纪明，《后汉书》本传说他是武威姑臧（今甘肃武威市）人，其实他的堂曾祖父就是功名赫赫的天水上邽人西域都护段会宗，按理他的郡望也应是天水。段颎少习弓马，推崇游侠，生性刚烈，在护羌校尉任内，对待羌人只采取一种办法，穷追猛打，斩尽杀绝，所谓"长矛挟胁，白刃加颈""绝其本根，不使能殖"。他说到做到，无日不战，连续追杀散落羌众，所过之地谷静山空。汉灵帝建宁二年（169年），东汉朝廷派遣谒者冯禅招降汉阳一带散居的羌人，而段颎坚持继续进剿。盛夏七月，正当陇上的大忙季节，亦兵亦农的羌人大都下田劳作，而段颎则发动突然袭击，最后将羌众控制在汉阳射虎谷（今秦州区西）一带，围追堵截，大肆屠杀1.9万人。苍山动容，河水为赤。剩余的4000多人由冯禅分别迁徙安置于安定、汉阳、陇西三郡。至此，东羌诸部的反抗斗争彻底失败。平定东羌，段颎"凡百八十战，斩三万八千六百余级，获牛马骡驴驼四十二万七千五百余头"，由此得封新丰侯、邑万户。接下来，他为了保住富贵，便和宦官勾结，一度位登三公之一的太尉高位。最后，所投靠的大宦官被诛，段颎饮鸩自杀，不得好死。

羌人反抗斗争前后长达数十年，汉朝人力、物力、财力耗费巨大，社会矛盾进一步加剧，国力大为损坏。在羌人反抗被镇压16年后，黄巾起义爆发，东汉政权彻底分崩离析。

羌人并不是天性喜欢暴力，其变乱主要是不合理、不平等的民族政策和地方官压榨盘剥所致，东汉一朝始终未能解决好这个问题，以致长期动乱不已，最终导致国运衰微，无可挽回。对此，司马光《资治通鉴·汉纪》以"臣光曰"对此发表评论：

夫蛮夷戎狄，气类虽殊，其就利避害，乐生恶死，亦与人同耳。御之得其道则附顺服从，失其道则离叛侵扰，固其宜也。是以先王之政，叛则讨之，服则怀之，处之四裔，不使乱礼义之邦而已。若乃视之如草木禽兽，不分臧否，不辨去来，悉艾杀之，岂作民父母之意哉！且夫羌之所以叛者，为郡县所侵冤故也；叛而不即诛者，将帅非其人故也。苟使良将驱而出之塞外，择良吏而牧之，则疆场之臣也，岂得专以多杀为快邪！夫御之不得其道，虽华夏之民，亦将蜂起而为寇，又可尽诛邪！然则段纪明之为将，虽克捷有功，君子所不与也。

尽管这一大段评论立场居高临下，但还是道出了羌人反叛实情"且夫羌之所以叛者，为郡县所侵冤故也"，处理的办法就是要"御之得其道"，不能以杀戮为快。

二一、两个真隐士

东汉末年，天水郡有两个德才兼备而不愿仕出的书生—任棠和姜岐。此二人《后汉书》没有单独立传，其事迹由两个汉阳太守庞参和乔玄传记附带记述。西晋皇普谧专记魏晋以前隐逸高士的著作《高士传》列有任棠和姜岐传记，内容比《后汉书》所记稍详。可见，东汉之后二人就是举世公认的真隐士。

任棠，字季卿，汉阳郡冀县（今甘谷县城西）人。独立特行，节操超群，平日里埋没市井，研习《春秋》，安心当他的教书先生。《后汉书》言及他的籍贯，记为"郡人任棠者"，"郡"指的是汉阳郡，东汉一朝汉阳郡郡治在冀县，"郡人"即汉阳郡城人，也就是冀县人。

东汉永初四年（110年），名士庞参任汉阳太守。庞参下车到任，了解当地风土人情，知道任棠大名，当即前往拜访，请教施政要领。到了任棠住所，没想到主人不怎么愿意接待他这个父母官，也没有什么欢迎客套，只见门口照壁前摆放着一大颗薤、一盂清水，主人呢自个儿伏在大门口前空地逗着孙儿玩耍，旁若无人，一言不发。随从受不了这般冷落，说："这也太傲慢太不够意思了啊！"庞参吃了闭门羹，愣了好大一会儿，终于醒过神来，对随从说："这任棠放一盂清水，是想要告诫太守当政谨守清白，不搞贪污腐败。放一大颗薤，是想要告诫太守打击黑恶势力，保一方平安。大门前抱着孙儿玩耍，是想要告诫太守一上任就应该尊老爱幼、抚恤孤贫。"高士就是高士，不发一言，施政要领尽在物象之中。就在这样的诡异氛围中，"猜谜"高手庞太守心里叹息赞叹着打道回府了。然后，庞参在太守任内，确实做到了抑强助弱、惠政德民。此后，官府多次征召任棠做官，他一概拒绝。去世后，地方人士为他画肖像立祠堂纪念。

说明一点，为什么任棠以一大颗薤隐喻黑恶势力，主要是因为薤的读音。薤即薤白，是中国古代常用蔬菜，东汉崔寔《四月民令》记载19种蔬菜，两次提及薤。天水盛产薤，古音、方音读如"害"，当然可以用此谐音喻指那些不干人事的害人虫了。直到现在，天水方言骂人还用"那是一个大害"之类言语。

地方官登门拜访，访者被访者不置一言，隐士像个隐士，清官像个清官，既保留了各自的风度，又达到了问政贤人而施行惠政的目的，无疑是历史上少有的佳话，于是就有了"置水之情""去郡三思"等成语。

姜岐，字子平，东汉汉阳郡上邽（今天水市秦州区）人。少年丧父，和母亲及兄长一起过活。为人沉静好学，研习《尚书》《周易》《春秋》等儒家经典，耕读为业，远近闻名。延熹年间，酷吏桥玄任汉阳太守。此人施政以刚猛见长，到任第一件事是将贪赃枉法的上邽县令皇甫祯槛车收致郡城游街示众，并鞭挞至死，全郡震惊。第二件事是征召姜岐做他的侍从，用以装点门面。姜岐伴装有病，坚决不搭理。桥玄伤了面子，便指使督邮尹益强行召致，并放狠话，如果胆敢不从，便立即将他守寡在家的母亲嫁人以羞辱之，再将他这个"刺头"搞死。好在尹益是个明白人，拒不执行，挨了杖责，依然坚持劝谏："姜岐是孝子榜样，乡里人望，没有任何过错，这个我敢以性命担保，我们不能把好人往死里逼。"加之郡里的其他官员竞相劝解，这事总算作罢。从此，姜岐高士之名更为世人知晓。

老母去世之后，无牵无挂的姜岐将家中的财产田地全部让给了兄长，自己另找僻静地方隐居。其产业由农业转向养殖业，试验着养蜂、养猪，大获成功，儒学大师不经意间就成了养殖专家、致富能人。他自己衣食无忧之后，又教授十里八乡的父老乡亲养蜂、养猪经验，带动致富者达300余人。姜岐的事业越做越大，吸引依附定居者有好几千家，原来的荒郊山野变成了生机勃勃的阜邑。与此同时，官府征召或为"州从事"、或为"贤良"、或为"茂才"、或为"蒲坂令"，统统不去，最终在隐居地安然寿终。

任棠教书在闹市，姜岐置业在乡野，一个儒学传家，一个实业兴邑，殊途同归，守身如玉，就是不肯混迹官场，终成流芳千古的真隐士。姜岐还被后世尊为养蜂业祖师爷。

二二、汉阳上计吏赵壹

赵壹，字元叔，东汉汉阳郡西县（今天水市秦州区西南）人。身材修长，体格魁梧，长须浓眉，标准的健硕美男。学问好、模样俊之外，性格倔、脾气大，举止独特，耿介狂傲。乡党不容，同事排挤，进退失据，狼狈不堪。异样的遭遇，使之有了《解摈赋》《穷鸟赋》，以表达困顿无奈之情。又作《刺世疾邪赋》，以舒解怨恨愤慨之情，其中文末托名秦客、鲁生的两首五言诗，后人拟题《刺世疾邪诗》，可视为对此赋主旨的诗体表述。秦客诗云：

> 河清不可俟，人命不可延。顺风激靡草，富贵者称贤。文籍虽满腹，不如一囊钱。伊优北堂上，抗脏倚门边。

鲁生和诗云：

> 势家多所宜，咳唾自成珠。被褐怀金玉，兰蕙化为刍。贤者虽独悟，所困在群愚。且各守尔分，勿复空驰驱。哀哉复哀哉，此是命矣夫！

观点鲜明，痛快淋漓，对颠倒黑白的社会现实毫无保留地予以讽刺批判，其中"文籍虽满腹，不如一囊钱"成为千古流传的名句。这个"秦客"和"鲁生"虽是托名，但大有讲究。赵姓源自嬴姓，而嬴姓出自今山东境内东夷族，商代中后期嬴秦先祖迁徙至今天水、陇南一带。"秦客""鲁生"就是赵姓曲折历史的婉约表达。

东汉灵帝光和元年（178年），汉阳郡举荐赵壹为上计吏，去京师洛阳呈送"计簿"。东汉时，上计内容包括垦田、赋税、钱粮、户口、狱讼等，都要按规定填写成统计报表即"计簿"，而后每年年底由地方选人呈送中央审计，最后还要由司徒总核、尚书把关。赵壹为上计吏呈送

"计簿"属于临时出公差，此时受计总核的官员是司徒袁逢，司徒就是丞相，各郡的计吏大多还没有见过这样的大官，于是一个个"拜俯庭中，莫敢仰视"，惟独赵壹长揖不跪。袁逢让部属责问，赵壹理直气壮地说："想当年郦食其以长揖礼面见汉王刘邦，现在我以长揖礼面见三公，这有什么可奇怪的呢？"有胆有识，使得袁逢陡然心生敬意，特地走下庭堂，邀请赵壹上坐，询问西部及汉阳郡风土民情，赵壹对答如流。袁逢大喜过望，向座中人褒扬介绍："这就是汉阳的赵元叔，我看朝臣当中没有一个人能超越他的。"引得庭堂之下全国各地同来的上计吏艳羡不已。

图3-8　山东诸城前凉台东汉汉阳太守孙琮墓画像石"上计图"

上计工作结束后，赵壹又拜访河南尹羊涉。羊涉做官清正廉明，时人敬仰，而恬淡自适，不喜欢接待冒然慕名而来的访客。赵壹的犟脾气上来了，你不喜欢见，那我就天天来门上讨扰，死磨硬缠，进而直入羊涉卧室，对着还未起床的他说："我蜗居西部偏远，早就知道您的美名，直到今天才有机会见到，却没想到您已然仙逝。我这命真是好苦呀！"紧接着放声大哭。因为赵壹闯入卧室见羊涉时，羊还没有起床装睡，赵就故意"演戏"说他突然仙逝这样的话刺激他并哭丧。羊涉从来没见过如此特异之人，赶快以礼相待，相与攀谈，大有相见恨晚之叹。羊涉回访赵壹，在赵壹独居的破车旁席地而坐，开怀畅谈，直至日薄西山，才依依相别，极欢而去，尽显名士风范。一时，赵壹名噪京师，士大夫以能和赵壹结识为幸事。

赵壹公事办理完毕，又拜访了崇拜之人，心满意足，便踏上了归途。《后汉书》本传还记载，归途中路过弘农郡，顺便拜访当时在任太守、刚正名臣皇甫规。因守门者没有及时通报，未能见面，于是有了皇甫规道歉信和赵壹的回复信，文辞讲究，成为书信名篇。关于此事，赵逵夫《赵壹生平著作考》认为，"赵壹访皇甫规在建宁元年，非光和元年"，原因是据《后汉书·皇甫规传》，光和元年时皇甫已去世四年，根本没有可能拜访，并推论二人见面应是汉灵帝建宁元年（168年）。

京师去来是赵壹一生最为风光的经历，让常人领会到了赵壹不仅仅是狂傲，而且有超常的才华。汉阳郡交差之后，他连郡吏也辞职不干了。凉州（东汉时州治在冀县）和汉阳郡官府争致礼命，十次征聘他出来做官，均被谢绝，最后终老在家。从文意看，赵壹终老的家应在任职之地冀县，而非籍贯之地西县。

赵壹著有赋、颂、箴、诔、书、论及杂文十六篇。现存赋四篇（一篇是残篇，一篇剩残句），书信三通（一通剩残句），还有书法理论著述《非草书》一篇。

二三、甘谷汉简

甘谷汉简，国家一级文物，现藏甘肃省博物馆。1971年出土于甘谷县渭阳公社（今属甘谷县新兴镇）十字道村北刘家屲汉墓。共23枚。材质多数为松木，少数为杨木。每一简背面都有编号，如"第一""第二"，依次至"第二十三"。原简"第"标为"弟"，这是用"弟"表示次序的本意。"第一"简长23厘米，宽2.6厘米，厚0.3厘米，其他各简，长宽厚薄，与此大致相同。出土时保存情况不是太好，其中"第一""第二""第五""第九""第十""第十五""第二十""第二十三"8枚比较完整，"第三""第四""第六""第七""第八""第十一""第十二""第十三""第十四""第十六""第十七""第十八""第十九""第二十一""第二十二"15枚残存片段。简册为先编后写，简文墨书隶

图3-9　甘谷汉简（局部）

体，每简两行，字数在60~80之间，估计总字数约1300字，现存可辨识者总计964字。

刘家屲汉墓为前室带双后室的砖室墓，墓门西向，墓中安葬6人，前室1棺，南后室3棺，北后室2棺。北后室2棺装饰有鎏金铜饰件，规格显然高于其他棺木，简册就放置在北后室紧靠南壁的男性棺中。此墓还出土陶器、铜器、铁器等随葬遗物110余件。墓中灰陶罐有朱书"刘氏之泉""刘氏之冢"等字样，可断定墓为刘氏家庭合葬墓，墓主人姓刘应无疑问。

此简书本是一份皇帝签署的朝廷文件，到达地方之后，凉州刺史再行

转发所辖监察区内汉阳等郡国贯彻执行。具体内容：第一部分是东汉桓帝延熹年间（158—167年）宗正府卿刘柜就宗室权利被地方侵夺之事所上皇帝的奏书，其中列举了不少东汉初年以来全国各地时有发生的相关纠纷案件，说明重申保护宗室特权的紧迫性和必要性，指令地方要严格执行相关规定；第二部分是汉桓帝时凉州刺史部转发宗正府书律令及汉阳等郡的督导执行情状，如简文所言"承书从事下当用者如诏书"。从简文内容判断，发文者是凉州刺史部。

简书两次提及凉州刺史、一次提及汉阳太守，这个"凉州刺史"就是凉州刺史部的长官，汉阳是凉州刺史的官署所在，于是被首先提及。这个凉州的州治和汉阳郡的郡治、冀县的县治在同一城即冀城，和魏晋时期武威的那个凉州没有关系。从源头上说，凉州设置始于汉武帝元封五年（前106年）。关于"凉州"的由来，按《晋书·地理志》的说法："凉州，以地处西方，常寒凉也。"这时候的州并不是行政区划，只是监察区。东汉伊始，州刺史名为监察官，其实与行政官没有什么两样，秩级为二千石，常年在州，也不亲自入京奏事，有治所、僚佐，督察而外，民刑诸政，无不总揽。简册颁行的汉桓帝延熹元年（158年），凉州刺史部监察范围为汉阳等十个郡、张掖属国等两个属国。魏文帝曹丕时雍、凉分设，凉州刺史治所迁至河西走廊武威郡的姑臧县（今甘肃武威市）。还有，简册提及的凉州及汉阳郡各级官吏如凉州刺史陟，汉阳太守济、长史亿等，都是只记名不记姓，大概是公文惯例使然。

东汉立国，对宗室采取政治上限制、经济上优待的政策，"诸王"只准自娱宫内，不准临民干预政事，宗室的利益也是经常受到侵犯，在汉桓帝时成为社会问题，于是下诏要求地方集中整治。此简册所载正是地方执行中央政策的实例，从中还可知晓汉桓帝之前全国各地侵犯王室的典型案件，无疑具有很高的史料价值。简册出自刘姓家庭墓葬，很可能墓主人就是王室亲族，或许这一次的落实政策就和他们家族密切相关，因此将此简册陪葬。简册估计是官方文书的抄件，至于书写者是官方书吏还是刘氏家人，不好判断。但可以肯定，简册书法十分精彩。

论者多将甘谷汉简书法和其后汉隶名碑汉灵帝中平二年（185年）立石的《曹全碑》和中平三年立石的《张迁碑》对照研究，就体态相貌而言，和《曹全碑》近似，不过捺画尖峰落笔，个性独特。其文字结体以扁平为主，宽博洒脱，行笔自然，随处给人以自由的美感。甘肃是汉简大省，居延汉简、敦煌汉简、悬泉置汉简、肩水金关汉简、武威汉简等都有不少为人称道的书法名品，甘谷汉简数量虽少，但仍以其飘逸俊秀风姿成为研究简牍书法不可或缺的作品。

二四、河峪摩崖石刻

是为甘肃省境内刊刻最早的一处摩崖石刻，比著名的汉三颂之一的《西狭颂》还要早21年。

石刻在张家川回族自治县恭门镇河峪村东。东汉桓帝和平元年（150年）刻石。有刻文崖面高130厘米，残宽102厘米，距地面65厘米，碑额有一独体"汉"字，字径约为正文四倍。正文共15行，可识别者110余字。20世纪90年代之后，逐渐进入学人研究视野，从而也就有了各种"版本"的著录。在此，综合各家之长的录文如下。

和平元年岁庚寅□□□□□
故汉阳太守刘君讳福字伯寿赵□□□也
其先汉景帝少子封昂毕野君□□□浮□
令幽州刺史部在有济民之□□□□宽仁
有虑深远之美□尔难迨□□□□□遵萌
忿瑕荒之不柔数离怨旷□□□□众修
乃瞩西顾命君守之于是□□□□□
术怀远人岁丰积而有□□□□□□其后
吏民追思渥惠□□□□□□□□□
伊君德洞绝旅播□□□□□□执以怀远
合功实纪往古勒铭□□□□□□□□进

……子

……素俭约

……财费因邦

……陇赵亿造

就现残存碑文看，内容是汉阳太守刘福的记功碑，从"术怀远人，岁丰积而有……"可见其处理民族关系和发展生产的功绩。石刻所在的恭门镇为陇山交通古镇之一，摩崖刻记在此，应该和汉阳太守刘福整治陇山交通也有关联。

图3-10　张家川县河峪村东汉和平元年摩崖石刻拓片

此石刻本来就没有题名，著录者、研究者或定名"摩崖石刻""张家川东汉和平元年摩崖石刻""张家川汉和平元年河峪摩崖石刻"，或定名"故汉阳太守刘君功德颂""故汉阳太守刘福功德颂""刘福功德颂"，或仿照《西狭颂》定名"河峪颂"。这些"被定名"多是依据汉碑定名惯例而为，没有高下之分。碑文内容毫无疑问是歌颂汉阳太守刘福功德的，题名加"颂"似无不可；而仿甘肃成县的"李翕碑"（本名惠安西表）被俗称"西狭颂"的惯例，题名"河峪颂"（碑在恭门镇河峪村附近）亦无不可。但碑名不可以太多，至而混乱。2019年，此石刻被公布为全国重点文物保护单位，定名为"河峪摩崖石刻"。这个定名既遵循了考古学小地名命名遗址的原则，又指明碑是摩崖石刻，简洁明了，可为正式定名，其余的研究"成果"就皆可以作罢了。

　　东汉是中国书法实用兼抒情"两栖共生"发展的关键阶段，也是隶书和其他书体相互交融、孕育楷书的重要时期。河峪摩崖石刻是汉字演进过程中"由篆而隶、由隶而楷"这一特点的实物证据，自有其书法史意义和审美价值。具体而言，其书法结体方阔朴拙，运笔方折直行，厚重有力，长笔多带篆意，短笔略带楷意，波磔质朴不显，雄劲古穆。汉碑千姿百态，个性十足，此碑书法线条随性，字形方正，不事夸饰，朴茂自然，无疑可代表又一种别样风格，也是学习汉碑书法的佳品。现有张弛、谷国伟编《原石拓本对比——东汉刘福功德》（河南美术出版社，2017年），杨清汀、谢安珍、窦永锋编《河峪颂》（西泠印社，2023年）两种碑帖可以参考。

　　河峪摩崖石刻由于所在比较偏远，长期鲜为人知。20世纪90年代开始引起当地文化工作者的重视。2016年以后，张家川县博物馆、甘肃省书法家学会多次举办河峪摩崖石刻研讨会，引起学术界尤其是书法界的广泛关注。2018年之后，《中国书法》先后发表丁宏武、王兴芬、杨清汀、窦永锋、蔡副全等学者相关论文5篇，使之声名大噪。2023年初，被列入国家文物局公布的《第一批古代名碑名刻文物名录》，由此，其文史价值、书法价值得以凸显，成为像《西狭颂》一样的汉代名碑。

为保护起见，石刻所在现盖有石屋，平时钢筋栅栏门上锁，可以隔着栅栏空隙远观，不能就地摩挲。当然研究者还是可以考察周围山川地貌，观汉碑之所在而发思古之幽情。另，张家川县博物馆有此石刻之复制件，可尽情观摩拍照。

2022年6月9日，北京大学辛德勇教授在线开设题为《乱世功德颂——〈刘福功德颂〉辨伪》讲座，从五个方面举证，论定此石刻是"当代手艺人制作的仿古赝品"。讲稿整理后在其微信公众号发表，文章一出，便在互联网广泛流传，引发学界极大关注。2023年6月21日《书法报》刊发阎小鹏商榷文章《东汉〈刘福功德颂〉真伪再考——兼与辛德勇先生商榷》，对辛教授质疑予以对应商榷回应。事实上，作假造假目的都是为了利益，此石刻20世纪50年代就被人发现，所在偏僻，荒郊野外的作个假干什么？一区汉代摩崖，老皮旧痕赫然在目，书法功力深厚，将这个说成是当代手艺人的仿古赝品，或曰"真真太抬举当代人了"。

第四章　三国时期

三国鼎立之时，天水地域整体属魏国所有，蜀汉为实现兴复汉室理想，组织多次北伐。天水当关陇之会、介雍梁之间，是陇右的要害所在，加之陇右诸郡士马强壮，又有仇视中原王朝的氐羌各族可以利用，天水就成为蜀汉北伐的重点地域。蜀汉始终设置凉州刺史一职，由名将虚衔遥领，表明了其夺取陇右的决心。蜀丞相诸葛亮五次北伐，二出祁山，一度和魏大将军司马懿对垒上邽。姜维九次伐魏，七出陇右，多次深入天水境内。而曹魏始终以祁山、上邽、冀城、狄道等地为军事要塞，竭力防守，于是天水一带就有了祁山堡、诸葛军垒、木门道、铁笼山等古战场遗迹，由此也就有了《三国演义》诸葛亮六出祁山、天水智关收姜维等脍炙人口的演绎故事。

二五、冀城大战

冀城本是先秦的冀戎地。秦武公十年（前688年），秦攻灭冀戎，因其地设置冀县（今甘谷县城西）。西汉因之，属天水郡。东汉明帝永平十七年（74年），天水郡改称汉阳郡，郡治就在冀县，同时凉州的州治也在冀县，由此冀城成为陇右的政治中心，所以东汉末年，陇右战争多和冀城直接相关。

东汉灵帝中平四年（187年），金城太守韩遂拥兵攻破汉阳，杀死太守傅燮。东汉献帝兴平元年（194年），马腾、韩遂挺进关中，与郭汜、樊稠交兵，败还凉州。这里所谓的汉阳、凉州，其实都是指冀城，并非泛指汉阳或凉州的辖区。东汉献帝建安十六年（211年），韩遂、马超再次挺进关中，在潼关附近和曹军激战，败还上陇。东汉献帝建安十八年（213年），马超联合羌族部落进攻陇右诸郡县，郡县次第响应，只有冀城据守不降，于是三国时著名的冀城大战拉开了战幕。

从正月到八月，马超全力围攻，凉州刺史韦康、参军杨阜全力死守。凉州别驾阎温由水道潜出城外，意想联络救兵，被马超捕杀。固守待援的计划完全破灭，于是刺史韦康派使者向马超求和，开城迎降，被马超部将杨昂（汉中张鲁部，此时领兵协助马超攻冀城）刺杀。马超自称征西将军，领并州牧都督凉州军事，踞冀城。

当是时也，杨阜属强硬的"抵抗派"，城破之后，时常谋想推翻马超，重新控制冀城。杨阜本是冀城人，身旁多亲朋好友，于是他到处活动，策划谋反。汉献帝建安十九年（214年），以丧妻求葬为借口，乘机出奔历城（今甘肃成县），向外兄抚夷将军姜叙求援，在姜母杨氏（杨阜姑）的支持下商定破马策略；另外派兄弟杨谟返城，联合凉州旧吏梁宽等作内应，共谋马超。事毕，杨阜、姜叙即进兵卤城（今甘肃礼县盐关镇），马超亲自带兵出城迎战，内应的杨谟、梁宽等人乘机紧闭城门，将马超家属斩尽杀绝。杨阜等则死战马超，时曹操猛将夏侯渊也上陇救援，马超只得忍气吞声，败退汉中。

冀城一战，杨阜声名大振，杨阜的亲属朋友也多名垂青史。《三国志·魏书·杨阜传》罗列姓名的就有7人，分别是杨阜弟杨岳、杨谟，姑杨氏，同乡友姜隐、赵昂、尹奉、姚琼。杨阜因此深得曹操赏识，被封为关内侯，历任金城太守、武都太守。后又仕文帝曹丕、明帝曹睿两朝，对朝廷弊政多所诤谏，赢得朝野上下的崇敬。

二六、蜀汉凉州刺史设置

魏文帝曹丕时雍州、凉州分设，凉州刺史治所在武威郡姑臧县（今甘肃武威市）。蜀汉疆域基本上在秦岭以南，和当时的凉州中间还隔着一个雍州，没有凉州的尺椽寸土，而始终设置凉州刺史的职官，如此设置只是虚衔遥领，其主旨和北伐战略密切相关。

凉州的设置始于汉武帝元封五年（前106年），当时的州并不是行政区划，只是监察区，是全国十三州刺史部之一，督察范围为：安定、天水、陇西、金城、武威、张掖、酒泉、敦煌8郡。东汉黄巾起义之后，因戡乱之需，汉灵帝中平五年（188年），"改刺史新置牧"，此次改制确定了州刺史一方大员的地位。汉献帝兴平元年（194年），"分凉州河西四郡为雍州"。汉献帝建安十八年（213年），恢复古制，拼凑《禹贡》九州之数，撤销司隶校尉及凉州所辖全部并入雍州，自三辅至西域全部属雍州。曹丕即魏王位，雍凉分设，雍州辖冯翊、京兆、扶风、北地、新平、安定、广魏、天水、南安、陇西10郡；凉州辖金城、西平、武威、张掖、酒泉、敦煌、西海7郡。从此，终三国之世雍凉并存。

东汉伊始，凉州治所就在冀县城。蜀汉立国，虽然凉州始终为魏国所有，而蜀汉设置凉州刺史，先后以名将马超、魏延、姜维遥领，其遥领范围包括曹魏的雍州和凉州，目的就是致力北伐，最终恢复中原。每次蜀兵北出，与之对敌的魏军主将都加"督雍凉诸军事"衔，曹真、司马懿、赵俨、夏侯玄、郭淮、陈泰、司马望相继为之，足见魏在对敌斗争中视雍凉为一体。

为什么蜀汉始终紧盯凉州不放？这是由其兴复汉室北伐战略的最高目标所决定的，也是因为凉州的重要军事地理位置和特别的物产决定的。建安十二年（207年），刘备在襄阳隆中三顾草庐，拜会诸葛亮，纵论天下大势，诸葛亮提出"隆中对"策略，为刘备指明奋斗方向——在兼跨荆、益的前提下，南抚夷越、西和诸戎，再相机而动，荆州之军向宛洛，益州之众出秦川，分进合去，逐鹿中原。由此可见，"西和诸戎"是蜀汉立国的既定方针。这里的诸戎乃西方少数民族的总称，主体是雍凉氐、羌。"西和诸戎"不单单是政治口号，也是北伐战略不可或缺的环节。由于氐羌人所居正当魏之雍凉、蜀依旧所称的凉州，所以"西和诸戎"其实就是凉州问题。

凉州境域阻山带河，丝绸之路贯穿全境，民族成分复杂，劲悍习俗流韵不绝。民勤稼穑而尚勇力，既是畜牧甲于天下，又是精兵的渊薮。历史上看，周起陇东，秦兴陇右，最终掩有天下。高祖据巴蜀、汉中，出秦川，平陇西，按秦旧迹而君临万方。隗嚣借"天水完富，士马最强"而割据称霸。这其中固然人谋起主导作用，地利作用决不可小觑。刘备、诸葛亮梦寐以求的就是踵迹当年汉高祖因巴蜀定关中而成帝业的成功范例兴复汉室。

汉建安二十二年（217年），谋士法正献策刘备攻取汉中，述说攻取汉中的意义："克之之日，广农穗谷，观衅伺隙，上可倾覆敌寇，尊奖王室，中可蚕食雍凉，广括境土，下可以固守要害，为持久计。"法正所谓"上可"就是"隆中对"主导思想复兴汉室，而"中可"就是出兵雍凉拥而有之。这正是北伐战略的最高目标和次高目标，而实现最高目标，雍凉必须拥有。法正之后，名将赵云重申北伐战略。孙权袭取荆州，刘备意欲东征，赵云谏言征伐次序应该是先魏后吴，"当因众心，早图关中，居河渭上游以讨凶逆，关东义士必裹粮策马以迎王师"。赵云所言"早图关中，居河渭上游"，还是指曹魏的雍凉之地。

法正之策、赵云之策和"隆中对"的"西和诸戎"不谋而合，实乃英雄所见略同。

尽管蜀汉的有识之士都认识到凉州对北伐的重要意义，但事态的发展不尽如人意。建安二十四年（219年），前将军关羽大意失荆州，为吕蒙所杀。蜀汉章武元年（221年），刘备亲征孙权，次年猇亭惨败，恢复荆州的梦想破灭，接着身死白帝城。刘备病逝、荆州丧失，标志着蜀汉的鼎盛期已经结束，也标志着两路北伐的战略构想失去了支撑。而诸葛亮是一个理想主义者，受命于危难之际，义无反顾地兴师北伐。原两路北伐战略调整为一路北伐，一举占有关中改为遮断陇右，居渭上游，东渐关中。

天水是陇右的要冲，历来都是战略要地，控制天水，西可阻断陇右和中原的联系，东可进图关中，所以，占领天水就成了蜀汉新北伐战略的核心内容。清顾祖禹《读史方舆纪要》在论及天水的战略地位时说："盖关中要会常在秦州，争秦州则自陇以东皆震矣。"天水有如此优越的地理形势，很自然就成为诸葛亮用兵的重点区域，取天下必取关中，取关中必取陇右，而取陇右必取天水，即成为新北伐战略的主导思想，天水也就留下了众多和三国有关的名胜古迹及其传说。

二七、祁山堡

祁山在今陇南市礼县境内。具体地点在礼县之祁山镇一带，西距礼县县城25公里，处嘉陵江支流西汉水流域，是由陇入蜀的必经之地。阻山带河，东有铁堂峡之险，南有塞峡（今称屏风峡）之要，西汉水（古称漾水）流域平畴万亩，士民殷富。这一地域也是秦人发迹的西垂古地，地理位置重要。

图4-1 礼县祁山堡俯瞰

蜀汉建兴六年（228年）春，蜀丞相诸葛亮第一次北伐，以赵云、邓芝为疑兵，出箕谷，亲率大军声东击西，出其不意攻占祁山，陇右震恐。天水、陇西、安定三郡不战而降，形势一片大好。不意前锋马谡丧失街亭，蜀军全军被动，被迫撤回汉中。清道光二十三年（1843年），《曹真残碑》在西安东郊现世，有"蜀贼诸葛亮称兵上邽，公拜大将军……"等语，可知诸葛亮第一次北伐，魏军的总指挥是大将军曹真。碑出土后，贬损蜀国和诸葛亮为"蜀贼"的"贼"即被市民自发凿毁，千年而下还可以感受到被各种文学作品神话的诸葛亮在老百姓心目中的地位。

三年之后的蜀汉建兴九年（231年）二月，诸葛亮第四次北伐，再出祁山，以木牛流马运粮，和魏大将军司马懿在祁山、上邽一线接连大战，取得了一系列的胜利，而老谋深算的司马懿依险固守，相持到六月，诸葛亮终因粮尽退兵。途中设伏，在木门道（今秦州区牡丹镇木门村稠泥河谷）射杀魏名将张郃。

诸葛亮五次伐魏，二出祁山，祁山由此盛名远播，《三国演义》缘此创作诸葛亮六出祁山之说。事实上，"六出祁山"是小说演绎，二出祁山才是历史事实。

北魏郦道元《水经注·漾水》对祁山有详细记载，说山上有城，极为坚固，并引诸葛亮《表》说"祁山去沮县五百里，有民万户"，依此判定，"有民万户"的祁山不是一处城堡的名称，而是一带地方的总称。据研究，祁山的位置大致可以这样界定：祁山在礼县东、西汉水北侧，西起北岈（今平泉大堡子山），东至卤城（今礼县盐官镇）。祁山的中南部就是祁山堡，平地突起，西汉水从山脚流过，四面峭壁，上为平地，建有武侯祠，传言创建于南北朝时期。明清历经重修，今存殿宇、塑像、壁画、碑刻等多系明清所为。庙宇一进三院，中轴线上主建筑有诸葛殿、关羽殿、起佛殿，两厢配有蜀国文臣武将塑像长廊。

出于对诸葛亮功业的敬重，古往今来时有凭吊者拜谒武侯祠，从而留下为数众多的吟咏之作。明浙江道监察御史郑国仕《登祁山谒武侯祠》诗云："斜日沉沉古寺幽，武侯烟祀几千秋。数家瓦舍连城垒，一派清流绕旧洲。官道徒存留马迹，佳城犹似卧龙游。老天何事还延汉，五丈原头星夜流。"感祁山险固，叹英雄功业，"出师未捷身先死，长使英雄泪满襟"。古堡周围有众多关于诸葛亮的传说遗迹，如诸葛九寨、诸葛连城、诸葛点将台、藏兵湾、圈马沟等。总之，有祁山在，就有说不完的诸葛故事。

二八、街亭之战

蜀汉后主建兴六年（228年），蜀丞相诸葛亮一出祁山，突袭陇右，天水等三郡叛魏响应。魏朝野震恐，魏明帝西镇长安，亲督诸军救援。救兵、守兵在街亭相遇，魏先锋张郃大败蜀先锋马谡，魏军掌握战局主动，叛魏响应的天水三郡也被破平，诸葛亮被迫退兵，胜利成果毁于一旦。

亭是秦汉时县辖的一级行政设置，汉高祖刘邦就曾做过泗水亭长。街亭本来也不是一个大地方，魏蜀在此一战，而诸葛亮第一次北伐以失败告终，由此街亭这个小地方名扬千古，经《三国演义》第九十五回"马谡拒谏失街亭，武侯弹琴退仲达"的演述，"失街亭"和"走麦城"一样成为失败的代名词，为人们所习用。

陇山古称陇坻或陇坂、陇阪，横亘于关中平原和陇右山地之间，是著名的地理分界线。由关中入陇右必越陇山，而街亭扼陇山峡谷，番须古道、鸡头古道直接和街亭相通，又当古丝绸之路的南大路，地理位置非常重要。蜀有之可直下关中，魏有之则可掩击陇右，所以街亭的得失就成为整个战局成败的关键所在。

西汉武帝元鼎三年（前114年）置天水郡，辖街泉县。街泉应当是街亭名称的前身，东汉并入略阳，县降为亭，始有街亭称谓。县治和亭治是同一个地方，而《三国志》中所记载的马谡拒守险要阻击张郃部的地方并不是街亭城，而是城南的山地。《三国志·蜀书·王平传》说"谡舍水上山……"，《三国志·魏书·张郃传》记"谡依阻南山，不下据城"，都能证明。马谡上山据险，张郃则阻断其汲水通道围攻，蜀军不得饮食，人心惶惶，大败逃散，战役结束。

至于三国时期的街亭对应现在的什么地方，自古以来学界、民间就有争议。一说在今秦安县之陇城镇，一说在今张家川回族自治县龙山镇。如唐李吉甫《元和郡县图志》"陇城县"条说："……又有街泉亭，蜀将马谡为魏将张郃所败。"主张陇城说。还有，今张家川县的龙山镇，原名断山镇，明嘉靖《秦安志》说："……东首，有二十里曰断山，其山当略阳南北之冲。截然中起，不与众山连属，望其势若断，俯断山镇，陇水经焉。其下为连合川，云川连而山断。"清乾隆十四年（1749年），秦安知县蒋允煮认为断山镇的"断"字不吉祥，改名为龙山镇。龙山镇的那座"断山"，山形和《三国演义》对街亭的描述相仿，所言似乎更像是马谡扎营地，因此就有了街亭在龙山的说法。事实上，《三国志》并没有说马谡扎营的南山和其他山峰隔断，"断"只是小说家的想象和后人的猜测。据《元和郡县图志》等地志记载，结合陇城附近出土的"蜀"字铭文弩机、箭簇、行军铁锅等文物认定陇城是关陇道要冲的故实综合考查，街亭的治所理当是现在的陇城镇。

图4-2　秦安陇城街亭古战场遗址纪念亭

另，今麦积区民国时有街子镇，是东乡大镇，历史悠久，商贸繁盛，镇所在村子名街亭村。1949年以后，街子镇先后改称街子公社、街子乡，2003年并入麦积镇，而"街亭"村名保留。近年时有人撰文认为此"街亭"就是马谡失街亭的那个街亭。再往前推，康熙《秦州志·城池》记载："……又南为改龙山、改龙寺，俗呼街子口，即古街亭，马谡屯兵处。"就是说，清代就有当今的麦积镇街亭村就是马谡失街亭之街亭的说法。又，乾隆《直隶秦州新志·山川》说："改龙山，东南七十里。下有改龙镇，即街子口。"改龙山又称观龙山，上有崇福寺。可知街子镇又称改龙镇。这里不禁让人联想街子镇的"街"，天水方言读如"gāi"，"街"和"改"音同，大抵街子镇本来就是和改子镇读音相同而形成的异写，由此而产生的街亭村也是如此而来。有了"街亭"，就勾连上了清代广泛流传的三国故事，也就有了马谡失的街亭就在这个街亭村的掌故。

三国时的街亭是一座由县而亭的城邑，攻守战的大战场是在街亭的南山，而事实上，南山之下也有小战场。前面所引《王平传》提到过马谡舍水上山，当时名将王平是马谡部将，多次劝谏马谡舍水上山的弊端，马谡就是不听，王平则领所部山下布防，鸣鼓造势，张郃部不敢进攻，马谡败后，率领所部和蜀军逃散军士，从容退兵。可见，街亭古战场当是一带地方，既有山上也包括山下，而不是一个地方，发生地是在街亭城周围。

二九、诸葛军垒

诸葛军垒本在今天水市区东郊，积土垒成，纵横方丈。相传三国时诸葛亮于斯台指挥蜀军排兵布阵，故名。

据《三国志·诸葛亮传》裴松之注引《晋汉春秋》：蜀汉后主建兴九年（231年），蜀丞相诸葛亮二出祁山，亲率大军抵上邽迎战魏大将军司马懿，击败其部将郭淮，收割上邽城郊小麦供军食。司马懿不敢迎战，只得敛兵依险固守。这表明诸葛亮和司马懿这两个冤家死对头的确有过对垒相持大战的战事。唐李吉甫《元和郡县图志》"上邽"条说："诸葛亮垒，俗名下募城，在县东二里。""县"指当时秦州的州治上邽县，城址在今天水市城区大城、东关一带。"县东二里"正和明清以来诸葛军垒所在相符。《元和郡县图志》还载司马懿垒，地点也在"县东二里"，也符合当年诸葛和司马对垒大战的情景，说明三国故事在唐代就流传广泛。乾隆《直隶秦州新志·山川》说:"诸葛垒,东二里,路南,相传出祁山时,道经天水,筑垒于此。每逢六月六日,竟日四面无影。俗谓下募城。其旁有司马懿垒,俗谓上募城。"这是在复述《元和郡县图志》的记载,其实在清代司马懿垒早就没有了踪迹。上邽扼入蜀之咽喉,西晋以后,一直是天水郡的郡治、秦州州治所在,因此成为战争的焦点。历史上有记载的战争有数十次之多,而留有遗迹的仅是三国时期,足见人们对三国史事的关注。明清时期,诸葛军垒被列为"秦州十景"之一。

图4-3　民国时的诸葛军垒

　　诸葛亮的传奇人生很自然地和军垒融合,为军垒蒙上了浓厚的传奇色彩。相传每年农历六月初六,红日中天,而垒周围竟日不见阴影,所以军垒又称为"无影墩"。又传军垒土奇香喷射,流布四周。还传垒是蜀军行军时钻入鞋子的沙土积成。更有相传蜀军行军打仗时每人身上背着一个乡土袋,袋中装着家乡的泥土,到了异乡饮水或吃饭时,在饮食中撒入一小撮家乡泥土,可防止水土不服。诸葛大军来到上邽城郊之后,发现天水郡的水质好、气候好,水土服,天然不违和,乡土袋也就成了累赘。于是,军士兵们将其中的泥土倒在城东郊,形成军垒,等等。沧桑变易,已历千载,军垒的筑法、用途、神奇征兆以至军垒是否为三国时遗迹都不得而知,也无须考究,其实质是出于人们对诸葛亮这个忠贞不屈的英雄的怀念。与其说军垒是一个军旅战事的标志,还不如说是人们怀念诸葛亮的凭吊场所。

　　明清时,垒周植有古柏,立石碑,设祠举祀。游客诗人凭吊,感慨万分,遗留大量诗章。清秦州州判王际有作歌云:

秦之东郭，称为汉垒。卧龙卜居，工有神理。只立孤尊，山不与侣。羽扇指挥，爰以想旅。枕自鸣钟，米自炊釜。智勇兼之，军士起舞。千百年后，奇香入土。居者行者，咸将吊古。

吁嗟兮！先生逝矣垒犹存，当日五花与八门。风雨迷离英气著，荒田常若虎豹蹲。先生逝矣垒不朽，沧桑变易高山走。营丘终古镇秦州，将同日月称老叟。吁嗟兮！我遇此垒何以铭，且奠先生一杯酒。铭之曰：

撮土无多，忠敬包罗。汉室不祚，侯将奈何。

军垒曾一度被夷为平地，所在辟为民居。1989年，依原貌恢复之，前新立张爱萍将军题写的"诸葛军垒"石碑。2002年，诸葛军垒迁至南郭寺慧音山脚下重建，背负青山，面临藉水，成为向公众开放的公园。

三〇、大将军姜维

读过《三国演义》的人都知道"天水姜维"，依据诸葛亮智收姜维故事改编的传统戏剧《天水关》，也是脍炙人口的剧目，以至天水人在外，问及籍贯，一提到天水，对方就会来一句："就是《三国演义》上天水关的那个天水？"正是！姜维俨然天水的历史广告、形象大使。

姜维（202—264年），字伯约，三国时天水郡冀县（今甘谷县城西）人。因郡望是天水郡，故史书上多称"天水姜维"。《三国演义》中的姜维，手握长枪，腰带雕弓，雄姿英发，一副猛将模样。事实上，姜维不但习武，而且研究经学，是文武双全的儒将。归蜀之前，在天水郡担任过上计掾、功曹、参军等职务。蜀汉后主建兴六年（228年），诸葛亮一出祁山，突袭陇右，天水等三郡叛魏应亮，时局混乱，而忠心耿耿的姜维备受怀疑，于是弃魏归蜀。对姜维的到来，诸葛亮非常高兴，当年即委以重任，任用为丞相府仓曹掾，加奉义将军，封当阳亭侯。《三国志》姜维本传特别提及"时年二十七"。诸葛亮还特意在信中对其心腹丞相府长史张裔、参军蒋琬说："姜伯约忠勤时事，思虑精密，堪称凉州上士。"有相见恨晚之意。东汉时凉州的州治及天水郡的郡治就在姜维的老家冀县，于是乎诸葛亮以"凉州上士"称赞姜维。

关于姜维归蜀，还有个小故事，《晋书·五行志》《宋书·五行志》相沿记载之。大意是说，姜维归蜀，匆忙仓促，老母未能同行。事后，魏国当政者迫使其母写信招子反正，并在信中特意附带中药当归，示意应当适时归来。结果，姜维回信以另一味中药远志作喻，表明其在蜀国干大事业的决心。

蜀汉建兴九年（231年），丞相诸葛亮病逝北伐军中后，姜维先后任卫将军、镇西大将军兼领凉州刺史、大将军，总领诸军，前后九次北伐，也就是俗言的"九伐中原"。

蜀汉延熙元年（238年），驻军汉中，多次率领偏师西扰魏境。

延熙十年（247年），雍凉地区的羌胡族人背魏反叛，姜维率兵接应，与魏雍州刺史郭淮、讨蜀护军夏侯霸战于洮西（洮水以西）。胡族首领白虎文、治无戴等率部降汉，姜维将其迁至蜀境。

延熙十二年（249年），姜维进兵西平郡（郡治在今青海西宁市），不胜而返。次年，姜维再次出兵陇右，联合羌人再次进攻西平郡，未克，俘魏中郎将郭修而还。

延熙十六年（253年），姜维率兵数万人出石营（今甘肃西和县西北），经董亭（今天水市西南），包围南安。魏雍州刺史陈泰率军解围，进至落门（今武山县洛门镇），姜维因久攻南安不克，军粮已尽，撤围退走。

延熙十七年（254年）六月，姜维攻魏，占据狄道（今甘肃临洮）。十月，姜维率军进围魏陇西郡治襄武（今甘肃陇西南），斩杀魏将徐质，乘胜进击，破河关（今甘肃临夏西北）、临洮（今甘肃岷县）等县，并迁河关、临洮、狄道三县民入川。

延熙十八年（255年）七月，姜维督车骑将军夏侯霸、征西大将军张翼等攻魏，在洮西大败魏雍州刺史王经。魏军损兵数万，王经率残部万人还保狄道，姜维乘胜包围之。魏征西将军陈泰由上邽星夜赴援，姜维撤军而还。

延熙十九年（256年），姜维与镇西大将军胡济约定合击上邽。姜维率先出兵祁山，闻魏安西将军邓艾有备，遂改道从董亭攻南安。邓艾军抢先占据武城山（今武山县西南）截击。姜维进攻无果，东下转战落门（今武山县洛门镇），随即乘夜色东下奔袭上邽，胡济爽约未至预定攻击区域，又为邓艾追兵在段谷（今甘肃天水西南）击败。姜维所部死伤惨重，星散流离，被迫撤回蜀境。

延熙二十年（257年），姜维率兵数万出骆谷，军进至芒水（今陕西周至黑水），不胜而返。

蜀汉景耀五年（262年），姜维再次出兵，与邓艾战于侯和（今甘肃临潭东南），为邓艾所破。姜维退兵沓中屯田。是为姜维最后一次北伐。

蜀汉炎兴元年（魏景元四年，263年），魏权臣晋公司马昭派遣镇西将军钟会、征西将军邓艾等率大军数道南伐蜀国。姜维周折转战，退兵剑阁据守，阻击钟会。邓艾自阴平（今甘肃文县境）险道进军，突袭成都，后主刘禅未战即降，蜀亡国。姜维无奈伪降钟会，谋图伺机复蜀，事败被乱军所杀。

姜维九次北伐，八出陇右，攻击雍、凉结合部的陇右，坚信联合雍、凉羌胡作为盟军，完全可以实现遮断陇右的北伐初步目标。而陇右是魏国的重点防御区域，兵多粮足，加之郭淮、陈泰、邓艾等良将坐镇，其北伐败多胜少，遮断陇右的局面始终没有降临，最终弱小的蜀国在魏国的南伐中一战而亡，自己亦身死族灭，南柯一梦，成为十足的悲剧性人物。

对姜维的评价，历来毁誉参半，《三国志》作者陈寿就以穷兵黩武贬毁之。平心而论，姜维不惧艰辛，百折不挠，锐意北伐，无疑是诸葛亮兴复汉室事业的称职接班人。一个魏国降将，为蜀国江山社稷流尽了最后一滴血，忠心远志，苍天可鉴。

古之冀县，即今之甘谷县，今甘谷县六峰镇姜家庄世传是姜维故里，有姜维衣冠冢。传姜维伪降兵变被杀，暴尸原野，魏派专人监视，不得掩葬。其随从设法偷得衣冠靴子，背回故里，家乡人民依凭南山修筑此衣冠冢。靴子别葬冢旁，姜家庄南山就有了靴子坪之称。1988年，甘谷县重修姜维衣冠冢，今墓前所植树木亭亭如盖，时有游人前来凭吊忠魂。另，1999年，姜家庄村民在村头创修姜维纪念馆（或称姜维祠）。院内立杨成武将军题写的"姜维故里"碑及众多颂扬姜维的石刻，大殿有姜维彩塑雕像及叙述姜维生平的壁画，常年香火旺盛。2020年，六峰镇建设姜维文化长廊，树立姜维挺枪跃马雕像一尊，英姿飒爽。

图4-4　甘谷县六峰镇姜家庄姜维墓

据乾隆《伏羌县志》载，甘谷周元坪魏儿沟也有姜维墓，县城设汉平襄侯姜公祠。甘谷而外，天水市秦州区西南的铁堂峡旧有姜维故宅和姜维祖茔。无论真相如何，遗迹多正好说明故里人民对姜维的崇敬之情。

三、上邽屯田

自从曹丕称帝（220年）、刘备登基（221年）而后，至于魏景元四年（蜀汉景耀六年，263年）蜀国灭亡，几十年间魏蜀一直处于战时状态。天水因为战略地位重要，又是双方激烈争战的重心所在，所以战乱不断，经济破坏势所必然，经营建设也在所必须。提到三国，给人的感觉，除了设计谋打乱仗，什么也没干，事实上打乱仗的同时也有发展经济的举措，当时曹魏天水郡城上邽就是发展战时经济的典型。

1. 雍州刺史张既妥善安置移民。东汉建安二十年（215年），曹操攻取汉中，动迁汉中之民8万人至洛阳、邺城，所谓充实京城，天水等郡是迁民的必经之地，备受扰攘，民众不安，雍州刺史张既"既假三郡人为将吏者休课，使治屋宅，作水碓，民心遂安。"这是说，张既通过天水等三郡当地军政官吏暂时减免老百姓赋税，并指示他们组织民众修葺房屋、建造水碓，使之安居乐业，以消除老百姓对迁徙的恐惧和负面影响。进一步说，"治屋宅"其实就是那个时代的安置房，还有庭院经济的成分；"作水碓"是以水为动力春米或加工其他粮食作物，此举可大大提高生产效率。这些都是惠及民生的举措。东汉建安二十五年（220年），刘备由益州北上争夺汉中，曹操亲赴汉中阻击，完败而归，便动迁武都氐人5万余落出居扶风、天水界。张既负责迁徙一应工作，以先迁者奖励的办法，平稳完成任务。

2. 度支尚书司马孚屯田备战。魏太和五年（蜀汉建兴九年，231年），诸葛亮出兵祁山，曹魏主帅司马懿坐镇上邽应敌，双方在上邽、卤城对垒作战，旷日持久。司马懿上书请求将冀州农夫5000人迁至上邽屯田种地，使之"秋冬习战阵，春夏修田桑"，同时复兴天水等地"监冶"。为使工作顺利推进，指令其弟度支尚书司马孚组织实施。"监冶"，即盐监和冶金（应是冶铁），是为生产生活的必需品，这是通过振兴盐铁业，获取高额利润，用市场经济的办法增加军需储备。司马孚的屯田属于寓农于兵，耕战两利；"田桑"则是农桑并重，粮食纺织两不误，都是战时发展农业的好办法。

3. 征西将军邓艾推广区种之法。段灼出身敦煌大姓，原是邓艾部下，为人忠勇正直。灭蜀之战，邓艾率先攻占成都，而自己因内讧含冤被杀。武帝即位后，段灼上疏为邓艾辩冤，特意突出邓艾在天水的治民功绩。言洮西之役魏军失利后，征西将军邓艾留屯上邽，面对民生凋零、经济破残的局面，手执耒耜，和士兵同甘共苦发展生产，推行区种之法，以提高产量，满足战时之需。据《氾胜之书》记载，按"区种法"耕种，小麦产量达"区一亩得百石"，经农史学家仔细推算，在汉代亩产可达400～600市斤。就是说，邓艾将当时最先进的农业生产技术用于天水的经济发展。

为满足战时之需，曹魏一些有作为的将领在用武的同时不忘农耕，大力发展天水地区农业经济，将当时最先进的农业生产技术用于战略要地上邽，虽然其目的在于军事，但客观上推动了当地农业经济的发展。

第五章　两晋南北朝时期

两晋南北朝之时，中原板荡，战无虚日，而佛教在中土爆发式流传，麦积山石窟、大像山石窟、水帘洞石窟、木梯寺石窟等石窟寺先后建造，形成天水"百里石窟长廊"。西晋武帝泰始五年（269年）始置秦州，因秦人之"秦"而得名。太康七年（286年）秦州州治、天水郡郡治从冀县迁至上邽县（今秦州区）。此期，史书所言匈奴、鲜卑、羯、氐、羌"五胡"在天水境内都有分布。天水土著氐族强势迅速崛起，清水氐杨氏建立仇池国，临渭氐苻氏建立前秦，略阳氐吕氏建立后凉，略阳氐李氏建立成汉，影响深远。前秦王苻坚一度统一北方，出现了关陇和平、百姓丰乐的局面。小说家王嘉著《拾遗记》，前秦秦州刺史窦滔之妻苏蕙创制《回文旋图诗》，天文学家姜岌著《三纪甲子元历》《浑天论》，北周文学家庾信撰写《秦州天水郡麦积山佛龛铭并序》。

三二、氐羌官印

魏晋之时，民族问题突出，朝廷多以羁縻政策怀柔之，为少数民族首领封官晋爵，给予各种名号，颁发各种级别的官印，以使他们领导族人安安稳稳做顺民，不得惹是生非。这些官印全国各地时有发现，均是研究当时民族关系的珍贵实物。天水市境内民国以来出土类似官印多方。

1. 三国"魏率善胡佰长"铜印。印现藏秦安县博物馆。1987年秦安县千户乡积玉村出土。正方形，驼钮。边长2厘米，高2.8厘米，重10克。印面篆刻阴文"魏率善胡佰长"。保存完好。

2. 三国"魏率善氐仟长"铜印。印现藏天水市博物馆。正方形，驼钮。高3厘米，边长2.2厘米。印面篆刻阴文"魏率善氐仟长"。保存完好。

3. 三国"魏率善羌仟长"铜印。此印已散佚。张维《陇右金石录》著录，有按语说："按，此印铜质，驼钮，大逾寸，出于天水北乡，后为贾客所得。"

4. 分留王印。此印已散佚。张维《陇右金石录》著录，有按语说："按，此印亦出天水北乡，铜质龟钮，其龟扬头启足，与他钮作卧龟者稍异。印方寸二三分，有篆文四字。"所言"篆文四字"，即"分留王印"四字，当是武都等地氐人降服后被分留安置之首领的印信。

5. 西晋"晋归义氐王"金印。印现藏甘肃省博物馆。20世纪80年代麦积区吴砦出土。正方形，驼钮，驼呈跪姿。边长2.3厘米，高3厘米。印面篆刻阴文"晋归义氐王"。保存完好。

6. 西晋"晋率善羌伯长"铜印。印现藏天水市博物馆。方形，驼钮。高3厘米，边长2.2厘米。印面篆刻阴文"晋率善羌伯长"。保存完好。

图 5-1　西晋"晋率善羌伯长"铜印　　　　图 5-2　西晋"晋率善羌伯长"铜印印纽

魏晋时，朝廷颁发给少数民族首领的官印，一般使用"王朝名称+民族名称+官号+官称"的组合格式，有归义、率众、率善、守善、率义等名目。其中"归义""率众"等名号多加诸王侯，而像前3方及第6方铜印"率善"之受印者主要是中下级武官。所谓"率善"，基本含义就是率众归化、循善守法、安养百姓。这一时期，天水境内多有氐羌，于是有相关官印。至于"魏率善胡佰长"印文中的"胡"，估计是其民族不好识别，就笼统以"胡"称谓。

东汉建安二十五年（220年），雍州刺史张既等将武都郡氐人5万余落迁离古地出居扶风、天水界，这是当时的大事件，"分留王"印之受印者应是氐人组织移民安迁的首领。天水是本次移民的重点区域，此印出土于天水北乡，正好可以印证这一历史事件。

第5方西晋"晋归义氐王"金印，材质珍贵，级别最高，受印者应是西晋之时天水一带氐人的最高首领。由朝廷颁发"王"印可以看出，当时对少数民族的政策主要册封上层使之自治。也可以看出，此时氐人的势力依然很大，如《魏略·西戎传》所言"今虽都统于郡国，然故自有王侯在其虚落间"。

东汉一朝没有解决好与羌人的关系问题，直到汉末，以武力镇压的办法得到短时期安稳。天水是"羌患"波及的重点区域之一，战后留有不少羌人。魏晋时期，天水又是氐人的散居区域，氐羌部落和汉族错居成为当时的一大特色，以上所述氐羌官印就是证明。羌氐和汉族错居，加速民族文化融合，促进了其发展，氐族多用汉族姓氏，多数能听懂汉族语言。东晋十六国时期，天水境内氐族能在政治舞台上大放异彩，建立五个氐族王国，与民族融合促使其接受先进文化大有关系。乾隆《直隶秦州新志·山川》"古迹"目记载"渭流氐迹"说苻氏氐族的世居地，可见千年之后建立过前秦的氐族在其故土还有影响力。

三三、"陇上壮士有陈安"

陈安是东晋十六国时期一个武功盖世的猛人。陈安出仕，是在晋宗室司马模手下充当都尉，司马模败死后成为其子司马保麾下干将。司马保在上邽自称晋王，陈安则自号秦州刺史，向匈奴首领刘曜的前赵称臣。在司马保和刘曜之间或抚或叛，周旋应付。司马保死后，陈安迎丧，以天子之礼将其安葬在上邽，本人便成了秦州一带的霸主，自称凉王，公开和刘曜对峙。刘曜督师围剿，陈安退守陇城，最终穷途末路，被擒杀在陇山峡谷中。这些事件发生在西晋怀帝永嘉五年至东晋明帝太宁元年间（311—323年）。

东晋十六国时期，中原动乱，战无虚日，死个把人根本就不算事，而陈安的死不同反响，《晋书·刘曜载纪》用大段文字记录陈安和刘曜部将平先追逐激战的场景。陈安的武勇，陇上闻名，而平先也是刘曜军中的骑射冠军。两个猛人，狭路相逢，在山涧中奔驰搏战，杀得天昏地暗，三军惊叹。这边陈安近战持七尺大刀、丈八蛇矛砍杀突刺，远战则左右驰射，所向无敌；那边平先勇捷如飞，毫不退让。经过三番激战，陈安长矛被平先所夺，身疲力竭，弃马逃匿，最终被乱军所杀。

陈安平时善于安抚士卒，和部众有福同享、有难同当，深受爱戴，死后陇右之人传唱《壮士之歌》（也称《陇上歌》）纪念之。

陇上壮士有陈安，躯干虽小腹中宽，爱养将士同心肝。
骢骢骏马铁锻鞍，七尺大刀奋如湍，丈八蛇矛左右盘，
十荡十决无当前。战始三交失蛇矛，弃我骢骢窜岩幽，
为我外援而悬头。西流之水东流河，一去不还奈子何！

陈安败死了，而这首英雄赞歌则长久流传，和另一首长歌《木兰辞》成为北朝民歌的典范之作。歌词是陈安人品和决战场景的再现，从中可知，陈安个头不高，而胸怀宽广，骁勇善战。由"为我外援而悬头"一语可知，《陇上歌》就出自固守陇城之陈安旧部之口。今陇城镇旁流过的清水河《水经注》称略阳川水，自西向东流入葫芦河，是名副其实的"西流之水"，也可证。清杜文澜辑本《古谣谚》在"一去不还奈子何"句后还有两句衬词："阿呼呜呼奈子何，呜呼阿呼奈子何！"，这样使传唱更能渲染气氛。歌中"丈八蛇矛"其实就是骑兵使用的长矟，也叫长稍，如东汉刘熙《释名》所载"矛长丈八尺曰矟"，就是长头宽刃的特制矛，并不是《三国演义》燕人张翼德那种几道弯的长矛。

北魏崔鸿《十六国春秋》有陈安传，崔书散佚，传之片段见北宋《太平御览》。

陈安，字虎侯，家世农民。安少慷慨，曰："大丈夫当乘轩杖节，安能久事犁锄乎?"遂东游京师，颇学书志，读《魏书》，见许褚而慕之，乃自字虎侯。遇晋室丧乱，遂凭结司马宾。骁壮果毅，武干过人，多力善射，持七尺刀贯结，奔及驰马。

由此可见陈安的另一侧面，除了武干过人，他还是一位好学上进、有文化的农家子弟。文中"司马宾"是说投奔司马家门下成为门客之流，不能当人名理解。《太平御览》还辑录一条，说陈安是"成纪平庄人也"，这个平庄不知是今天什么地方。不过，陈安战事不利，几次都是退守陇城，众叛之时，陇城的"亲"始终不离，可见他和陇城缘分很深。

三四、氐族王国

氐、羌同源。氐本指居住在陇坻一带的部落，因地名称族，就有氐的称谓。汉代以前的史籍，经常氐羌并称，或以羌为氐羌的总称，《诗经·商颂·玄鸟》就有"昔有成汤，自彼氐羌，莫敢不来享，莫敢不来王"的记载。春秋末期，氐羌开始分化。秦汉之际，散落在岐陇以南、汉水以西，自立豪帅。汉代以后，正式分化成两个族，分布在秦陇西南，南近巴蜀一带，其首领多接受中央王朝册封，风俗和羌族基本相同，衣服崇尚青绛，能织布，善种田，同时还大量饲养猪、羊、牛、马等牲畜。由于和汉族错居的缘故，汉氐交流没有语言障碍。

当时，天水郡有略阳氐、安夷氐（在今秦安县境内）、清水氐（在今清水县境内）、临渭氐（在今天水市区北）。汉献帝建安二十四年（219年），曹操为了防备刘备利用氐族北伐，指令雍州刺史张既将武都氐族5万余落迁徙到扶风、天水两郡，天水氐族势力迅速壮大。西晋末年，清水氐杨氏、临渭氐苻氏、略阳氐吕氏崛起，先后建立仇池、武兴、前秦、后凉等政权，另外略阳氐还建有成汉政权。东晋十六国后期，匈奴、鲜卑势力兴起，诸氐转衰。隋唐之后，吐蕃崛起，诸氐在史籍中绝载。

图 5-3　西晋"晋归义氐王"金印（甘肃省博物馆藏）

1.清水氐杨氏仇池国

清水氐杨氏，世居陇坻。汉献帝时，氐帅杨腾率部迁徙到仇池（今甘肃西和县境内西汉水北岸之仇池山），因仇池山巅有地百顷，因此取号"百顷"。晋惠帝元康六年（296年），建仇池国。东晋简文帝咸安元年（371年），传至杨纂时被前秦攻灭。东晋孝武帝太元八年（383年），杨纂族人杨定乘前秦淝水战败机会，收集旧部在历城（今西和县西北）再建仇池国。宋文帝元嘉十八年（441年），又被刘宋攻灭。其势力最盛时实际据有天水、武都、阴平、汉中四郡全部和其他部分地区，东连秦岭，西接宕昌，北至天水，南至阴平以南。前后两个仇池政权历经7代12世，延续134年。之后，氐族杨氏又先后建立武都国、武兴国、阴平国三个小割据政权，西魏时被解散安置州郡管辖，仇池诸国延续数百年的历史彻底结束。

仇池五国起于杨茂搜建国的296年，亡于西魏成州刺史赵昶置解散阴平国的553年，共历33主，绵延258年。这个时间与以年号纪年对照，为西晋惠帝元康六年至南朝梁元帝承圣二年，几乎跨越整个魏晋南北朝时期。虽然仇池时常称藩于南北政权间而被史家所忽视，但仇池延续时间长，活动频繁，和名列史册的"十六国"相比，其影响力毫不逊色。究其原因，国家分裂才会出现独立王国，而仇池国恰好就处在南北长期对峙的中间地带，这一客观际遇决定了其比较长寿的命运。

2.临渭氐苻氏前秦

略阳临渭氐苻氏，本姓蒲氏，因家院池中生蒲，遂以蒲为氏。后有其首领蒲洪因相信谶纬文"草付应王"的说法，改姓"苻"。西晋亡国之际，苻洪自称护氐校尉、秦州刺史、略阳公，成为前秦的奠基者。晋穆帝永和五年（349年），被后赵强令东迁的秦雍各族流民10万多人公推苻洪为首领，自行西归。次年，苻洪子苻健攻占上邽，秦州全部归属降附。至苻坚时，重用王猛，励精图治，国力强盛，先后攻灭仇池、前凉，统一黄河流域。晋孝武帝太元八年（383年），与东晋在淝水决战，苻坚大败，北方重新分裂。晋孝武帝太元十年（385年），苻坚被后秦姚苌擒杀。之后，族孙苻登集合陇右诸氐和后秦对抗，最终败死，残部被西秦攻灭。前秦传承6世，延续44年。

3.略阳氐吕氏前凉

略阳氐吕氏，先祖吕文和于西汉文帝时因避难从沛县迁徙定居略阳，世代为氐帅。前秦苻坚时，吕婆楼任太尉，子吕光继为秦将，任骠骑大将军。晋孝武帝太元七年（382年），册封吕光为使持节、都督西域诸军事，统领步骑兵7.5万经略西域，次年攻降西域三十六国。晋太元十年，率兵东返进入姑臧，随后建立后凉政权，势力最盛时占有整个河西走廊。吕光死后，诸子内讧，晋安帝元兴二年（403年）被北凉沮渠蒙逊攻逼，投降后秦，灭国。前凉传承4世，延续15年。

4.略阳巴氏李氏成汉

略阳巴氏李氏，祖籍巴西宕渠（治在今四川渠县东北），东汉末迁徙汉中，信奉张鲁五斗米道。曹操南征汉中，李氏祖先500多家从征，随后迁居略阳。晋惠帝元康七年（297年），秦、雍两州大旱。次年，略阳、天水等郡氐汉各族多流亡就食汉中。晋惠帝元康九年（299年），又进入蜀境。由于地方官的威逼，流民推举李特为首领举兵反抗，紧接着进攻成都，李特被袭杀后，其子李雄继续领导流民攻陷成都。晋惠帝光熙元年（306年），建立成汉政权。最盛时拥有今四川和云南、贵州各一部分。晋穆帝永和三年（347年），被东晋安西将军桓温攻灭。成汉传承6世，延续44年。

东晋十六国时期，氐族建立四个王国，盛极一时。尤其在前秦统一北方之后，势力更是达到极盛。但氐族人口有限，随着统治地域的扩大，宗室及本族子弟撒胡椒面似的散布各地镇守要害，遭到敌对者的残酷报复，精英人物被大量杀戮，氐族彻底衰微。政权崩溃，其族群也在隋唐之后融合于汉族等各民族之中而逐渐消失。

三五、前秦皇帝苻坚

西晋灭亡，在中国的北方，少数民族先后建立十六个政权，史称"五胡十六国"。中原板荡，连年战乱。而在前秦王苻坚时，北方一度短暂统一，在强势者称王称霸、旋起旋灭的时代，为向往安定生活的百姓带来了一股亮光。

苻坚（338—385年），字永固，氐族，略阳临渭（今麦积区社棠镇）人。多才多艺，志存高远。十六国时期前秦第三任皇帝，在位29年。初封东海王，东晋穆帝升平三年（359年），诛杀暴君苻生，自立为大秦天王。之后，任人唯贤，垂心政事，摒弃平庸的宗室外戚子弟，任用吕婆楼、权翼、薛瓒、梁平老等文武英才，尤其将王猛视为股肱，军国大事一任处置。同时，实行一系列改革措施，提倡儒学，兴办学校，劝课农桑，兴修水利，振兴关中经济，由此前秦国力日渐强盛。东晋海西公太和五年（370年）攻灭前燕，次年攻灭仇池国；东晋孝武帝宁康元年（373年）攻取东晋梁、雍二州，东晋孝武帝太元元年（376年）攻灭前凉、代。至此，前秦疆域东极沧海，西联龟兹，南据襄阳，北控流沙。中国北方历经多年战乱之后重归一统，呈现出安定繁荣的景象：

> 关陇清晏，百姓丰乐，自长安至于诸州，皆沿路树槐柳。二十里一亭，四十里一驿。旅行者取给于途，工商贸贩于道。百姓歌之曰：长安大街，夹树杨槐；下走朱轮，上有鸾栖。英彦云集，海我萌黎。

前秦声威远播，西域各国、西南夷使节不绝于途。

苻坚仅用了20年的时间就建立如此辉煌的大业绩，认定统一全国的时机已经成熟，便迫不及待地策划进攻东晋。

晋孝武帝太元七年（382年），苻坚亲征东晋计划出台，召集群臣讨论，伐与不伐一时众说纷纭，总体而言反对者占绝大多数。其弟苻融分析北方形势、双方力量对比、人心向背，切谏不能伐晋，并和权翼、石越等名臣联名面谏，前后数十次。认为北方形势复杂，前秦所灭各国都企图复国，虎视眈眈，如倾国南征，他们必定借机反秦。且东晋是正统王朝，是汉民族的象征，此时君臣谐和，用命国事，无机可乘，如果出兵必然不利。而心怀鬼胎的降将慕容垂、姚苌竭力怂恿苻坚伐晋，以期混水摸鱼、恢复故国。苻坚执念作祟，将所有忠言都当成耳边风，对心腹大臣王猛不能急于进攻东晋的遗言也忘在了脑后，最终决定倾全国之力一举吞灭东晋。

晋孝武帝太元八年（383年），苻坚调发全国步骑兵97万伐晋，而东晋主政者征讨大都督谢安、先锋谢玄等团结一致，同仇敌忾，严阵以待。淝水一战，前秦率领先头部队大败奔逃，苻融被杀，苻坚中箭，随即北方土崩瓦解。属下鲜卑族慕容垂、羌族姚苌先后背叛，分别建立后燕、后秦，前秦分裂。晋太元十年，悔恨交加的苻坚最终被姚苌擒杀。

苻氏家族以武功见长，也以文学传家，苻朗、苻坚、苻融等都是文武全才。决定前秦命运的淝水大战，事前事后为后世留下了三条成语。

其一，投鞭断流。淝水大战之前，面对劝阻伐晋者，苻坚掷地有声："以吾之众旅，投鞭于江，足断其流。"

其二，草木皆兵。淝水大战在即，苻坚登城观察形势，但见晋军布阵齐整，将士精锐，心中难免惊慌，"又北望八公山上草木，皆类人形"，错误地将草木当成了士兵，便对一旁观阵的苻融说："此亦劲敌也，何谓少乎！"

其三，风声鹤唳。淝水大战之后，前秦军全线奔逃，"闻风声鹤唳，皆谓晋师之至"。

台湾历史学家柏杨《资治通鉴本末·苻坚大帝的悲剧》起首在"导论"中评议："从古至今，从公元前二十七世纪到公元后二十世纪，大大小小，男男女女，加在一起，中国总共有五六〇个帝王，数目不可谓不多。然而，考察他们的行为，够得上称为'大帝'的，不过五人而已，一是前三世纪秦王朝一任帝嬴政，一是前二世纪西汉王朝一任帝刘邦，一是四世纪前秦帝国三任帝苻坚，一是七世纪唐王朝二任帝李世民，一是十七世纪清王朝四任帝玄烨。"对苻坚的文治武功推崇备至。柏杨的"大帝"评判标准是：有超人的胆识，有深厚的人文素养，有用度外人的智慧，有煊赫的武功，有强大的工作效率和比较清廉的文官团队，有以师友相敬的智囊群。对历代帝王以"大帝"排座次，当然有主观的成分，但不可否认，苻坚的功业之于十六国时期混乱至极的历史就是一股难得的清流，他的确是一个有国家理想的帝王。

三六、苏蕙织造《回文旋图诗》

苏蕙，字若兰，东晋十六国时期扶风始平（今陕西武功）人。仪容秀丽，才思敏捷，善著文章。16岁的时候嫁与将门之后窦滔为妻。窦滔相貌堂堂，兼通经史。苏、窦联姻，幸福美满。窦滔出仕之时，正当前秦王苻坚事业春风得意之际，他的才华得以充分展露，任过多个重要职位，各处都有政绩。秦州是陇右重镇，苻坚特意任命窦滔为刺史，于是苏蕙随夫寓居秦州。不意就在秦州任上，因事得罪苻坚，被贬戍守河西边郡敦煌。苏蕙日夜思念夫婿，为了倾诉离别之苦、恩爱之情，便用彩色丝线织锦为文，制成《回文旋图诗》，后世多称《璇玑图》。全图纵横各29字，共841字。顺读、倒读、横读、斜读、交互读、叠字读、退一字读、进一步读，都可以组成三、四、五、六、七言诗。奇思妙想，造化天成，婉转读之，言词凄切。《晋书》记载《回文旋图诗》为840字，现可见的回文诗为841字，是因为图的最中心有一个"心"字。

关于《回文旋图诗》制作的动因，传为武则天所作的《苏氏织锦回文记》还有一说。说窦滔在夫人苏蕙之外另有一妾，名赵阳台，能歌善舞，是一个狐狸精式的人物，深得窦滔宠信。窦滔获释由敦煌改派镇守襄阳的时候，单独带赵阳台同往任所。苏蕙黯然神伤，于是织造《回文旋图诗》，令仆人携带前往襄阳。窦滔见到情真意切的织锦回文诗，大受感动，于是两人和好如初。无论哪一说，都是缠绵雅致，见情见性。

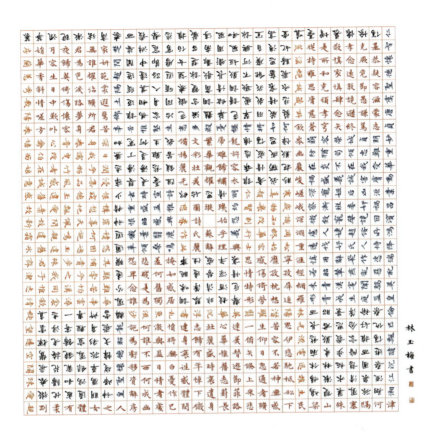

图5-4 传世苏蕙织锦回文诗（林玉梅书）

苏蕙《回文旋图诗》一经问世，立即引起文人士子共鸣，南北朝时期诸如江淹、吴均、庾信等大文豪在一些诗文中都有提及。传说唐代武则天心仪苏蕙的才华，亲自作序，赞许有加。唐宋以来诸如李白、苏轼、黄庭坚等都有关于《回文旋图诗》的诗作。其中，李白《乌夜啼》云："黄云城边乌欲栖，归飞哑哑枝上啼。机中织锦秦川女，碧纱如烟隔窗语。停梭怅然忆远人，独宿孤房泪如雨。"不愧是诗仙手笔，言说苏蕙织锦心境，入木三分。明清时还有多种形式的相关文艺作品流传不绝，如明代有仇英的《苏蕙织锦璇玑图》卷轴画作，以连环画形式全景式重现苏蕙织锦璇玑图故事始末；清代戏曲家洪昇《织锦记》，则以传奇小说的形式演绎苏蕙故事。

另外，《回文旋图诗》到底隐含多少首诗，也成了历代文人竟相射猜的永恒之谜。唐武则天序言说200余首，元代赵孟頫夫人管道升读出3518首，明代人读出7900余首，而今人李蔚读出14005首，的确蔚为壮观。不过，平心而论，诸多解读出来的诗作晦涩难懂，也看不出来有"凄婉"韵味，的确有过度解读、随意猜解之嫌。

天水民间流传一种回文诗，共8行，每行14字，共112字，可以斜向上下、下上回旋读出一首8联的七言诗，文辞粗俗，但情真意切，最后两句是"织锦回文朝天子，早赦奴夫配寡妻"。据说苻坚见此回文诗，动恻隐之心，即特赦窦滔回家与苏蕙团圆。既是传说，就姑妄听之，但从中也透视出天水和回文诗渊源的久远。

民国之前，天水城区西关二郎巷原有古织锦台、晋窦滔里等标识遗迹，传说是苏蕙寓居织锦之处。清诗人杨芳灿有诗曰："莺花古巷秦州陌，云是苏娘旧时宅。"

苏蕙《回文旋图诗》是回文诗的登峰造极之作，是最有个性的情书，也是中国文化史上的奇观，将汉语汉字无与伦比的表现能力、组合功能、音韵特质表现得淋漓尽致，怎么赞誉都不为过。

三七、仙人道士王嘉

王嘉是学者兼小说家，也是亦仙亦道的隐者，人生充满传奇色彩。

王嘉，字子年，东晋陇西安阳（今秦安县东南）人。形貌丑陋，喜好谈笑，行为怪异，不守礼法。传说他还可以不食五谷，并能卜知未来。秦陇之人视之为神仙，卜问吉凶、学习方术的人络绎不绝，王公贵族、普通百姓应有尽有。王嘉不胜其扰，于是就到东阳谷隐居起来，凿崖穴居，修炼道术，随从弟子往往有数百人之多。时间长了，王嘉还是觉得不胜其扰，便独自出走关中终南山结庐隐居，不意那些"烦人"的弟子们打听到他的行踪，觅踪而来。没办法，王嘉只能再迁倒兽山（又称倒虎山，在陕西临潼新丰镇南）。这一次弟子没有来，却让前秦王苻坚知道了，多次派人请他出山，他不为所动，守贫如故。

东晋孝武帝太元七年（382年），苻坚不顾朝野反对，准备南征东晋，但毕竟是军国大事，便派使者向王嘉问话，王嘉只说了四个字"金刚火强"，并骑上使的马，端正衣冠，慢慢向东走了百步，然后衣落鞋掉，狼狈返回。王嘉到底是什么意思，没人懂得。苻坚只得重新派人询问，又得到了两个字"未央"，苻坚心满意足，认为很是吉祥，于是铁定了南伐之心。次年，淝水大战，苻坚一败涂地。人们回想王嘉的言行，终于弄明白，"金刚火强"是说秦在西为金，晋室在南为火，火能销金，故前秦必败；"未央"之"未"意指383年是癸未年，而"央"谐音"殃"，是说癸未年有祸害，而王嘉跑马的动作是在预演战败逃跑的情形。东晋太元十年（385年）冬，意想重振旗鼓的苻坚生拉硬扯将王嘉请到长安，以备咨询。但一切都为时已晚，王嘉的到来并不能挽救苻坚的命运。

东晋太元十一年（386年），京师长安的主人换成了后秦姚苌。对待王嘉，姚苌和苻坚差不多，极力优待，以备咨询。姚苌和前秦苻登拉锯大战，相持不下，姚苌咨询他是否能杀苻登而独得天下，王嘉答"略得之"。姚苌认为这完全是在戏弄他，于是怒火中烧，不顾群臣劝阻，处死王嘉。事后验证，最终杀苻登而平定陇右的是姚苌的儿子姚兴，姚苌的情况的确是"略得之"。传说就在王嘉被杀的当天，有人在陇右某地看见他在悠闲漫步，姚苌得知消息，派人开棺验尸，但见棺内只有竹杖一条，压根儿就没有尸体。叙述至此，我们不禁要问，王嘉既然能卜知未来，难道就不知道他自己死到临头？或许他是厌烦无聊的尘世生活，想升天成仙了吧！亦仙亦道的王嘉，一切都是那么神秘莫测、真假难辨，我们只能按史籍所记姑妄言之。

王嘉留有两部著作：一是《牵三歌谶》，是预言之书；一是笔记体小说《拾遗记》。《拾遗记》又称《王子年书》，现流传的共10卷100多篇，记事上起羲皇，下至于晋，所言故事，富于想象，鲁迅《中国小说史略》评论："其文笔颇靡丽，而事皆诞谩无实。"

三八、秦州各族的反魏斗争

南北朝时期，北方以北魏统治时间为最长，达150年。而从孝文帝元宏开始，60余年间各地起义不断，其中大的起义有三次，莫折大提领导的秦州起义居其一。

秦州既是陇右的政治经济中心，也是交通枢纽，民族成分复杂，加之吏治腐败，于是就成为各种矛盾交织的焦点所在。小规模的起事时有发生，如北魏宣武帝正始三年（506年），屠各胡人王法智和秦州主簿吕苟儿等暴动；北魏宣武帝永平三年（510年），秦州僧人刘光秀造反……到了北魏孝明帝正光五年（524年），终于酿成莫折大提领导的各族大起义。

当时的秦州知州是李彦，是北魏孝文帝改革的中坚人物李冲的侄子，此人性情残暴，刑政刚猛，以致民怨鼎沸。秦州城民薛珍、刘庆、杜超等自发组织起来，突入州衙，杀死李彦，并公推羌人莫折大提为秦王，据州城反魏。很不幸，就在暴动的当年，莫折大提病卒，其第四子莫折念生继承遗志，继续反魏，自称天子，设置百官，改元天建。遣兵分头出击，向东直下关中，攻陷岐州（今陕西凤翔县南），擒杀北魏都督元志及岐州刺史裴芬之，向西攻陷河西重镇凉州，形势一片大好。但由于吕伯度兄弟的叛变，反魏势力一度受挫。北魏孝明帝孝昌二年（526年），屡吃败仗的莫折念生伪降北魏主帅萧宝寅，随即又复起兵，重新占据秦州，并开始更大规模的反击。再度进入关中，前锋越过长安，一度攻占潼关，矛头直指京师洛阳，极大地动摇了北魏的统治。北魏孝明帝孝昌三年（527年），反魏各派内讧又起，常山王杜粲刺杀莫折念生及其家属，据秦州投降北魏。杜粲名义上投降，但自行州事。不久，杜粲又被其部将骆超刺杀，骆超自行州事。北魏孝庄帝永安三年（530年），北魏骠骑将军尔朱天光西征，反魏军余部尽数被镇压，秦州城市民刺杀反复无常的骆超，开城迎降。至此，以秦州为中心、延续6年的秦陇各族反魏斗争最终失败。秦州各族的反魏斗

100

争加速了北魏政权的瓦解，同时促进了民族的融合。

535年，北魏正式分裂为东魏、西魏，秦州归西魏。也许是有各族反抗暴政的前车之鉴，西魏统治者加强秦州吏治整顿。本年，丞相宇文泰以贪污贿赂罪处死秦州刺史王超世，秦州社会进入相对稳定期。

三九、乙弗皇后麦积山修行

乙弗皇后是吐谷浑族人，自高祖父莫环始，依附北魏，世代与皇室联姻。她天生丽质，沉稳大度，父母视为掌上明珠，曾当着亲朋面说："生女儿怎么啦，如生一个这样的女儿，的确胜过男孩儿。"

北魏正光六年（525年）乙弗16岁的时候，嫁与皇室京兆王元愉之子元宝炬。西魏大统元年（535年），元宝炬即皇帝位，乙弗氏被册封为皇后，勤俭处事、德高望重，和文帝也是琴瑟和谐、恩爱有加。

西魏建立之时，北方柔然势力膨胀，不断南侵，朝廷穷于应付。权臣宇文泰怂恿文帝采用和亲办法修好双边关系，迎娶柔然公主为新皇后。政治决定了乙弗的命运，她只得移居别宫，进而出家为尼。或许是为新皇后所不容，她只得西徙秦州，往依时任秦州刺史的儿子元戊。

意外的变化，使乙弗身心俱疲，于是隐居麦积山，修身养性，不问世事。或是文帝旧情复发，捎信让其蓄发，还表露出要追还的意思。正当此时，柔然又举国渡河南侵，朝野议论纷纷，认为此事和皇帝没处理好现任皇后和原皇后之间的关系大有关系。文帝一改初衷，振振有词："世上哪有为了一个女子而兴兵百万搞事的道理，虽然如此，但让人怀疑因为后宫出了问题造成这样的危急局面，那我还有何面目面对边关将士啊！"随后，敕令乙弗自尽。

乙弗接到诏书，犹如五雷轰顶，但依旧不失其特有的高贵秉性，挥泪对来者说："祝愿皇帝江山永固，天下康宁，我死而无憾！"招呼僧人举行仪式，亲手剃度贴身侍婢出家。事毕，进入内室，从容自尽。这一年乙弗31岁。和文帝肖小行径相较，其厚德载物的品行足以光照千秋。

图5-5　麦积山第44窟北魏佛造像

按照遗命，乙弗自尽后在麦积山就地凿龛而葬。相传下葬那天，有祥云两簇出入龛中，环护英灵，见者莫不称奇。据学者研究，第43窟形制独特，前有拜庭，后有墓龛，当是乙弗墓所在。和第43窟相邻的第44窟有一尊坐佛，女性特征明显，慈悲美丽，气色坦然，两颊和嘴角露出一丝震撼人心的微笑，当是热爱乙弗的僧俗大众刻意依照其形象建造。废帝之时，执行文帝的遗诏，乙弗灵柩迁葬文帝永陵。麦积山的龛陵空空如也，于是就有了"寂陵"之称。

以乙弗皇后凄美故事为依据，天水市文艺工作者创作大型秦腔剧《麦积圣歌》。2009年首演以来，在北京、上海、西安、乌鲁木齐等10多个城市演出300多场，并荣获文化部第十四届文华奖"新创剧目奖"、第五届中国秦腔艺术节"优秀剧目奖"等国家级奖项。

四〇、庾信《秦州天水郡麦积崖佛龛铭并序》

庾信（513—581年），祖籍南阳新野（今河南省新野县），聪明绝伦，博览群书，是一位天才的文学家。和父亲庾肩吾一起在南朝萧梁政权为官，少年得志。既有盛才，文辞绮艳，每有新作问世，首都建康竞相称颂。作为梁朝的使节，庾信先后出使东魏、西魏，最终在出使西魏时羁留长安，随着梁朝残余势力为西魏攻灭，无法复返。先仕西魏，再仕北周，最后仕隋，终老北方。就内心而言，在北朝做官，庾信充满痛苦，一曲《哀江南赋》凄凄惨惨，道尽感伤。

在北朝做官的经历，促成这位南朝才子的健笔偶然又必然地触及到麦积山。说偶然，是因为庾信羁留北方纯属偶然；说必然，是因为西魏、北周之时麦积山是最负盛名的佛教胜地，达官贵人竞相造窟，约请其记事作铭也就在情理之中了。

北周武帝时，大臣李允信（一作"李充信"）在麦积山建造七佛阁，并特邀文坛泰斗庾信作铭。

麦积崖者，乃陇坻之名山，河西之灵岳。高峰寻云，深谷无量。

方之鹫岛，迹遁三禅。譬彼鹤鸣，虚飞六甲。鸟道乍穷，羊肠或断。云如鹏翼，忽已垂天。树若桂华，翻能拂日。是以飞锡遥来，度杯远至。疏山凿洞，郁为净土。拜灯王于石室，乃假驭风；礼花首于山龛，方资控鹤。大都督李允信者，籍于宿植，深悟为王父造七佛龛。似刻浮檀，如攻水玉，从容满月，照曜青莲。影现须之堂；犹彼香山，更对安居之佛。昔者如来追福，有报恩之经；菩萨去家，有思亲之供，敢缘斯义，乃作铭曰：

镇地郁盘，基乾峻极，石关十上，铜梁九息。百仞崖横，千寻松直，荫兔假道，阳鸟回翼。载禁疏山，穿龛架岭，礼纷星汉，迥旋光景。壁累经文，龛重佛影，雕轮月殿，刻镜花堂，横镌石壁，暗凿山梁。雷乘法鼓，树积天香，漱泉泯谷，吹尘石床。集灵真馆，藏仙册府。芝洞秋房，檀林春乳，冰谷银砂，山楼石柱。异岭共云，同峰别雨。冀城余俗，河西旧风。水声幽咽，山势崆峒。法云常住，慧日无穷。方城芥尽，不变天宫。

是为《秦州天水郡麦积崖佛龛铭》。文中所言的大都督李允信，《周书》有载，北周宗室宇文广任秦州刺史时曾在其属下为官，所谓"故吏"。于是为"王父"即父亲（一说祖父）祈福建造七佛龛。此七佛阁应是麦积山石窟中七佛阁（009窟），而不是诸多书刊所说的上七佛阁（004窟）。据今人研究，上七佛阁规模宏大，建窟工作一直延续到隋、初唐才完成，根本就不是李允信所造。

庾信铭文用词清新，格调香艳，将麦积山势之险奇、佛事之兴旺表述得淋漓尽致，五代王仁裕《玉堂闲话·麦积山》言"有庾信铭记，刊于岩中"即指此。后来，大概是让重修者做地仗时覆压于石窟某处，消失不见了，幸好传世《庾子山集》收录此奇文，可以让后人一睹风采。

明嘉靖三十九年（1560年），分巡陇右道冯惟讷游历麦积山，对庾信铭文不知去向很是遗憾，《游麦积山》诗四首之中第三首提及之，有云"千载庾开府，传闻此勒铭"。嘉靖四十三年（1564年），冯惟讷的继任者分巡陇右道甘茹有诗称"地因庾碣重"。本年，冯、甘二人主持重刻庾信铭文碑，碑尾有冯惟讷题跋叙说重刻缘由，碑文则由甘茹书丹，现立麦积山下瑞应寺院内。民国三十一年（1942年），于右任为麦积山撰书对联"艺并莫高窟，文传庾子山"，对庾信铭文的价值予以充分肯定。

图5-6　明代重刻《秦州天水郡麦积崖佛龛铭并序》拓片

四一、李氏三杰

关于李贤及其弟李远、李穆的籍贯，《周书》李贤本传说："其先陇西成纪人也。"是说他的祖上是陇西成纪人，这是慎终追远的说法。北周时，成纪县属秦州略阳郡，县治在今秦安县叶堡川。李贤弟李远的传记在《周书》中附在李贤之后，和李贤合传，不记籍贯。李贤另一个弟弟李穆，在《周书》中和名将勋臣窦炽、于翼合传，也不记籍贯。著者大概认为，一家兄弟，在大哥那里写清楚了，同一本史书，写两个弟弟时，就没必要再重复了。另，李穆在《隋书》中还有传记，对祖上的渊源记载得比《周书》详尽得多："李穆，字显庆，自云陇西成纪人，汉骑都尉陵之后也。陵没匈奴，子孙代居北狄，其后随魏南迁，复归汧陇。"其中"自云陇西成纪人"一句很有意思。李陵是西汉名将李广的孙子，由"汉骑都尉陵之后也"表明李氏三兄弟是正宗的"陇西李氏"。《北史》李贤本传也有类似的说法："李贤，字贤和，自云陇西成纪人，汉骑都尉陵之后也。陵没匈奴，子孙因居北狄。后随魏南迁，复归汧陇。"1983年，李贤墓志在宁夏固原县李贤夫妇合葬墓出土，墓志全称《大周使持节柱国大将军大都督原泾秦河渭夏陇成幽灵十州诸军事原州刺史河西桓公墓志铭》，"公讳贤，字贤和，原州平高人。本姓李，汉将陵之后也。"其中"本姓李，汉将陵之后也"一句明确李贤是西汉李陵的后代；"原州平高"即今宁夏固原市原州区，这是李贤的出生地。分析以上所引资料，可以理出这样一条线索：李广之孙李陵自兵败诈降到真降匈奴之后，在匈奴娶妻生子，之孙就失落在了"番邦"。拓跋鲜卑南迁之时，作为鲜卑的组成部分又回归到了"汧陇"即关陇故土，从曾祖父开始，祖孙四代在北魏、西魏、北周、隋都建有大功，从北魏开始就又恢复他们李姓和"陇西成纪"郡望。

李贤（502—569年），字贤和，祖籍陇西成纪（今天水秦安县西北）。西汉李陵之后，北魏初，家族随北魏太武帝举族南迁，世代为魏将。李贤年幼时志向高远，读书粗略，只是理解大义，有人对他的读书方法多有微词，而他主张："人各有志，读书方法也不尽相同，难道读书就一定要追求通达而从事教授生徒的职业，只要粗知大义，补己不足就可以了。"北魏孝庄帝永安年间（528—530年），万俟丑奴起义，北魏遣尔朱天光率兵镇压。李贤被尔朱招至帐下效力，出谋划策，多有战功，累迁威烈将军、殿中将军、高平令。北魏孝武帝永熙三年（534年），夏州刺史宇文泰进兵陇上攻击侯莫陈悦，李贤兄弟从行。西魏文帝大统二年（536年），镇压原州民豆卢狼起义。大统四年（538年），升迁原州刺史。大统十二年（546年），击破柔然围攻，加授车骑大将军，累迁骠骑大将军、开府仪同三司。西魏恭帝元年（554年），进爵河西郡公。北周武帝宇文邕出生时，因避禁忌，曾在李贤原州府第寄养六年。宇文邕即帝位，对李氏大加封赏，使之在北周朝更加显赫，从此确立世家大族的地位。北周武帝保定四年（564年），迁任河州总管、河州刺史，大兴屯田，整顿边防，防止吐谷浑进攻，为开发河西多有贡献。保定五年（565年），又调任洮州总管、洮州刺史，以轻骑连破羌族、吐谷浑的进攻，因功加授大将军。北周武帝天和四年（569年），卒于长安。

李远（507—557年），李贤弟，字万岁。读书志趣和李贤大抵相同，年幼时常喜玩战阵游戏。西魏文帝元宝炬即位时，认为"远"字吉祥，特意命李远帮扶升殿，从此恩宠有加，迁征东大将军，后授原州刺史。丞相宇文泰鉴于李远时常参议军国大计，即让兄李贤代为刺史。西魏文帝大统三年（537年），从宇文泰征伐东魏，沙宛（今陕西省大荔县境）大战，西魏大获全胜，因功封车骑大将军，出任河东郡守。任内劝课农桑，兼修守备，百姓乐为所用。大统九年（543年），宇文泰与高欢会战邙山，大败而还。李远独自断后有功，授都督义州、弘农等21州诸军事。东魏进犯，接连击败之，累迁尚书左仆射。北周孝闵帝即位，进位柱国大将军，镇守弘农郡。同年，因子李植图谋周宗室权臣晋公宇文护，事败被诛，李远也被迫自杀。北周武帝建德元年（572年），宇文护被诛，李氏被杀被黜者全部平反昭雪。

李穆（509—586年），李贤弟，字显庆。相貌奇伟，风度翩翩。北魏孝武帝永熙三年（534年），随兄李贤、李远从宇文泰西征，屡建功勋。西魏文帝大统九年（543年），宇文泰与高欢会战邙山，西魏军大败，宇文泰临阵坠马，李穆突围冲进，用马鞭敲击宇文泰后背并大声呵斥，敌军误认为宇文泰是一般人物，于是放慢进攻，李穆乘机将坐骑让给宇文泰，一同突围而出。事后，宇文泰非常感动，对部下说："协助我干成大事业的，正是这个人啊！"之后抚慰关中，所往皆克，被册封为武卫将军，进位大将军。接着又击败曲河蛮族，册封为原州刺史，迁任雍州刺史。西魏恭帝四年（557年），北周孝闵帝即位，受兄长李远之子李植图谋权臣宇文护事件牵连，被废为平民，不久又复职。北周武帝天和年间（566—571年），进爵申国公，持节镇守东部边境，官至原州总管、柱国将军。隋文帝开皇元年（581年），杨坚称帝，李穆劝进有功，子孙被大加封赏，族人朝廷当官的有100余人，李氏门阀之盛达到顶点。开皇六年（586年），李穆卒。隋炀帝大业十一年（615年），炀帝伙同权臣宇文述捏造罪证，抄杀李氏满门，妇幼流放西域。或认为诗仙李白正是李氏流放西域、"皆徙岭外"至碎叶族人的后代。

四二、麦积山石窟

麦积山石窟是中国四大石窟之一。1961年被国务院公布为第一批全国重点文物保护单位；另外还有三顶桂冠：世界文化遗产，国家地质公园，国家5A级旅游景区；就雕塑艺术而言，还有一顶桂冠"东方雕塑馆"。

麦积山，又名麦积崖，在天水市东南45公里处，行政区划属麦积区麦积镇。海拔1671.4米，山高142米，基岩裸露，夹有薄层砂岩及含泥砾岩，色呈砖红，形如麦垛。五代初年，王仁裕登临，其《玉堂闲话·麦积山》说："望之团团，如民间麦积之状，故有此名。"周围群峰环抱，林壑幽峭，松桧遍地，流泉四布，南宋《方舆胜览》称"秦地林泉之冠"。

麦积山石窟建造始于东晋十六国时期之后秦弘始年间（399—416年），北魏、西魏、北周、隋唐、五代、宋、元、明、清历代均有建修。石窟的主要内容包括建筑、雕塑、壁画三大部分，而每一洞窟往往又是三者结合的艺术整体。现保留有大小洞窟221个（有造像者194个）、泥塑和石雕大小佛造像3938件10632身、壁画979.54平方米。洞窟建筑古朴典雅，雕塑逼真传神，壁画生动优美，在中国石窟艺术中独树一帜。

图5-7　麦积山石窟

麦积山主要洞窟建造是在北魏、西魏、北周三朝，此期的洞窟内容最丰富，艺术水平最高。兹按编号次序介绍"特窟"如下。

第43窟，西魏建造。即史书上说的乙弗皇后自尽后"凿麦积崖为龛而葬"的那个龛，又称"寂陵"，龛之后壁有一纵长方形深穴即墓室，曾为西魏文帝皇后乙弗氏的瘗窟。乙弗生平本书有专记。

第44窟，西魏建造。四角攒顶方型窟。正中坐佛依照乙弗皇后形象建造，是西魏时期的代表作，也是麦积山最美的佛造像。

第62窟，北周建造。四角攒顶方形窟。三壁各开一龛，供三佛，四壁画有小"千佛"。

第74窟，后秦建造，北魏重修。平顶敞口大窟。菩萨呈印度风格。

第76窟，北魏建造。平顶方形小窟。窟顶正中有花雨飞天。

第78窟，后秦建造，北魏重修。平拱敞口摩崖大窟。有北魏太武帝灭佛痕迹。有供养人画像两排16身，并有相关墨书题记"仇池镇（经）生王

□□供养十方诸佛时"等。

第102窟，西魏建造。平面方形攒尖顶窟。窟内有维摩诘居士造像。

第115窟，北魏建造。方形平顶小窟。窟内佛座有"大代景明三年九月十五日上邽镇司马张元伯"造像题记，是为麦积山石窟唯一有明确开窟纪年的洞窟。

第121窟，北魏建造。平面方形覆斗顶窟。正壁龛外左侧一组菩萨和弟子造像，头侧并靠，面带微笑，呈耳语状，这就是上镜率最高的"窃窃私语"。

第123窟，西魏建造。平顶方形窟。门口两侧侍立男童、女童各1人，憨厚质朴，稚气可爱，面带笑意，透视出摄人心魄的美感。

第127窟，北魏建造。平面横长方形帐形顶窟，顶高4米，面宽8米，进深4米。是麦积山石窟保存壁画最多的洞窟，计99平方米，除佛座四周有少量明代壁画外，皆是北魏原作。题材有涅槃经变图、维摩诘经变图、西方净土变图、七佛图、地狱及战骑图、帝释天图、穆天子拜见西王母图、舍身饲虎图、睒子本生故事图等，所涉及人物画、山水画、建筑画，色彩和谐，技法上乘，达到现存同类同期壁画的最高水平。

第133窟，又称万佛洞、碑洞，北魏建造，宋代重修。此窟按汉代崖墓形式开凿，方楣平顶与覆斗藻井相结合型窟，窟一周凿11个大龛，壁上方又凿叠龛4个，中间石柱连接窟顶，复室叠龛，结构复杂。顶高5.8米，面宽12.2米，进深10.83米。五代王仁裕《玉堂闲话·麦积山》说："将及绝顶，有万菩萨堂，广古今之大殿，其雕梁画拱，秀栋云楣，并就石而成，万躯菩萨列于一堂。"昔日辉煌可见一斑。窟内现存各类大小佛造像4953身，的确无愧"万佛洞"称谓。前庭窟顶残存仙人乘龙、骑鱼、乘凤、散花出巡图。另有北朝造像碑18通，其中以第1号和第10号最为珍贵。第1号造像碑即千佛碑，四面环刻小佛1337身，精细入微，叹为观止。第10号造像碑即佛传故事造像碑，采用连环画形式，完整雕刻佛传、本生、因缘故事情节，技法娴熟，形象生动。窟内第9龛静立小沙弥1身，憨态可掬，会心微笑，喜感无限，名之"东方微笑"。

第135窟，北魏建造，北周、宋重修。平顶方形大窟，正壁凿三龛，左右壁各凿一龛，前壁门顶凿三个明窗。顶高4.4米，面宽8.9米，进深4.7米。窟中立一佛二菩萨三身石雕造像，主佛重量近2吨。

窟内残存壁画约50平方米，题材为涅槃经变图、八王争舍利图、说法图等。

第142窟，北魏建造。平顶方形窟。窟内有一女供养人影塑造像，左手牵着一个小小孩童，非常有趣。

第155窟，北魏建造。平顶方形窟。三壁各凿一大龛，四壁上部凿29个小龛。窟内有麦积山石窟最早出现的佛弟子塑像。窟顶有莲花五朵及飞天数十身。

图5-8　麦积山崖面栈道及洞窟

而麦积山石窟最壮观的洞窟当数第4窟即上七佛阁。此窟北周始建，位于东崖最上部，为大型庑殿顶崖阁建筑，前开七间八柱窟廊，后列七佛龛，通高16米，面阔30.48米，进深8米，堪称"麦积奇观"。虽然原有的庑殿顶和廊柱早已在地震等灾害中损毁，而留存者依旧气势恢宏，令人叹为观止。其七佛龛外上部有"薄肉塑"伎乐飞天，每龛上部1幅，共7幅，共同组成大型天国"音乐会"场景。每幅纵190厘米，横350厘米，4身飞天两两相对，散花奏乐。是为北周原作，绘塑结合，标新立异，色彩如新，是石窟绘画史上重要的代表作。

麦积山石窟山脚建有瑞应寺。事实上，石窟就是刻在山崖上的寺院，应是瑞应寺的附属部分。瑞应寺之始建年代当与石窟同时，始名石岩寺，东晋名无忧寺，隋名净念寺，唐名应乾寺，瑞应寺是北宋时的称谓。现存建筑为明代重建、清代重修。有山门、天王殿、大雄宝殿、左右配殿、钟鼓楼、麦积山馆等。院内还有明清碑刻多通。

麦积山石窟所在是小陇山林区，风景绝佳，秋天时节，每当细雨霏霏，栈道和洞窟之间烟雾缭绕，时散时合，若有若无，如诗如画，俨然佛国仙境，明清地方志所称秦州十景之一"麦积烟雨"说的就是这一景象。

麦积山石窟自然风光、人文内涵完美结合，石窟因风景而增色，风景因石窟而添彩。

四三、水帘洞石窟群

水帘洞石窟，在武山县东北25公里处的榆盘镇钟楼村响河沟内，石窟所在的沟也叫大佛峡。始建于东晋十六国后秦时期，现存拉梢寺、水帘洞、千佛洞、显圣池四处洞窟，总称水帘洞石窟。计有窟龛69个，造像160余尊，浮雕42幅，壁画2440平方米，舍利塔12座，碑刻题记27通。2001年被公布为全国重点文物保护单位。

"水帘洞"称谓有大小概念之分，大水帘洞是石窟群的总称，小水帘洞就是佛道合一的水帘洞庙院，周边民众每年农历四月初八日过庙会的就是这个庙院。庙址在大佛峡南，洞所在的山体形似莲花，而洞窟隐藏在山腰清幽处，酷似花蕊，每当雨季，水自山巅向崖檐流泻，状若水帘，故名。洞内有菩萨楼、老君阁、圣母殿、三霄殿、药王殿等建筑，属明清和近代建筑，而岩壁有北魏、北周等朝摩崖壁画残存，古趣盎然。其菩萨楼供奉大势至菩萨，民间称麻线娘娘。麻线娘娘捻麻线逃婚成佛的故事脍炙人口。菩萨楼下有摸子泉，无子嗣者可求子。传说摸着石头即生子，摸着瓦渣就生女，常年香火旺盛。

拉梢寺，又名大佛崖，在大佛峡北，和水帘洞隔沟相望。巨大的石崖壁面上浮塑一佛二菩萨，佛陀端坐莲台，二菩萨拈花侍立两旁。大佛右上侧有两层木骨泥悬塑像，上层为一佛二菩萨二弟子，下层为十方佛。整个崖面上除造像、小龛和佛塔外，还用大面积彩绘填补所有空间。浮雕、小龛、塑像和壁画巧妙地安排在同一崖面，色彩斑斓，场面壮观。其中，崖面摩崖浮雕大佛高达42.3米，举世闻名。大佛北面菩萨身旁，有石刻题记一方。刻文记：

　　　　维大周明皇帝三年岁次己卯二月十四日，使持节柱国大将军陇右大都督，秦、渭、河、鄯、凉、甘、瓜、成、武、岷、洮、邓、文、

图5-9　水帘洞拉梢寺石窟北周摩崖佛造像

康十四州诸军事，秦州刺史、蜀国公尉迟迥与比丘释道藏，于渭州仙崖敬造释迦牟尼像一躯。愿天下和平，四海安乐，众生与天地久长，国祚与日月俱永。

由题记可知，拉梢寺建造时间为北周明帝三年（559年），建造者为北周重臣尉迟迥（516—580年），当时的实职是秦州刺史或秦州总管。

尉迟迥其人是鲜卑族，《周书》《北史》有传。在西魏、北周朝其主要仕宦经历为：西魏废帝二年（553年）秋任大都督、益潼等12州诸军事、益州刺史；恭帝元年（554年）任大都督、益潼等18州诸军事、益州刺史；北周明帝武成元年（559年）为秦州总管；武帝建德四年（575年）又二任益州总管；宣帝大成元年（579年）任相州总管。至静帝大象二年（580年），起兵反对杨坚篡权，失败自杀。史料和摩崖石刻对照研究，于了解北周史事和佛事大有裨益。

从水帘洞向西数百米就是千佛洞。因壁画绘千佛而得名，又因壁面悬塑七佛，俗称七佛沟。现存窟龛造像和壁画自上而下分三层布局。其造像始于北周，大兴于中唐及五代，色泽鲜艳，传神动人。

在水帘洞东南数百米处，有一天然洞窟，即显圣池。洞内奇石耸立，苍苔覆盖，泉由石生，水从石下，终年叮咚作响。洞内岩壁尚存一佛二菩萨造像痕迹，残存壁画约90平方米。

水帘洞石窟群壁挂造像，山隐佛寺，花草树木点缀其间，清泉溪水轻流其下，周围丹霞地貌千姿百态、风光无限，是远近闻名的陇上名胜。

第六章　隋唐五代时期

隋末，金城薛举起兵反隋，一度定都天水。李唐王室自称出自陇西李氏。陇西李氏有两支，一为陇西成纪，一为陇西狄道。历年出土唐代墓志王室成员多言其籍贯"陇西成纪"。唐代的成纪县治就在今天水市秦安县境，李唐无疑和天水有关。唐贞观三年（629年），玄奘法师西方求法，和秦州僧人孝达结伴而行，经秦州，宿一夜而再西行。乾元二年（759年），诗圣杜甫流寓秦州，在秦州境内创作《秦州杂诗》等诗歌95首。唐建中四年（783年），唐和吐蕃清水会盟，签订边界盟约。此期著名人物有秦州刺史姜謩、将作大匠姜行本、中唐名相权德舆等。隋唐大一统，社会稳定，天水经济得到发展，与国外交流频繁，今秦州区石马坪中亚粟特人墓地即是见证。史书所载"闾阎相望，桑麻翳野，天下称富庶者无如陇右"，其中当然有天水。

四四、粟特人与石棺床

秦州向来是丝绸之路重镇，西通西域中亚，东通关中长安、关东洛阳。魏晋之时，中亚大量粟特人涌入中原，其中就有不少留居秦州者。

北魏统一北方之后，积极招徕四夷，以充实京师洛阳。北魏杨衒之《洛阳伽蓝记》说："自葱岭以西，至于大秦，百国千城，莫不款附。商胡贩客，日奔塞下。所谓尽天地之区已。乐中国土风，因而宅者，不可胜数。"这里的"宅者"当然是说在洛阳定居，但"百国千城"的"商胡贩客"要前往洛阳，秦州乃是必经之地。《洛阳伽蓝记》还记载北魏宗室元琛在秦州刺史任内贪得无厌、疯狂敛财之事。"琛在秦州，多无政绩，遣使向西域求名马，远至波斯国。……琛常会宗室，陈诸宝器。金瓶、银瓮百余口，瓯、檠、盘、盒称是。自余酒器，有水晶钵、玛瑙杯、琉璃碗、赤玉卮数十枚。作工奇妙，中土所无，皆从西域而来。"所列元琛在宗室王公贵族聚会时炫富的诸多"宝器"，都是西域奇珍，稀有难见，所以才用以显摆。元琛能得到如此多的宝器，当和他任秦州刺史大有关系，极有可能就是他通过定居秦州或长途贩运的粟特人得来。

秦州是当时陇右的大都会，商贸繁盛，自然就聚集了不少善于经商的粟特人。久而久之，粟特行商成了坐商、常住人口，于是秦州也就有粟特人的墓葬。

1982年夏，天水市上水工程指挥部在城南石马坪作业，修建上水工程，偶尔发现古墓，天水市文化馆立即组织人员进行清理，出土石质围屏的石棺床一具及一批随葬物品。按，这里的"天水市"是1952年成立的县级天水市，现石马坪属天水市秦州区。之后，这些文物存放文物库房，不为学术界关注。

10年后的1992年，天水市博物馆《天水发现隋唐屏风石棺床》一文在当年《考古》杂志发表，认为石棺床属隋唐时代之物。2000年前后，陕西西安市安伽墓、史君墓、康业墓和山西太原市虞弘墓等粟特人墓葬陆续现世，其石棺葬具和天水石棺床有诸多相似之处，从此学术界对天水石棺床墓有了新认识，判定这是一处粟特贵族墓葬，时代约在北周至隋朝之间。

天水石棺床准确的名称应该是"贴金彩绘屏风式石棺床"，通高123厘米，面阔218厘米，侧宽115厘米。大模样和后世的《韩熙载夜宴图》韩熙载坐卧之具卧榻极为相似，可以推想此石棺床就是墓主人卧榻的石质化，人间的床具搬入地府作放置棺椁的葬具使用。砂岩质地，画像石雕刻图案有贴金彩绘痕迹。

石棺床之床座、床板和三面"U"屏风由17通画像石板和9块素面石板套合构成。石棺床正面左右两脚下各有一镇墓兽，两兽均作狮面，颈部和两肋鬃毛竖起，昂首蹲坐，前后爪撑在石墩上，后背凿成平面，支撑在床板左右两脚下。右兽通高55厘米，张口獠牙。左兽通高54.5厘米，闭目凝视。正面床座由2方画像石拼成，雕刻6组壶门，分上下两层。上层壶门为圆底莲瓣形，每一壶门内置男性乐伎1人，从左到右依次为吹笙者、打铜钹者、弹琵琶者、吹洞箫者、击腰鼓者、弹竖箜篌者。下层壶门内与乐伎上下对称雕刻有6个神人力士，作托举或鼎举状。棺面呈长方形，床面由宽51.5~59厘米、长115厘米正面雕花的石板拼成。床面之三面屏风由11方高均为87厘米、宽30~46厘米的画像石组成，正面5方，左右侧各3方。内容刻绘墓主人宴饮、狩猎、出行、泛舟等生活场景及亭台楼阁、水榭花园等园林建筑。

图6-1　天水市秦州区石马坪出土之石棺床

石棺床最引人注目的是石榻边缘的围屏，人物皆是胡人，而园林别业建筑都是典型的中国风。所表现的内容都是理想的世俗生活，豪华宴饮，挽弓射猎，花前月下赏美景，豪车大马会高朋，其实就是高配版的有户外活动的开芳宴。园林植物多是阔叶品种，如芭蕉、棕树等，后世五代王仁裕《玉堂闲话》"秦城芭蕉"记载"戎帅"从汉中引进芭蕉种植亭台、士女争相观看之事，或许这些景观就是秦州"现状"的实录。和西安市出土北周安伽墓石榻围屏对比，安伽墓画像细致繁缛，天水石棺床则简明疏朗、写意大气。

2002年，天水市城南石马坪又有一具围屏石棺床非正常现世，辗转流散法国，现被法国巴黎国立吉美亚洲艺术博物馆收藏。经甘肃省考古研究所清理，知此石棺床和1982年出土石棺床属同一茔域，二者相距不到30米，可证粟特人在秦州南山有专有墓地。2004年被盗石棺床在吉美博物馆展出时，配发有展览手册，收录该馆研究人员德凯琳、黎北岚专题介绍文章，文章附插石棺床修复后的高清图片，由此石棺床和精美的围屏画像公之于众。其形制和1982年所出者肖似，围屏画像也有宴饮、射猎情景，而更多地表现出异域风格，人物满屏，场面热烈。另一个突出特点就是粟特祆教氛围更浓，如棺床正面壸门有祆教的标志物圣火坛；还有中古时代壁画、画像中常见的胡腾儿、胡腾舞身影，杜甫《秦州杂诗二十首》其三"胡舞白题斜"所咏正是胡腾舞。此石棺床墓未见墓志公布，就图像显示而言，"胡风"突出，1982年所出第一具石棺床则是"汉风"占优，大抵可以认为后者时代较早。

四五、李唐王朝的祖籍

李唐王朝的郡望或者说祖籍问题，历来是史学界的一大公案，是是非非，众说纷纭。

作为权威正史，关于开国皇帝李渊的祖籍，两唐书说法就很不一致。《旧唐书·高祖本纪》说："高祖神尧大圣大光孝皇帝姓李氏，讳渊，其先陇西狄道人，凉武昭王暠七代孙也。"又《新唐书·高祖本纪》说："高祖神尧大圣大光孝皇帝讳渊，字叔德，姓李氏，陇西成纪人也。其七世祖暠，当晋末，据秦、凉以自王，是为凉武昭王。"

两唐书成书是在唐之后五代后晋和北宋，而其所依据的应该就是李唐王朝自报家门的郡望。有学者做过研究，所见李唐宗室墓志言及郡望，"陇西狄道""陇西成纪"都有使用，即便是同父之子，郡望说法也有异样，如唐太宗第二子李恪，墓志言"陇西狄道人也"，而第十一子李福，墓志言"陇西成纪人也"。由此可见，李唐王室确认其郡望就是"陇西李氏"，至于狄道和成纪属于"陇西"之下的次级地望，可以互相切换，在"陇西"的旗帜下写狄道或成纪都不算违和。现在看来，连自家的祖上渊源何处都无法确定真不好理解，颇疑在唐代只要"陇西李氏"大前提没问题，次级地望写"狄道"或"成纪"并行不悖。

陇西郡始设于秦昭王二十八年（前279年），郡治狄道县（今甘肃临洮县）。唐初，陇西郡改称渭州（今甘肃陇西县东南），天宝元年（742年）改为陇西郡，乾元元年（758年）又改为渭州。有唐一代基本没有"陇西郡"的行政设置，说郡望言"陇西"当然是追根溯源。狄道县为秦县，唐乾元初年为临州治所，唐宝应初年废止。成纪县也为秦县，此县唐代一直存在，前期、中期治所在今秦安县西北，晚唐时迁移至现天水市城区，总之是在天水市境内。依据唐皇家确认的郡望，结合次级地望在唐代的行政设置，"李唐故里"临洮说有依据，而"李唐故里"秦安说更有依据。还有，隋开皇十年（590年）新设陇西县，为改武阳县而置，唐末废止，北宋重置，明清为巩昌府治所（今陇西县城），时至今日依然拥有"陇西"称谓。于是就有"李唐故里"陇西说，其依据就有些恍惚，因为李唐王室从来没有说过他们是"陇西陇西人也"。

图6-2 秦"成纪丞印"封泥

面对李唐王室郡望的公案，20世纪30年代前期，陈寅恪相继发表《李唐氏族之推测》《李唐氏族之推测后记》《三论李唐氏族问题》等三篇论文，提出质疑，论定李唐家世根本就和陇西无关，不论陇西成纪或陇西狄道都是根据政治需要而伪托。他家的先世"或为赵郡李氏徙居柏仁（即柏人县，治所在今河北隆尧西南尧山镇）之'破落户'，或为邻邑广阿（治所在今河北隆尧东）庶姓李氏之'假冒牌'。既非华盛之宗门，故渐染胡俗，名不雅驯"。总之，李唐王室的真实郡望应该是赵郡，属赵郡李氏家族。对于陈先生的结论，支持者有之，反对者亦有之，相较而言，支持者占大多数，河北隆尧县石刻馆现藏《大唐帝陵光业寺大佛堂之碑》及隆尧近年来出土一些唐代墓志都支持陈先生的结论。另，刘光华有《〈史记〉李姓的地理分布和唐宋李氏世系系统化的问题》长文，系统考论西汉之前李姓在全国范围的地理分布，并对研究者经常引用的《北史·序传》和《新唐书·宗室世系表》所记陇西李氏的渊源及世系详尽考辨，得出结论：其"世系系统化的资料明显来自抄袭、篡改和编造"。理当然是这个理，但是得承认，无论李唐王室出于何种原因放弃其原有的赵郡李氏郡望而改易为陇西李氏郡望，且以皇权加持的"陇西李氏"认同及认定极大地提升了其影响力。加之唐代的《贞观氏族志》等官书都以陇西李氏列第一，唐王朝对诸多功臣名将赐以国姓李，从而确立陇西李氏在整个李氏宗族和全国姓氏中的特有地位，最终形成"故言李者称陇西""天下李氏出陇西"局面。

　　如前所言，唐代的成纪就在现天水市境内，现天水市县区为秦时陇西郡范围，所以一些旧志理直气壮地记有关于李唐王室的内容。民国《天水县志·地舆志》记唐高祖李渊祖上墓，言在齐寿山。乾隆《伏羌县志》记境内有唐先祖李虎、李昞墓，并在《人物志》列入此二人。民国《武山县志稿》记境内有唐古陵，也在人物卷列入唐先祖李虎、李昞。这些所谓的唐祖陵估计都出自好事者的随意指定，指定逻辑是，既然唐皇家自认出自陇西李氏，当然就应该有其先祖的陵墓在焉。对此，不必较真。而正是因为县志将李渊、李世民父子及其先祖作为当地最大的乡贤大书特书，于是天水民间也就有了诸多关于李唐王朝的传说。

　　总之，大唐开国，唐王朝便将自家李姓的郡望确定为"陇西李氏"，次级地望为"陇西狄道""陇西成纪"，虽然经不起史学家的考证揭露，但既然皇家认定，那他家的"陇西李氏"无疑就是新史实。不过，唐高祖李渊、唐太宗李世民出身勋贵之家，其出生、成长、创业和"陇西狄道""陇西成纪"没有任何关系，只是在叙说郡望时戴了顶"陇西李氏"郡望的帽子，作为现代人对此没必要太在意，也没必要在编修新县志时将"陇西成纪"的皇室成员和诸多名人大书特书。事实上，唐朝灭亡后，李唐皇室的后裔也不再贴"陇西李氏"的标签，而是以居地言籍贯了。

有一句宣传天水历史文化深厚的网络语"李唐王朝和赵宋王朝争抢着把自己的祖先注册在天水"，还真是这样。

四六、薛举秦州建都

在天水历史上，曾经有六个割据政权以上邽为都城，也就是说，现天水市城区有六次成为割据政权都城的历史。

第一次，两汉之际，隗嚣割据陇右，在上邽建有宫室，时间为公元23年至33年。

第二次，西晋末年，晋南阳王司马保据守上邽，自称晋王，改元建康，设置百官，时间为公元319年至320年。

第三次，东晋十六国时期，前赵太子刘熙带领部众逃亡上邽，以之为临时都城，时间为公元329年。

第四次，南北朝时期，北魏攻占夏国都统万城，夏主赫连昌逃亡上邽，以之为都城，时间为公元427年至428年。

第五次，南北朝时期，北魏属下的秦州城民莫折大提、莫折念生父子等发动秦州起义，莫折念生自称天子，改元天建，时间为公元524年至527年。

第六次是薛举由金城迁都秦州，时间为公元617年夏至618年冬。

割据一城一地，称王称霸，其结果只能是历史闹剧，带给城市的只有变乱和灾难，并没有什么幸运和荣耀可言。但建都次数多，也表明天水在当时经济、军事、政治地位的重要。

薛举，本是河东汾阴（今山西万荣西南）人，其父迁居金城（今甘肃兰州市），薛举的生地便成了金城，所以《新唐书》说他是"兰州金城人"。其人身材魁梧，凶悍善射，骁武绝伦。其人家产丰饶，豪侠大方，大肆散财交结凶顽之徒，在金城一带颇有势力。隋炀帝大业十三年（617年），天下大乱，金城府校尉薛举趁势起兵，占据金城，自称西秦霸王，建元秦兴。继而分兵四向，到处攻掠，数月之间尽占陇右各地。七月，薛举自称天子，定都金城。其子薛仁杲（一作"薛仁果"）也是凶悍善射，军中号称"万人敌"。在薛举称帝的同时，薛仁杲猛攻秦州而克之，大肆抢掠，胁迫集合满城富户，倒悬梁柱，或以醋灌鼻子，或以棍戳肛门，无所不用其极，拷夺钱财无数，富庶的秦州一片萧条。薛举也迫不及待地迁都秦州。

唐高祖武德元年（618年），薛举父子大举进攻关中，向新建立的大唐发难，和他们对战的是秦王李世民。一系列的恶战之后，薛举临阵病亡，紧接着，有勇无谋的薛仁杲穷途末路，在据守的最后一个据点折墌城（甘肃泾川县蒋家坪）开门迎降。唐军将薛氏父子的心腹骨干押解长安，全部斩首示众。至此，秦州在历经战乱之后正式纳入唐朝版图。

四七、姜謩衣锦还乡

姜姓是天水大姓，魏晋以来代有名人。唐初姜謩一族崛起，《旧唐书》立传者有8人之多。姜謩的"謩"是"谟"的异体字。

姜謩（558—627年），秦州上邽人（天水市秦州区）。祖上多显贵，而姜謩的仕途不太顺利，隋大业末年时的职位是晋阳长。所谓"长"，按秦汉官制"万户以上为令，不及万户者为长"规定，就是人口相对较少县的县令。但就是在这个"芝麻官"任内，他结识了一个大人物，这个大人物正是以后大唐的开国皇帝唐高祖李渊。李渊当时是太原留守，晋阳县治就在太原城，这样姜謩和李渊自然而然就相识相知。李认可姜謩的才识气度，于是欣赏器重；而姜謩认定李渊有王霸资度，于是刻意结交。这一年姜謩已58岁。

隋大业十三年（617年），李渊起兵反隋，直扑关中。黄河岸边，士兵争渡，局面混乱不堪，难以控制。危急时刻，由隋朝的县长转为李渊大将军府司功参军的姜謩及时赶到，从容指挥各军编排顺序过河，依次行进，自黄昏至拂晓，一夜之间，大军抢渡完毕，取得头功。唐武德元年（618年），李渊在长安称帝，建立大唐，姜謩被封为相国胄曹参军、长道县公，食邑一千户。

同年，秦王李世民击平盘踞陇右的薛举、薛仁杲父子，姜謩被任命为大唐首任秦州刺史。临行前，李渊赠言："衣锦还乡，这是古今最荣耀的事。现在将你的家乡交给你治理，你真的可以衣锦还乡了，目的就是酬慰你的大功。西北一带因战乱已荒芜不堪，最好的办法就是以静制动，让民众休养生息。"于是，老练持重的姜謩回到了阔别多年的故土。他所做的并不是向亲戚故友炫耀我姜某如何如何，而是垂心国事，振兴学校，劝课农桑，使得州境大治，民众安居乐业。老百姓感言："我们这些人福大命大，在垂死之年，又幸逢太平盛世，又见太平官府。"秦州安稳之后，调任陇州刺史，又去做百废待举的开拓性工作。唐高祖武德七年，因年老多病，离职退休。三年后的唐太宗贞观元年（627年），在京师长安府第去世。唐太宗赠予岷州都督封号，谥号"安"，后世称"姜安公"。

姜謩没有安葬京师长安，而是遗命归葬故里。清康熙五十六年（1717年），秦州人杨祖清从放羊娃手中得到一块墓志铭，抄录碑文，加以考订，知道乃是秦州唐代大名人姜謩墓志铭，而葬地茫然不可考。出于对姜謩的敬重，便在官道旁选择风水好的地方，起冢立碑，以为纪念。墓志文字乾隆《直隶秦州新志·艺文》和光绪《秦州直隶州新志·艺文》都有著录，名《姜安公墓志》，而一些史料如其夫人家世生平，新旧《唐书》本传不录，可补正史之不足。

姜謩之后，姜氏家族六世显贵。子姜确，字行本，为贞观名臣。曾任匠作大匠将，主持修建九成、洛阳二宫，深称旨意，提升为左屯卫大将军。唐太宗贞观十四年（640年），随主将侯君集为行军副总管，进讨高昌，改进攻城机械，攻拔高昌城，因功封金城郡公。唐太宗贞观十九年（645年），随太宗征高丽，在盖牟城大战中中流矢而亡。太宗悲恸不已，作诗悼念，赠左卫大将军、郕国公，谥"襄"，诏准陪葬昭陵。

曾孙姜皎，唐玄宗开元年间官至太常卿，封楚国公，后任秘书监。善画鹰鸟，尽得猛禽生动之姿。杜甫《姜楚公画角鹰歌》称赞："楚公画鹰鹰戴角，杀气森森到幽朔。观者徒惊掣臂飞，画师不是无心学。些鹰写真在左绵，却嗟真骨遂虚传。梁间燕雀休惊怕，亦未抟空上九天。"

四八、玄奘西游过秦州

说到玄奘法师（602—664年）西天取经的故事，真是无人不晓、无人不知。但说到玄奘取经之时途经陇山、取道秦州，就鲜为人知了。

图6-3 玄奘西游求法造像

玄奘法师，俗姓陈，唐洛州缑氏（今河南洛阳偃师市）人。10岁受戒出家。唐朝初年，青年玄奘已是学问渊博、备通经典的高僧，依旧爱古尚贤，遍访名师，研究佛学。在游学过程中，他对"佛性"等问题产生诸多疑问，于是萌发游历佛国印度求取真经以解所惑的执念。《大慈恩寺三藏法师传》记其誓游西方豪言壮语："从前的法显、智严在当时就是有名的高僧，前后西行求法，导利群生，怎么能让他们的壮举没有追随者，优良作风绝后，大丈夫须当接迹前行。"法显，东晋十六国时高僧，60岁时西行印度求法，13年后回归，著有《佛国记》。智严，东晋十六国时高僧，曾随法显西行求法。筹划得当之后，玄奘便冲破"有诏不许"等层层阻力，西出长安，将理想付诸行动。时当唐太宗贞观三年（629年）秋。而伴随玄奘西行的就是秦州僧人孝达。当时孝达在长安学习《涅槃经》，正好学成返乡，很自然和玄奘成为同路人。于是，一个佛学大师、一个求学青年，相互照应，踏上了遥远的征程。

玄奘西游所行线路：沿渭水向西，过大震关、越陇山，顺驿道抵达秦州。据《大慈恩寺三藏法师传》："至秦州，停一宿。逢兰州伴，又去至兰州。"就是说，玄奘到达秦州后，留宿一晚，恰逢有秦州去兰州的人，便结伴前往兰州。玄奘继续沿渭水向西，经落门川、陇西、渭州、临州，抵兰州，在兰州留宿一晚，又行色匆匆向河西进发。正因为玄奘西行取经途经天水，天水就流传有诸多与玄奘有关的故事。

话说唐僧师徒来到三江口（麦积区渭河、牛头河和永川河交汇处），只见波涛汹涌，横无际涯，无舟可济，便焦急地在岸边来回走动，寻思渡河之法。这时，忽然一个大漩涡里冒出一团水柱，越冒越高，竟出一只巨大的乌龟。唐僧惊倒在地，悟空举棒要打，乌龟高叫道："且慢动手，来人可是要过河？"唐僧回复："正是，我们要过河去西天取经。"乌龟说："我可以驮你过去，不过有一事相托，你如到了西天，见着如来佛就问一声我何时能修炼成仙。"唐僧满口应许，乌龟很愉快地驮着他们一行过了河。光阴荏苒，唐僧师徒历尽千辛万苦，终于取得真经返回。一日，又来到三江口，刚到河沿，但见乌龟高高兴兴地等在那里。唐僧一行上了龟背，到达江心，乌龟便问："所托之事可曾办成？"唐僧这才想起乌龟所托之事，惭愧地说："抱歉之极，取经之事艰难，全然忘了你托付的事情。"乌龟见唐僧失信，不由分说，将身子向下一沉游走了。唐僧师徒落入水中，八戒、沙僧拼命将唐僧救上岸来，但经书全被河水打湿。悟空一看，不远处有一平台，便喊叫："师父，师父，咱们就此晒经吧！"因有唐僧晒过佛经的传说，就有了晒经台。台旁建有晒金寺，又叫渗金寺。此寺在今马跑泉镇，始建不详，寺内存清道光十二年（1832年）重建碑。

四九、诗仙李白

对于李白，诗作之外，人们最感兴趣的还是他的籍贯。当下有好几种"李白故里"说，如国内的四川江油市、湖北安陆县、山东兖州市，当然还有天水市的秦安县，另外还有国外吉尔吉斯斯坦的托克马克市。不过，按李白的自报家门，如《与韩荆州书》言"白陇西布衣，流落楚汉。十五好剑术，遍于诸侯"；又如《赠张相镐》说"本家陇西人，先为汉边将。功略盖天地，名飞青云上"。其祖籍在"陇西"无疑。其叔父李阳冰曾为他编订诗集，名《草堂集》，在序中说："李白，字太白，陇西成纪人。"由此观之，李白的祖籍或郡望是"陇西成纪"无疑。现通行的高校教材袁行霈主编的《中国文学史》涉及李白籍贯时，注解曰："祖籍陇西成纪（今甘肃秦安）。"天水乡贤雷达有大作讨论相关问题，题目开门见山：《李白故里在甘肃秦安》。

李白（701—762年），字太白，号青莲居士。生于中亚碎叶（今吉尔吉斯斯坦托克马克市），幼年随家人迁居绵州之昌隆县（今四川省江油市），刻苦攻读，兼习剑术，追求道风，使气任侠。唐玄宗开元十三年（725年），东出夔门，仗剑漫游，从南到北，历经洞庭、襄阳、金陵、扬州、洛阳、太原、任城等地。到了唐玄宗天宝元年（742年），也就是仗剑去蜀18年后，李白奉诏入京，成为待诏翰林（也称"翰林供奉"），专事起草诏诰，这一年他42岁。民间艳称的高力士脱靴、杨国忠磨墨、醉写抚蛮书，背景正当此时。率真无恐的个性是官场的大忌，权贵的谗毁自不可免，而玄宗所看重的只是他的文学天才，并非咨询军国大计，李白的路只有一条，那就是赐金放还。天宝三载（744年），离开长安，在洛阳与杜甫相遇，结下了千古传颂的深厚友谊。

放逐之后的李白又开始漫无目标的漫游，南下吴越，北上蓟门。《旧唐书》本传称"乃浪迹江湖，终日沉饮"。"安史之乱"爆发，很不识时务地参加永王李璘幕府，从军报国。不意所从非人，宗室内讧，李璘失败，李白蒙冤入狱，长流夜郎。唐肃宗乾元二年（759年），也就是杜甫流寓秦州的当年被赦放，流寓南方。唐代宗宝应元年（762年），病逝于当涂（今安徽当涂县）。

在不断的失意之中，有唐一代最明亮的诗坛巨星殒落了，而"诗仙""酒仙"的称誉千古留芳。李白恃才傲物，热情奔放，企慕神仙，山水漫游，一生都在追求逍遥自由的人生世界，并在这种追求之中乘风归去了。

李白是继屈原之后最伟大的浪漫主义诗人，有《李太白集》30卷行世。诗作语言瑰丽，想象丰富，慷慨激昂，变化莫测，杜甫赞誉："笔落惊风雨，诗成泣鬼神。"

李白没有到过天水，但李白和天水却有着千丝万缕的联系。在杜甫流寓秦州的日子里，身处逆境的他不时想到阔别十余年未曾谋面的诗友李白，于是有《梦李白二首》《天末忆李白》《寄李十二白二十韵》等脍炙人口的佳作，追忆他们诗酒欢娱的过往及深沉的思念之情。其中，《天末忆李白》的"文章憎命达，魑魅喜人过"，《梦李白二首》的"故人入我梦，明我长相忆""千秋万岁名，寂寞身后事"等成为千古传颂的名句。

图6-4　清甘肃布政使罗森题书《玉泉观谒李杜祠二首》碑拓片

127

明代，秦州玉泉观建有大雅堂，也称李杜祠，流寓过秦州的诗圣杜甫和以陇西成纪为籍的诗仙李白共祀一祠。

另外，乾隆《直隶秦州新志·艺文》录《南山寺》诗一首，署名李白。诗云："自此风尘远，山高月夜寒。东泉澄澈彻，西塔顶连车。佛座灯常灿，禅房香半燃。老僧三五众，古柏几千年。"此诗各种李白诗集都无有，是否是李白的作品，清代以来就争论不休。就诗风而论，和李白相去甚远，应是某僧人随意而为之的托名之作。但由此可透视一种民众心理，"老杜诗名惟李配"，杜甫有诗咏南郭，如果李白再有一首岂不更好？且李白是陇西成纪人，肯定来天水寻根，或者来天水游历，也是人们所希望的。这一切所表达的其实都是对诗仙的崇敬。

五〇、杜甫流寓秦州

唐肃宗乾元二年（759年）初秋，大诗人杜甫辞去华州司功参军之职，留下一首以"罢官亦由人，何事拘形役"为主题的诗，开始他的流浪生涯。这一年诗人48岁，虽然没有看破红尘，但却也看透了世道。关于杜甫为何"罢官"，学术界说法较多，如关辅大饥说、避战逃难说、政治绝望说，等等。是主动辞官，还是被上司罢官，抑或是制度罢官，也多有争议。但可以肯定的是，无职无权的杜甫，携妻带子，怀着忧国忧民的心情度陇而来，来到了丝绸之路名城秦州。虽然诗人的生活并未因秦州的富足而有多大改观，但秦州的历史却因为诗人的到来而充满了诗情画意。秦州何幸哉！

关于杜甫由关中西来，翻越陇山到秦州的行进路线，历代注家均含糊其辞。这里不妨利用清人杨应琚朝觐日记《据鞍录》作一寻踪。清乾隆四年（1739年）六月，甘肃西宁道杨应琚奉命赴京师述职，一路行来，于七月八日抵达秦州，而后由秦州东过今麦积区社棠镇，沿山间道路到清水县城，再经清水白沙镇、今张家川县长宁驿，越关山而过咸宜关至陇州。杨为出公差进京述职，循驿道而行，知其所经历线路自古为官道。杜甫来秦州当行走此道，所不同者只是杨由西而东，杜由东而西。下关山之后，杨所行是咸宜关道，而当年杜所走是大震关道。

据《秦州杂诗》所述，杜甫初至秦州，所居就是"莽莽万重山，孤城山谷间"的秦州城，闲暇之余，游览秦州近郊名胜古迹隗嚣宫、南郭寺、赤谷亭，均留有诗作。当时，其族侄杜佐隐居东柯谷，友人赞公和尚隐居在与东柯谷相隔一低矮山岭的西枝村，出于亲情友情，或出于对隐居生活的向往，杜甫在秦州城作短暂停留之后，移居环境幽美的东柯谷。东柯寓居期间，又数访赞公，欲卜地修建草堂与赞公比邻而居，未得结果。就近游览麦积山石窟、太平寺等著名佛寺，均留有诗作。可以肯定，杜甫在秦州的大部分时光是在"东柯好崖谷，不与众峰同"的东柯谷度过的。

图6-5 清光绪《秦州直隶州新志》所附秦州十景之一的"东柯积翠"图

美好的总是短暂的。生计的困顿，促使流浪诗人杜甫轻信同谷令的邀请，抱着侥幸心理踏上南下同谷的路。先是来到秦州城收拾行囊，然后在一个星月高旷、乌啼满城的凌晨，凄凉地离开了秦州城，时正当初冬之时。

由杜甫在华州的最后一首诗《立秋题后》和《发秦州》所言"汉源十月交，天气凉如秋"推断，他在秦州生活了3个多月。

在秦州的3个多月，对杜甫而言不同寻常，虽然依旧清贫，但辞官之后的民间身份使他能够摆脱俗务琐事的烦扰，加之秦州独特的山川风物感染了诗人，使之诗兴喷涌，写下登临抒怀、咏物思人、排遣幽情、记录行程的90多首诗作，平均每天一首，创其诗歌高产的记录，为唐代的秦州历史留下了一抹永恒的光彩。

杜甫在秦州境内创作的诗歌，以唐代的行政区域为据，按清仇兆鳌《杜诗详注》统计，计91首，据内容可分为秦州杂诗、遣兴系列诗、交游诗、怀人诗、即目抒情诗、咏物系列诗等。诗作皆是五言诗，五律为主，其次是五古、五排，可以看出诗人是以寓居秦州为契机有意识创作五言诗。

1.秦州杂诗计20首。内容涉及唐代秦州山川地理、历史文化、社会生活等各个方面，完全称得上是关于秦州地志式的诗传。咏及的秦州城、隗嚣宫、南郭寺、东柯谷等名胜至今有迹可循。名句有《秦州杂诗》之一的"水落鱼龙夜，山空鸟鼠秋"、之七的"无风云出塞，不夜月临关"等。

2.遣兴诗计15首。或凭吊古战场，或咏赞诗人心仪之贤达，或感叹英雄无用武之地，或讽世警世，都是有感而发。名句有《遣兴三首》的"时来展财力，先后无丑好"等。

3.交游诗计16首。涉及赞公和尚、族侄杜佐、隐士阮昉、佳人等。名句有《宿赞公房》的"雨荒深院菊，霜倒半池莲"、《佳人》的"天寒翠袖薄，日暮倚修竹"等。

4.怀人诗计11首。涉及舍弟、妹妹及老朋友李白、郑虔、薛璩、毕曜、高适、岑参、贾至、严武、张彪等。身无一文，心忧亲朋，这是一种伟大的感情，也是杜甫秦州流寓生活不可或缺的组成部分。名句有《月夜忆舍弟》的"露从今夜白，月是故乡明"等。

5.即目抒情诗计12首。咏游历所见秦州山川名胜、自然风光等。名句有《太平寺泉眼》的"取供十方僧，香美胜牛乳"、《山寺》的"麝香眠石竹，鹦鹉啄金桃"等。

6.咏物诗计14首。咏动物、植物、昆虫、物件等人和事之外的各种物等。名句有《空囊》的"囊空恐羞涩，留得一钱看"等。

7.秦州至同谷纪行诗计12首，其中唐代秦州境内所作有《发秦州》《赤谷》《铁堂峡》3首。名句有《发秦州》的"大哉乾元内，吾道长悠悠"等。

杜甫是一位流浪诗人，而在其流浪生涯中，乾元二年是最为动荡的一年，"一岁四行役"。春三月，由洛阳到华州；秋八月，由华州流秦州；冬十月，由秦州赴同谷；冬十二月，由同谷南下成都。正所谓诗穷而后工，坎坎不平的穷愁际遇，关陇山川的艰难险阻，磨炼了诗人的意志，开拓了诗人的视野，同时锻造了诗人的灵魂，使得其宽仁博大的胸襟全面升华，怨而不谤、哀而不伤，人格诗艺均达到至善至美的境界。朱东润《杜甫评传》评价说："乾元二年是座大关，在这之前，杜甫的诗还没有超过唐代其他诗人，在这年以后，唐代诗人便很少有人超过杜甫的了。"

杜甫为天水留下了宝贵的文化遗产，天水人民也没有忘记这位忧国忧民的伟大诗人。自北宋以来，就有建修杜甫草堂的传统，可考者有麦积区的东柯草堂、社棠草堂寺，秦州区的玉泉观杜甫草堂、李杜祠，南郭寺杜少陵祠。其中，以东柯草堂最为著名。此草堂始建于北宋，故址在天水市麦积区街子古镇八槐村柳家河，明清时期列为秦州十景，称"东柯草堂"或"东柯积翠"。

五一、唐蕃清水会盟

在中国历史上，中原王朝和周边少数民族政权，如实力对比均衡，基本上就是和平局面，一旦实力对比失衡，则随时都可能发生战争，大打特打，不得安宁。唐和吐蕃关系本来比较和谐，文成公主、金城公主入藏，都是双方友好交往的佳话。而"安史之乱"爆发后，唐朝陇右、河西精兵东调勤王，吐蕃贵族蠢蠢欲动。唐代宗宝应二年（763年）攻入大震关，侵占陇右。次年，又长驱直入关中，一度攻破长安，气焰十分嚣张。此后，唐和吐蕃之间时有争战，旷日持久。杜甫《秦州杂诗二十首》"西戎外甥国，何得迕天威"就是指这种局面而言的，"西戎"指的就是吐蕃。

唐德宗建中元年（780年）始，德宗李适开始调整对吐蕃政策，决定和战结合，以和为主，并向吐蕃派遣使臣，谋求重修旧好。经过双方反复协商，确定在秦州清水城会盟，谈论停战、划界等具体事宜。

唐德宗建中四年（783年）正月十五，正当元宵佳节，唐和吐蕃双方代表如期会聚清水，按约定的议项和对等原则会盟。唐陇右节度使张镒为首的七人代表团和吐蕃大相尚结赞为首的七人代表团同登盟坛。参加会盟的还有双方的军队各2000人。唐以羊狗、吐蕃以羚羊为祭品，献血盟誓，订立盟约，约定"团结邻好，安危同体"，并划定双方守界。划定双方以泾州西至弹筝峡西口，陇州西至清水县，凤州西至同谷县及剑南西山、大渡河一线为界，界东归唐，界西归吐蕃。具体而言，泾州西至弹筝峡（今甘肃平凉市西）西口，陇州（今陕西陇县）西至清水县，凤州（今陕西凤县）西至同谷县（今甘肃成县），及剑南西山、大渡河东，为汉界。蕃国守镇在兰（今兰州市）、渭（今宁夏泾源县）、原（今甘肃平凉市）、会（今甘肃会宁县），西至临洮，东至成州，抵剑南西界磨些诸蛮，大渡河西南，为蕃界。规定唐蕃守界之间设置"闲田"用为缓冲区。对这次会盟，吐蕃文献有"于唐墨儒地方，甥舅各修一庙，画日月于石，以为盟誓"的记载。所谓"墨儒"，即藏语对清水的称谓。

这次会盟的核心是划定双方边境，而边境的划定以吐蕃既成事实的侵占所得为基础，会盟的结果无疑是唐朝损失巨大，使吐蕃占有陇右等地合法化。而唐王朝所追求的以息边衅的目的并未达到，吐蕃的进攻虽有所缓和，但远没有停止。4年之后的787年，唐鸿胪卿崔瀚出使吐蕃，提议依旧再次在清水会盟平息纷争，吐蕃尚结赞借口"清水非吉地"要求更改会盟地点，致使第二次清水会盟夭折。会盟地点改在平凉后，发生吐蕃失信劫盟事件，唐蕃关系彻底破裂。唐宣宗大中二年（848年），吐蕃内乱，凤翔节度使崔珙越过陇山全面反击吐蕃，克复清水等地。次年，秦、原、安乐三州及石门等七关守将纷纷反正，归顺唐朝。至此，在沦陷80余年后，陇右地区得以光复。

五二、中唐名相权德舆

唐代，科举取士成为定制，但每科取士人数很少，远低于明清。而权德舆与父权皋、子权璩祖孙三辈进士，这在中国历史上极为罕见，在天水历史上更是绝无仅有。

权德舆籍贯是天水略阳，地在今秦安县境。今秦安县王尹镇的全家窑，明及清代前期称权家衙，世代传为权德舆故里。清嘉庆八年（1803年），权家衙毁于泄山滑坡，此后就改名"全家窑"。"全家窑"其实还是"权家衙"的同音异写。据乾隆《直隶秦州志·山川》记载，清乾隆八年（1743年），权家衙村民干活时挖出一块石碑，随即打碎。时任秦安知县的金石学家牛运震知道消息，派人取来研究，认定所碎之碑就是韩愈为权德舆所撰墓碑，并因此鞭打碎碑之人，寻访权氏子孙，将墓碑交由保存，免除其赋役。此事如果不假，那么现在的王尹镇全家窑即是权德舆家族最早的祖居地无疑。秦安人民也一直以权德舆为乡贤，明代县城凤山建有权公祠，清代秦安所建书院名景权书院。

权德舆（759—818年），字载之，《旧唐书》记"天水略阳人"。其家世渊源，十二世祖权翼曾仕前秦，封安邱公，官至仆射，多谋善断，和北海王猛、太原薛瓒并称"三杰"。父权皋，曾是安禄山幕僚，发现安有谋反的迹象，即诈死，微服匿迹，奉母南奔，刚过长江，则"安史之乱"爆发，因先见之明而为世人称道。去世后，著名文学家李华为其撰写墓表。

权德舆自幼聪颖好学，4岁能作诗，15岁即著文数百篇，编为《童蒙集》10卷，声名远扬。唐德宗建中元年（780年），时年22岁，入仕从政，在中央任过大理寺评事、中书舍人、礼部侍郎、户部侍郎、太子宾客等多个职位。至唐宪宗元和五年（810年），任礼部尚书，同中书门下平章事（职位相当于宰相），主持朝政。《新唐书》本传称"为辅相，宽和不为察察名"。"不为察察名"，是说为政抓大事要事，不纠结细枝末节。去相之后，又任东都留守、刑部尚书、山南西道节度使等要职。唐元和十五年（820年），因病要求还京，卒于途中。赠尚书左仆射，谥曰"文"，史称"权文公"。著名文学家韩愈为作《唐故相权公墓碑》，赞言："是生相君，为朝德首。行世祖之，文世师之。"

对权德舆的政绩，研究者总结有五条：

1.关心民间疾苦，主张轻徭薄赋；

2.主持科考时，秉公办事，唯才是举，发现和造就诸多有用人才；

3.任用官员敢于坚持原则；

4.主张精选将帅，平定叛乱；

5.希望建立健全法制。

权德舆不但政事成绩突出，而且散文诗歌也是卓然成家，著作结辑《权载之集》50卷，其中文40卷、诗10卷。

这里，从《唐诗三百首》中选读一首权德舆《玉台体》五言诗：

昨夜裙带解，今朝蟢子飞。

铅华不可弃，莫是藁砧归。

"蟢子"，是暗红色的蜘蛛，因谐音自古被视为见喜的吉兆；"铅华"，指妆容；"藁砧"，本意是铡刀放草的梆砧，就是将饲养家畜的柴草压在铡体之上的地方，铡刀本称"鈇"，和"夫"音同，代指丈夫。诗歌大意是说：昨天晚上我裙带不解自开，今天早上又看见蟢蜘蛛飞来飞去，这我得赶紧梳妆打扮，莫非是我那"挨千刀的"狠心贼快要回来了。再解释一下，"藁砧"一词平铺直叙解释为男人、丈夫当然不错，但总是缺少韵味。实际上，"藁砧"这里用为嗔怪撒娇之词，表达的是"念君客游思断肠"少妇想到那个久盼未归、即将一朝归来的夫君时，一种悲喜交加的微妙心理。那个"坏人""挨千刀的"……，大致相当于孙犁《荷花淀》"几个女人很失望，也有些伤心，各人在心里骂着自己的狠心贼"。"狠心贼"妙不可言，"藁砧"妙不可言。透过这首诗可以看到，那个会当官的权德舆，也是一个有情趣、会写情诗的出彩人。

中国书法楷书历来推崇颜（真卿）、柳（公权）、欧（阳询）、赵（孟頫）四大家，而柳体的代表作即是《玄秘塔碑》。此碑全称《唐故左街僧录供奉三教谈论引驾大德安国寺上座赐紫大达法师玄秘塔铭并序》，书体俊丽，结构谨严，方圆兼施，干净利落，对后世楷书影响极大。那塔铭所记者是谁呢？答曰："乃天水人释端甫。"

端甫（770—836年），俗姓赵，祖籍天水。高额深目，口方脸大，声如洪钟，相貌高古。母亲张氏，笃信如来，受家庭气氛熏陶，端甫10岁即入崇福寺为沙弥，17岁剃度为比丘，隶属安国寺。当时全国有多处崇福寺，端甫出家的这个崇福寺是京师长安的崇福寺，和其他寺院无关。皈依佛门后，先后师从西明寺照律师、崇福寺升律师、安国寺素法师、福林寺崟法师，接受清规戒律，研习佛教经典。从此，学识海纳百川，畅晓贯通。

图6-6　柳公权玄秘塔碑拓片（局部）

学成之后，端甫前往五台山清凉寺拜谒文殊菩萨，接着在山西太原演讲佛经，听讲之人倾城而至。唐德宗听闻其道行，征请进入皇宫主持佛事，深受敬重。宪宗时，曾主持前往皇家寺院法门寺迎接佛舍利活动。担任左街僧录的职务，执掌内殿佛法仪规10年，甚称旨意。

同时，还能适时宣讲《大般涅槃经》等佛学经典，传授各寺院住持，受惠的寺院达160座。对前来学法之人，无论是王公贵族，还是贩夫走卒，都能平等对待。当时议论认为，能渡己又渡人的高僧只有端甫和尚了。唐文宗开成元年（836年）六月一日端甫圆寂。同年七月六日，徒众将其安葬在京师长乐坡南原，焚化之时，得见灵骨舍利300余粒。皇帝赐谥号"大达"，所建塔名"玄秘"。门下弟子比丘、比丘尼有1000多人，通达闻名者有50多人。弟子满天下。

唐武宗会昌元年（841年），皇帝授意，由宰相裴休撰文，大书法家柳公权书丹并篆额，著名刻手邵建和、邵建初兄弟镌刻，立碑纪念，这就是著名的《玄秘塔碑》。古人论碑帖，往往以撰文、书法、镌刻或是篆额高妙者称"三绝"，而此碑三者均登峰造极，无疑是名副其实的"三绝"。碑现藏西安碑林博物馆。高368厘米，宽130厘米，凡28行，满行54字。今人施蛰存《唐碑百选》评议："此碑为柳公权所书最著名之碑，向来临柳书者无不临摹。"

端甫和尚学行高迈，能成为德宗、顺宗、宪宗三帝眼中的高僧大德，还能兼顾教授僧俗，确实难得。圆寂后又有名碑表彰事迹，事业声誉双馨。所以，《玄秘塔碑》称赞"和尚果出家之雄乎"！

五四、大像山石窟

大像山石窟是甘谷县的第一大名胜古迹。石窟所在甘谷县城西南2.5公里处的文旗山，因为山上有高大佛造像，又名大像山。大像山有石窟是在佛教盛行的北朝时期，北周大都督李允信为亡父造七佛龛，文学家庾信作《秦州天水郡麦积崖佛龛铭并序》，其中有言"异岭共云，同峰别雨。冀城余俗，河西旧风"。所谓"冀城余俗"，无疑指甘谷大像山石窟为主的佛教寺院。现存主体建筑有高大佛造像的大佛窟开凿于盛唐时代。山上建筑历经重修，现为佛道共有场所。

自山脚拾阶而上，楼阁殿宇各抱地势，密布山脊，计有土地庙、梅葛殿、太昊宫、观音殿、千佛洞、接引佛殿、文昌宫、鲁班殿、关圣殿、永明寺、双明洞、大佛窟、天爷殿、三圣殿等。其建筑布局以无量殿为界，其下主要为木结构建筑物15处；其上以大像窟为中心，有洞窟23处。这些建筑或组合成庭院模式，或凿崖而成悬空角楼，各具特色，多姿多彩。2001年被公布为全国重点文物保护单位。

　　大佛窟（或称"大像窟"）即大佛殿在大像山山崖之巅，为一座长方圆拱形大窟。大佛结跏趺坐于云形台座上，神态自然，肃穆慈祥。高23.3米，肩宽9.5米，头高5.8米，膝长6米，在全国石胎泥塑的大佛中高度居第7位。

图6-7　甘谷大像山大像窟唐代大佛

据《宋史·地理志》"秦州"目，其辖县成纪有砦三十九，其中有"大像"；另记，成纪县所辖有城二，其中伏羌城有堡十一，其中也有"大像"。不论此"大像"是砦、是堡，总和大佛有关。就是因为大佛声名远扬，故所在地名曰"大像"，又因"大像"所在之地险要，于是设砦置堡。北宋乐史《太平寰宇记》"秦州"目"废伏羌县"条说："大像，在废县东一里。石崖上有大像一躯，长八尺（丈）。自山顶至山下一千二百三十丈，有阁道可登。"伏羌县始设于唐高祖武德三年（620年），宋初降为砦，故有"废伏羌县""废县"之说。"长八尺"之"八尺"是"八丈"之讹误。"自山顶至山下一千二百三十丈"，是说山下拾级而上至大像窟的距离。

宋元以来，诸如《大明一统志》《大清一统志》等"一统志"，《甘肃通志》《巩昌府志》《伏羌县志》等地方志对大像山都有记载。"悬崖大像"被列为伏羌八景之一，大加揄扬。如叶芝乾隆《伏羌县志·地理志》说："悬崖大像，宋嘉佑三年凿。石佛像高百二十尺，覆以重楼七层。仰接云汉，俯瞰山河，一奇观也。"诸如此类的记载，足以令人心驰神往。旧方志所言"宋嘉佑四年"或"宋嘉佑三年"应该是重建时间，并不是始建时间。

明清之时，文人墨客凡过大像山者多有诗文记之颂之。清乾隆间，伏羌知县杨芳灿主持修葺大像山祠庙，作《大像山佛龛铭并序》，有云："距伏羌城西五里，冈峦起伏，林岫参差，飞曷排云，悬崖蔽景。上有石佛像一躯，长十许丈，相传宋嘉佑四年所凿也……俯临城雉，旁带亭皋，清渭环流，朱山对峙。信尘寰之胜境，欲界之净居矣。"

1935年，《大公报》记者范长江甘谷游历，其《中国的西北角》写道："甘谷风景甚美，城西通武山大道之南，为一大致连续长达数十里之大石壁，高达数十百丈。近城石壁上，刻有高八丈余之大石佛一尊，并有观音像一具，异常壮丽。"1949年，作家杜鹏程作为战地记者随西北野战军西进，途径甘谷，其《战争日记》写道："这是多好的地方，简直像一个大公园。从表面看，可以说是世外桃源，水渠纵横，绿树掩映……南山有大佛寺，远远尚可望见数丈高的大佛本身像。"

以上列举北宋以来的文献记载，可知大像山大佛之于甘谷的重要，一定意义上大像山就是甘谷，大佛就是大像山，不看大像山、大佛像，真的不算到过甘谷。在甘谷县城，或途经甘谷川，抬头朝大像山方向望去，总可以看到大佛窟正襟危坐、庄严雄伟的那尊稀世大佛。可以想见，当年往来丝绸之路长途跋涉的客商、使节每当看到大佛在望，该是何等的激动和踏实。

五五、王仁裕麦积山诗文

王仁裕（880—956年），字德辇，《旧五代史》《新五代史》笼统记载是天水人。1983年，其墓志铭出土，清楚记载他的籍贯是秦州长道县汉阳里，即今甘肃礼县石桥镇人。

王仁裕在少年时代不大读书，声色犬马为乐，狐朋狗友以游，是一个十足的混混。据说25岁时，突然有意学习。某晚，做了一个有故事的吉祥梦，梦见自己剖开肠胃，用西江水（今称西汉水）冲洗一番，回头看时，江中的沙石全部变成篆籀文字，就顺势抓来给吞食了。梦醒时分，心识开悟。从此，刻苦攻读，文思大进，终成秦陇一代著名的文士。

王仁裕的生活时代，正是五代十国战乱相继的岁月，为官之后，仕宦生涯难免蹉跎浮沉，但他以特有的政治韧性和政治热情坚持做官，一做到底，身历六朝，是名副其实的六朝元老。

1.岐王李茂贞属下，职位是秦州节度判官；

2.前蜀，职位是刑部尚书、中书舍人、翰林学士；

3.后唐，职位是秦州节度判官、节度使王思同幕僚、翰林学士；

4.后晋，职位是谏议大夫；

5.后汉，职位是户部尚书、兵部尚书；

6.后周，职官是太子少保。

可以看出，时代在变，而其职位上升的通道不变，官越做越大。但无论如何，王仁裕没有像"长乐老"冯道那样让人厌恶，因为他沉稳厚道。不过，王仁裕的政治作为远没有他的文才出众，就本质而言，他依旧是一个地地道道的文人。他一生勤苦诗歌创作，结集为《西江集》，数量在万首之上，世人戏称"诗窖子"。不幸的是，这些作品绝大部分散佚，《全唐诗》卷76只辑存一卷15首。另外著有《开元天宝遗事》《玉堂闲话》《王氏见闻录》等笔记小说，题材广泛，记述生动，富有文史价值。

王仁裕两度担任秦州节度判官，熟知秦州山川地理，留恋麦积山景观。后梁乾化元年（911年），32岁时游历麦积山，此时的麦积山栈道败落，常人只能仰望兴叹，而他却只身涉险，直达绝顶，提笔留诗天堂（即今135窟）西壁。39年后，在70岁时，遥想当年贾勇登临的雄姿，便在《玉堂闲话》专设"麦积山"词条，详细记录麦积盛景和登临详情。

图6-8　五代王仁裕登临的"万菩萨堂"即今麦积山石窟第133窟

麦积山者，北跨清渭，南渐两当。五百里冈峦，麦积处其半。崛起一石块，高百万寻，望之团团，如民间积麦之状，故有此名。其青云之半，峭壁之间，镌石成佛，万龛千室。虽自人力，疑其鬼功。古《记》云："六国共修。"自平地积薪，至于岩巅，从上镌其龛室、佛像。功毕，旋旋折薪而下，然后梯空架险而上。

隋文帝分葬神尼舍利函于东閣之下。石室之中，有庾信铭记，刊于岩中。其上有散花楼七佛阁、金蹄银角犊儿。

由西閣悬梯而上，其间千房万屋。缘空蹑虚，登之者不敢回顾。将及绝顶，有万菩萨堂，凿石而成，广若今之大殿。其雕梁画栱，绣栋云楣，并就石而成。万躯菩萨，列于一堂。自此室之上，更有一龛，谓之"天堂"。空中倚一独梯，攀缘而上。至此，则万中无一人敢登者。于此下顾，其群山如培楼。（王仁裕时独能登之）。乃题诗于天堂西壁上，曰："蹑尽悬空万仞梯，等闲身共白云齐。檐前下视群山小，堂上平分落日低。绝顶路危人少到，古岩松健鹤频栖。天边为要留名姓，拂石殷勤手自题。"

时前唐辛未年，登此留题，于今三十九载矣。

对这段文字，冯国瑞《麦积山石窟志》评价："读此奇文记载，真令人心神震眩，初疑非人境。及亲履其间，虽有残毁，而泰半皆森然在目，骇如幻境梦影，响壁叫绝。"

文章落款的"前唐辛未年"即公元911年，时唐朝已灭亡6年，在中原是朱温的天下，为梁朝乾化元年，这里仍旧用"前唐"称之，一是当时的秦州尚是凤翔李茂贞岐所有，并未归梁；二是出于对故国的怀念。

五六、"秦州之风土，多出国色"

甘肃各地有赞扬天水物产的谚语："武山的大米兰州的瓜，天水出的白娃娃"，或"秦安的褐子清水的麻，天水出的白娃娃"。天水气候好、水色好，地灵人杰，于是天水女子肤白、人美，古今闻名。

五代十国时期，前蜀有一则故事讲秦州风土"秦州之风土，多出国色"，正是天水白娃娃的古代说法。

前蜀是唐朝将领王建趁着天下大乱、割据蜀地建立的独立王国，皇二代名王衍，史称"蜀后主"。此人好文艺，好宴游，好美色，好新奇……玩乐无度，是个十足的顽主。王承休呢，宦官身份，长相帅气，善于戏谑，逢迎本领一流。这两个旨趣相当的人很自然就玩到一块儿去了。很奇葩的是，宦官王承休还有一个妖艳绝伦的妻子严氏，还有这个严氏和皇帝王衍私通。王承休大富大贵，当然和严氏大有关系。

北宋《太平广记》卷241引王仁裕《王氏见闻录》"王承休"条专记秦州"多出国色"引发的故事。故事的导演是王承休，践行者是王衍，主题是"秦州采掇美丽"。

说蜀后主王衍宠臣王承休觊觎秦州节度使官位，便揣摩好色之徒王衍心事，引诱说："我如能就位，主要是方便为陛下您在秦州征纳美丽。听说秦州山青水秀，多出绝色美女，安排妥当，届时一定请陛下大驾光临。"这话说到了王衍的心坎上，王承休如愿以偿被任命为秦州节度使。在任上，王承休检选美女，教以歌舞伎乐，并图画情影以急递方式传至蜀都。王衍看到美女图画，心花怒放，不顾严寒，选定十月三日临幸秦州。临幸秦州干什么呢，就是想到王承休大力宣传的盛产美女的秦州去看美女。时当后唐庄宗同光三年，前蜀乾德七年，即公元925年。王衍看美心切，不顾朝臣泣血极谏，按原计划北巡，一路上君臣唱和，好不快活。不意走到利州（今四川广元市境），后唐大军已攻入蜀境，王衍狼狈逃回成都，不久便成了阶下囚，次年被杀，时年28岁。只会拍马不会打仗的王承休抛弃秦州，也逃回成都，求降不得被杀。

王承休作为下流，王衍行径荒唐，而这则荒唐且很有娱乐性的故事适可证明，秦州即天水"多出国色"，"天水白娃娃"由来有自。

王承休赴秦州刺史任，严氏随行，因此《资治通鉴》卷273"后唐庄宗同光三年"条提到王衍执意北巡秦州时说："王承休妻严氏美，蜀主私焉，故锐意欲行。"除"秦州采掇美丽"之外，还一心想着去遥远的秦州看望严氏。

民国三十年（1941年），据说是严氏之物"严氏妆镜"现世天水。陇上著名学者冯国瑞作《前蜀严氏妆镜歌》长诗咏之，诗有云："……千年古镜出天水，青铜剥落余脂香……山城何处行宫是，法物还凭野史传。"天水诗人汪剑平有《前蜀严氏妆镜序》记其始末。这面承载风流的镜子早已不知去向，清人吴任城《十国春秋》记严氏妆镜的铭文是："妍形神冶，莹质良工。当眉写翠，对脸傅红。如珠出匣，似月停空。绮窗绣幌，俱涵影中。"其实，这是隋唐古镜本来就有的铭文，如果王衍送严氏铜镜不假，那就是王衍仿造这种有含情脉脉铭文的古镜专门用于勾搭中意美人，也算玩得高级。

第七章　宋元时期

宋朝开国，皇室以天水为赵姓郡望所在，明代以来学者多以"天水一朝"指代宋朝，就是这个原因。天水临近西夏，是宋西北边防重镇，经济繁荣，宋真宗和辅臣谈论边事，评价说："此州在陇山之外，号为富庶……"。名臣如曹玮、韩琦、文彦博、吕公绰、张方平、曾布等都曾知秦州，韩琦还曾修筑秦州城。南宋之时，宋金对峙，边境线在秦州藉河、渭河一线，南属宋，北归金。南宋名将吴玠、吴璘兄弟等在此多次和金对战，当时的边防要塞皂郊堡、吴砦、十二连城至今地名及遗迹尚存。蒙古太祖二十二年（1227年），成吉思汗病逝清水西江。元代道教盛行，遗留碑刻多和道教相关，全真道丘处机徒裔梁志通创建陇上名观玉泉观。《元史》多次记载天水城区滑坡灾害，其中有"北山南移至夕河川"这样的重大灾害。

五七、"天水一朝"

"天水一朝"是明清以来学者对宋朝的雅称或代称，也有称"天水朝""天水一代""天水之世"的。推其源，宋朝皇帝赵姓，赵姓第一郡望是天水赵氏，宋朝皇家又认可他们的渊源天水，于是宋朝就有了诸如此类的称谓。

举几个著名学者使用"天水一朝"的例子。叶德辉版本目录学名著《书林清话》说："书籍自唐时镂版以来，至天水一朝，号为极盛。"又，王国维在谈论宋代金石学时说："考证之学，亦至宋而大盛。故天水一朝，人智之活动与文化之多方面，前之汉唐，后之元明，皆所不逮也。近世学术多发端于宋人，如金石学，亦宋人所创学术之一。"陈寅恪先生尤其喜欢用"天水一朝""天水一代"称谓。其《邓广铭〈宋史职官志考证〉序》说："盖天水一朝之史料，曾汇集于元修之《宋史》。自来所谓正史者，皆不能无所阙误，而《宋史》尤甚。若欲补其阙遗，正其讹误，必先精研本书，然后始有增订工事之可言。"其《论再生缘》说："就吾国数千年文学史言之，骈俪之文以六朝及天水一代为最佳。"其《赠蒋秉南序》说："故天水一朝之文化，竟为我民族遗留之瑰宝。"推其源，明代项穆所著《书法雅言》说："宋之名家，君谟为首，齐范唐贤，天水之朝，书流砥柱。"其中"君谟"是宋代书法大家蔡襄的字，"天水之朝"当然是指"天水一朝"的宋朝了。

赵姓源出东夷族之嬴姓。据《史记·秦本纪》，秦人先祖之一的造父驾车技术高超，出神入化，因而得为周穆王御用马车夫。穆王即穆天子西巡会见西王母，东征徐偃王，都是造父驾车，据说能一日千里。造父也因功封邑赵城（今山西洪洞县赵城镇），《史记·秦本纪》："太史公曰：秦之先为嬴姓。其后分封，以国为姓，有徐氏、郯氏……然秦以其先造父封赵城，为赵氏。"又，《史记·赵世家》开宗明义，第一句就说"赵氏之先，与秦共祖"，接着讲造父的传奇故事及穆王赐封"乃赐造父以赵城，由此为赵氏"。也就是说，建立中国第一个大一统王朝的秦人，从造父开始便是嬴姓赵氏。秦王嬴政史籍上有时记为赵政就是这个原因。发迹于赵城的赵氏导演三家分晋，建立赵国。西迁天水、陇南一带的赵氏在东周初年因秦襄公护送周平王东迁有功，得封诸侯，建立秦国。

至于建立宋朝的赵氏，是涿郡（河北涿州人）赵氏，这在《宋史·太祖本纪》中说得很清楚："太祖启运立极英武睿文神德圣功至明大孝皇帝，讳匡胤，姓赵氏，涿郡人也。"那么，涿郡赵氏和天水赵氏又有什么关系呢？南宋郑樵《通志·氏族略》有交代："秦并代，使嘉子公辅主西戎，世居天水。其赵宗室散出者，皆以国为氏，居涿郡者后有天下。"是说战国之时，秦国兼并赵公子嘉建立的代国，将赵嘉之子赵公辅西迁天水，以后本支赵国宗室分出者全都以赵国的"赵"为姓氏，迁居涿郡的那一支后来拥有了天下，建立宋朝。当然，关于建立宋朝者老赵家的郡望是天水赵氏还是涿郡赵氏，学术界多有争议，但须尊重人家自己如何认定。宋太祖赵匡胤是将门出身的官二代，他的父亲赵弘殷在后周时因功受封为检校司徒、天水县男。请注意，"天水县男"这个爵位无疑就是老赵家自己认定，而后朝廷才如此以实际情况授予的。

宋朝建立后，以天水为国姓郡望更是世人皆知的常识。《宋史·南唐李氏世家》《宋史·五行志》记载一则"天水碧"故事，说南唐李煜宫中宫以浅碧色印染衣物，晚上忘记回收，结果经朝露浸侵，颜色越加鲜明柔美，李煜异常喜爱。从此，宫中有意收集露水印染浅碧衣物来穿，并将这种色调称为"天水碧"，其做法一时成为时尚。直到南唐被宋攻灭，大家方才觉悟"天水，赵之望也"，或"天水，国之姓望也"。"天水碧"谐音就是"天水逼"，这是预示南唐被赵氏所逼而亡。此等以谶纬预言王朝兴衰的记事，或是巧合附会，但可以肯定，入宋之后，举国都知道"天水，国之姓望也"。

北宋时，秦州西南有天水湖（今天水郡街道处），湖畔建天水神庙（又名惠应庙），时任陕西转运副使的蒋之奇有诗曰："灵源符国姓，殿泽应州名。""灵源"指天水湖，"国姓"当然指天水赵氏，"州名"当时是秦州，而秦州的前身是天水郡，因此也"应州名"。南宋绍兴和议之后，宋金以渭河、藉河为界划分边界，天水县（今秦州区天水镇）属南宋，也是南宋西北边防最重要的县。因为"天水"是国姓郡望，于是不断有朝臣建议将天水县升为天水军，最终在宋宁宗嘉定元年（1208年）在四川宣抚使安丙建议下升军成功。军，作为一级行政设置，和下等州平级。而这个天水军比较特殊，就辖一个天水县，不合常规，其实就是借尊表国姓提升行政级别，所谓"维郡名之甚雅，在国姓以当崇"。

总之，无论北宋还是南宋，朝野对国姓郡望的"天水"都相当崇敬。如书画皇帝宋徽宗书画落款喜用花押，或认为是"天下一人"之意，也有认为是"天水"之意，其实明显是"天一生水"即婉转的"天水"之意。

金灭北宋掳走徽、钦二帝，给了两个侮辱名号，徽宗为昏德公，钦宗为重昏侯，金熙宗重封徽宗天水郡王、钦宗天水郡公，以郡望加封，算是给予了一定的尊重。元代大书画家赵孟頫是宋朝宗室后裔，其书画作品不时钤"赵氏天水""天水郡图书"印章，以示其不忘赵氏子孙的身世。

图7-1　天水城区西关赵氏祠堂

鲁迅先生《阿Q正传》"序言"说阿Q籍贯："倘他姓赵，则据现在好称郡望的老例，可以照《郡名百家姓》上的注解，说是'陇西天水人也'，但可惜这姓是不甚可靠的，因此籍贯也就有些决不定。"这是拿赵姓郡望说事，顺便带出"天水"，也顺便幽了多有名人的"陇西天水"一默。

今天水市区西关解放路和三星巷交会处有赵氏宗祠，始建于明代。为天水赵姓族人祭祀先祖的祠堂，供奉赵姓在天水的第一代先祖赵公辅及第九代先祖营平侯赵充国及列祖牌位。原是一处规模宏大的建筑群落，坐北朝南，三进院落，有前殿、中殿、后殿、朝房等建筑，周围是赵氏族人的宅院。现存前殿、东西朝房并祠堂院一组建筑，2008年修复。赵姓子孙寻根问祖，赵氏宗祠就是很好的选择。

五八、秦州采造务

天水所在的渭河流域山大谷深，自古森林茂密，即如《汉书·地理志》所言"天水、陇西山多林木，民以板为屋"。靠山吃山、靠水吃水，靠森林当然要吃森林，历代砍伐之事自在难免。砍伐的目的，基本有三：一用于柴火；二用于造屋、造器物；三与林争地，用于耕种。而大规模有组织砍树伐木，则始自北宋。

宋太祖建隆二年（961年），即北宋开国的第二年，秦州知州高防便在秦州设立采造务。何为采造务？其实就是官办伐木场。设采造务当然要伐木，不遗余力地伐木。《宋史》高防本传载：

> 建隆二年，出知秦州，州与夏人杂处，罔知教养，防齐之以刑，旧俗稍革。州西北夕阳镇，连山谷多大木，夏人利之。防议建采造务，辟地数百里，筑堡要地。自渭而北，夏人有之；自渭而南，秦州有之。募卒三百，岁获木万章。夏部尚波于等率诸族千余人，涉渭夺木筏，杀役兵。防出与战，俘四十七人以献。太祖虑扰边郡，诏谕酋帅，赐所获之俘锦袍、银带以遣之，遂罢采木之役，命吴廷祚为节度以代防。

引文所谓"州与夏人杂处"事实上是间接杂处，"夏部尚波于"应是蕃部尚波于，《宋史·吐蕃传》记尚波于率众骚扰采造务之事可证。唐代末年，吐蕃崩溃，其陇右遗留部众自发聚合，大的有几千家，小的几百家，各有首领，不相统辖，尚波于就是众多首领中的一个。秦州也是吐蕃主要的聚居区之一，见于史载的有30余种，史志称羌或蕃部、戎人，称尚波于为"夏部"，或是其投靠党项夏州政权的缘故。"州西北夕阳镇"之夕阳镇即今秦州区的藉口镇，准确地说，应在秦州之西。结合相关史料要而言之，在宋代，夕阳镇、大落门寨、小落门寨一带森林连跨数县，莽莽苍苍，一望无际。知州高防招募伐木工人武装砍伐，年采伐巨木万株以上，编排成筏，浮渭东流，水运首都开封。结果和吐蕃尚波于部矛盾升级，兵刃相见。建隆三年（962年），宋太祖改派比较温和的吴廷祚为秦州知州，以羁縻的办法和平解决纷争，尚波于献出他控制的伏羌县地表示诚意。

高防在秦州伐木大营其利，引来朝中有经济头脑官员的艳羡，指使心腹私下贩运，开国功臣赵普也参与其中。高防、吴廷祚之后，秦州官方伐木以给京师的工作一直在时断时续地进行。当时，盛产林木之地多是吐蕃部落居地，因为伐木，使得秦州当局和蕃部打打杀杀，流血冲突不断。如宋太宗淳化四年至五年（993—994年），温仲舒任秦州知州时，因为采伐之木材被蕃户袭夺，便驱赶其部落全部迁居渭北，酿成蕃部骚动，边境不宁，朝廷只得另任薛惟吉为秦州知州安抚之。矛盾归矛盾，秦州官方伐木以给京师的工作仍在进行。或军事加政治（安抚）、经济（赏赐）等手段并用，巧取豪夺；或用钱帛交换引诱吐蕃自伐售木，以保障大木源源不断地供给京师。其用途，朝廷建造宫殿，达官贵人建造府第。特权阶层垄断倒卖，获取暴利。北宋一代，秦州的木材是誉满京师的名牌产品，被掠夺式的砍伐在所难免。除了供给京师之外，构筑堡寨也需要大量的木材。北宋在西北对夏一贯采取守势，在边境地区构筑城关、堡寨达500余所，敌楼、篱笆、门桥、寨栅等均以木制，消耗木材数量巨大自不待言。如曹玮任秦州知州时，所筑壕栅（即壕沟两岸上密密的木桩）竟达380里。就是这种无节制的使用，使渭河两岸的原始森林在丁丁当当的斧声中渐次化为乌有。

到了北宋末年，秦州夕阳镇远近大木已经被砍伐尽净，寻找大木地点地域便选在了今武山县西南的滩歌镇一带，有宋徽宗政和八年（1118年）刊刻摩崖石刻可证。石刻在滩歌镇圈子阊北山的石碑湾南麓山崖上。刊字崖面高243厘米，横宽188厘米，距地面约3米。由于地处偏远，又在悬崖，故保存完好。兹节录如下：

政和八年，岁在戊戌，有诏修建宣德楼、集英殿。八月下巩州，计置巨材，自五丈至百，亦其数二千三百七十有奇，以转运、提刑、常平司钱充其费。转运使张孝纯、防御使王子夕、提举木桩叶蒙正实领使事。九月辛巳，合州县官分董其役，吏益知劝，民不告劳。越十一月己巳毕工，凡一百有九日也。夫臣子享上之忠，可谓美矣。

石刻所言"宣德楼"为北宋都城汴京皇城正门，"集英殿"始建于宋初，名广政殿，宋仁宗时改名集英殿，为举行宴会和科举面试之所。巩州，宋徽宋崇宁三年（1104年）升通远军设置，治所在陇西（今甘肃陇西县），辖境相当今甘肃陇西、通渭、漳县、武山、定西等县地。巩州是秦州西面的邻州，秦州的巨材大木伐完了，任务就下给了巩州。碑文署名者37人，其中转运使张孝纯等4人有史可考。

图7-2 北宋武山滩歌镇圈子阖摩崖石刻拓片（局部）

森林资源被大规模地破坏，造成的后果是生态系统恶化，气温升高，雨量减少，不仅严重影响农牧业生产，而且造成气候失调，灾害频繁，草场退化，土地干旱。北宋以后，秦州由农牧兼营区逐渐变成了纯农业区。

杜甫《秦州杂诗》中"清渭无情极"的清渭也不再清澈。到了清代,渭河两岸已无木可采,采用做栋梁的大木只能求诸洮岷。如清光绪十一年(1885年)重修秦州伏羲庙时,即"斩材岷麓,浮渭东来"。历代乱砍乱伐使得秀美河山变成穷山恶水,教训沉痛,不可不思之,不可不慎之。

五九、韩琦修筑秦州城

五代十国时期,秦州先后为后梁、前蜀、后唐、后晋、后汉、后蜀、后周轮流据有。北宋建隆二年(961年),秦州归宋,一跃成为北宋西北重镇,建雄武军节度使领之,镇守之人多是名将重臣,如曹玮、张方平、韩琦、罗拯等。真宗咸平四年(1001年),真宗和辅臣论说边事,有一段意味深长的话语:"秦州在陇山之外的各州中最为富庶,但与羌戎所居接壤,昨天已任命张雍做知州,希望他安抚有方啊。"陕西有23州,而皇帝特意评点秦州要害,亲自过问驻守官员,足见其在国家西北防御体系中举足轻重的地位。

宋仁宗景祐五年(1038年),李元昊正式称帝建夏国(史称"西夏"),不断寇掠沿边州县,秦州等陕西沿边五路,遂成为北宋与西夏对峙的前沿阵地。

宋真宗庆历元年(1041年)好水川战役,宋军大败。时为陕西经略安抚副使、陕西四路经略安抚招讨使的韩琦受到降职处分,领右司谏,任秦州知州。当年冬,韩琦组织军民筑东西关城,清徐松辑《宋会要辑稿·方域》说:

> 庆历初,守臣韩琦以秦州东西城外有民居、军营,恐资敌寇。元年十月己卯,诏筑外城。乃广外城十一里,与内城联合为一城,秦民德之,号"韩公城"。兴功于元年十月三日,成于二年正月二十七日。广四千一百步,高三丈五尺,计工三百万。(一云东、西关城)

又，南宋李焘《续资治通鉴长编》卷135"庆历二年"条说：

> 秦州言筑东西关城成。赐总役官吏金帛有差。初，知州韩琦以为州之东西居民及军营万余家，皆附城而居，无所捍蔽，因请筑外城。凡十里，计工三百万，自十月起役，至是成之。

这两段文字说明，在庆历二年，秦州城是内外城形制、东西关城再加上东西关的"秦州四城"。

又，顺治《秦州志·建置志》有"宋知州罗拯城东西二城"的说法。罗拯（1016—1080年），元丰三年（1080年）任秦州知州，卒于任。《宋史》本传、《续资治通鉴长编》都未记罗拯"城东西二城"之事，州志不知何据，疑是州人的传说或是今人不得见的什么碑记之类记录。即便是真有罗拯"城东西二城"之举，也只能是"韩公城"基础上的修葺完善，不可能是创建。

修筑秦州城在当时是大事，工程完工后韩琦邀文学家尹洙撰文《秦州新筑东西城记》立碑纪念之。碑已散佚，而文存尹洙《河南先生文集》，有言："秦州自昔为用武地，城垒粗完，数十年戎落内属益众，物货交会，闾井日繁，民颇附城而居。韩公作镇之初年，籍城外居民暨屯营几万家。公曰，是所以资寇也。乃上其事，以益城为请，诏从之。公择材吏，授之规模，东西广城四千一百步，高三丈五尺，基厚皆称是，以与旧城达，励合为一城。自十月至正月以毕事闻，总工三百万。秦人北之。是岁尽冬，元善寒杵者，声谦以致其乐焉。"作者尹洙当时在韩琦属下任职，于修筑秦州城事亲历亲见，所以碑文精彩详实，是研究北宋秦州城最可靠的第一手资料。

明代秦州名胜玉泉观建有纪念历代名宦的名贤祠，曾任秦州知州的韩琦即位列其中，以纪念其增修秦州城的功绩。

北宋嘉祐五年至嘉祐七年（1060—1062年），张方平任秦州知州，有诗《秦州北山云是隗嚣宫登城楼下瞰偶题》《邽翠楼》等，其中《邽翠楼》咏及秦州城池，有句"一川墟宇暮烟中，楼堞笼山气象雄。北路荒原戎子国，东坡断壑隗嚣宫"，从中可见北宋西北重镇秦州的壮观雄姿。南宋高宗建炎初年，李复任秦州知州，初来到任，有诗《下铁碤岭望秦川晚宿九谷》咏秦州城郊山川风物："六月登坛如登天，腾夷铁碤须判年。过险欲涉渭水渡，快眼喜见秦州川。溪塍青身下白鹭，驿亭秀木含疏烟。投鞭清盟且展簟，明日去酌北流泉。"此时北宋已亡，秦州也岌岌可危，不过李复笔下的秦州城藉河川依然是溪翔白鹭，亭映绿树，一派太平盛世景象。

六〇、沈括谑说秦州人

沈括（1031—1095年），北宋政治家，也是科学巨匠，其所著《梦溪笔谈》记载诸多科学发现、科技成果，被誉为"中国科学史上的里程碑"。其实，沈括的这部笔记体名著，在科技之外，还记有不少历史、文学艺术内容及所见所闻逸闻趣事。本书卷25"杂志二"记有一则趣闻就和天水有关。

> 关中无螃蟹。元丰中，余在陕西，闻秦州人家收得一干蟹。土人怖其形状，以为怪物。每人家有病虐者，则借去挂门户上，往往遂差。不但人不识，鬼亦不识也。

引文中的"病虐者"，指患疟疾病的人；"往往遂差"，是说"土人"即当地人家中有患疟疾病的人，就借张牙舞爪的干螃蟹挂在门户上吓唬虐鬼，往往还能起到治愈的效果，因为人鬼不识的干螃蟹能将讨厌的虐鬼吓退而不敢进门入户了。

疟疾，俗称"打摆子""冷热病"，是由疟原虫引起的寄生虫病。患者发作时那是相当难受，文学家汪曾祺在《旧病杂忆》以贴身体会描述疟疾："起先是冷，来了！大老爷升堂了！——我们那里把疟疾发作，叫做'大老爷升堂'，不知是何道理。赶紧钻被窝。冷！盖了两床厚棉被还是冷，冷得牙齿得得响。冷过了，发热，浑身发烫。而且，剧烈的头疼。有一首散曲咏疟疾：'冷时节似冰凌上座，热时节似蒸笼里卧，疼时节疼的天灵破，天呀天，似这寒来暑往人难过！'反正这滋味不好受。好了！出汗了！大汗淋漓，内衣湿透，遍体轻松，疟疾过去了，大老爷退堂……"古人搞不清楚疟疾致病缘由，认为疟疾是因虐鬼附身作祟而染，在对付疟疾的特效药金鸡纳霜（奎宁）发明之前，对付疟疾采用两种办法：一是避躲，找一个隐秘的地方藏起来，让虐鬼找不着；二是化妆，妆得不像原来的样子，让虐鬼认不出来。沈括所述应是第三种办法——吓，以干螃蟹吓退虐鬼。

可能是这则小短文太有意思了，南宋洪迈《容斋随笔》也收入其中。汪曾祺为此专门著文《沈括的幽默》，详加分析："这一条记秦州人不识螃蟹是其最著者。'不但人不识，鬼亦不识也'，是沈括所发的议论。如此议论，真是妙笔。我每次一想起，都是哈哈大笑。如有人选一本《中国幽默选》，此则当可压卷。"在此，我们也分析一下。沈括所言"元丰中，余在陕西"，指宋神宗元丰三年至元丰五年（1080—1082年）他在陕西任延州知州兼任鄜延路经略安抚使，统军抵御西夏之时。由"闻秦州人家收得一干蟹……"一语知，"关中无螃蟹"云云是沈括闲来无事和同事或属下谝传时听来的雅段子。讲段子的人难免加油添醋使之更加精彩，我们天水人的先人秦州人便无辜躺枪，其实也是无所谓，大家都笑笑即可。

不过也有同志较真，生在关中的陕西大作家陈忠实有文《关中有螃蟹》较真之。讲自己生长的灞河边上，鱼虾鳝鳖蟹蛤满河滩都是，螃蟹原本就没什么稀罕的，进而讲八水绕长安的其余七水，包括横贯关中的渭水见着大小螃蟹也是没什么稀罕的，沈括先生如此这般笑话记事，是很少下乡访贫问苦，犯了官僚主义错误。

其实，这则笑话的大前提是"关中无螃蟹"，按理是要开关中人的玩笑，不知怎么着主角就成了秦州人，颇疑这则雅段子中的"秦州"是传抄过程中"秦川"的形误。"秦川"者，八百里秦川，即关中平原也，也特指关中。还有秦州地方志如乾隆《直隶秦州新志》记"秦州物产"，螃蟹赫然在目。秦州城下流过的河流叫藉河（藉，方言读如xi），20世纪80年代之前鱼虾蟹鳖都是常见之物，孩童时常抓螃蟹、赶螃蟹玩。不过，这些个螃蟹个头小，人们也想不起要吃罢了。

沈括《梦溪笔谈》所记秦州人偶得那一具干蟹，或许是类阳澄湖大闸蟹的大干蟹，以之挂门户当门神用吓虐鬼也算是物尽其用了。

六一、地网与十二连城

地网和十二连城是抗金名将吴璘创设的军事防御设施。

12世纪初，金兵的铁蹄踏遍了中国北方，并企图由陇长驱入川，灭掉南宋。吴玠、吴璘兄弟团结秦陇军民，扼守要害，坚决反击，终于使金兵侵掠的步伐停顿下来，在秦州南面的皂郊堡、天水县（军）、吴砦城一线形成对峙局面。而其中天水县（今秦城区天水镇）当陇蜀咽喉要道，为兵家必争之地，很自然成了宋金交兵的主战场。宋、金对峙100余年，每有战事，天水县（军）必首当其冲。

图7-3　南宋边境要塞皂郊堡

吴玠（1093—1139年），字晋卿，德顺军陇干水洛城（今甘肃庄浪）人。吴璘（1102—1167年），字唐卿，吴玠弟。兄弟二人俱为名将，并肩作战，曾指挥过著名的和尚原、饶凤关、仙人关三大抗金战役。吴玠病逝之

155

后，吴璘代兄统兵，主要负责天水、陇南及川陕一带防务。吴砦（今天水市麦积区吴砦镇）就是因吴璘屯兵筑砦抵抗金兵而得名。

为固守天水，吴璘精心谋划，在天水县西平地利用水脉地势挖沟开渠，纵横交错，形成沟渠地网，以抵御金人骑兵驱驰肆虐。关于地网，其最早的记载出自南宋赵彦卫笔记《云麓漫抄》：

> 自讲好，关中之地中分为界，如南关、大散、仙人、饶凤、武休等皆为我有。仙人关外分左右二道，自成州经天水县，出皂郊堡，直抵秦州。顷年，吴璘大军尝由此以出西道，地皆平衍，即其地壕堑，纵横引水缕行，名曰地网，以遏奔冲，此仙人关左出之路也。

引文"讲好"，指宋金议和缔结边境和约；"顷年"，即近年，这里笼统述及地网构建和功用。其后，南宋祝穆《方舆胜览》、元代马端临《文献通考》在写仙人关时引用之，说明地网防御功能在"当时"和后世都很有声名。

另，祝穆《方舆胜览》卷69天水军"山川"专设"地网"词条，对地网的"身世"有比较全面的记述：

> 地网，自虏陷陕西，天水、长道并当边面，地势平衍，兵骑四布，纵横无碍，步兵不能捍制。隆兴中，四川宣抚使吴璘乃创地网。其制，于平田间纵横凿为渠，每渠阔八尺，深丈余，连绵不断，如布网然。明年，虏犯天水，碍以地网，始不得肆。天水原管三百六十条，后稍增为五百五十四条。四川制置司利西帅司每岁农隙差民开淘，近岁雨水湮塞，已损于旧矣。

引文"隆兴"是南宋孝宗年号，共用二年（1163—1164年）。"明年，虏犯天水"，应指地网建成的第二年即隆兴二年金军攻陷天水县并继续南侵事，有地网阻滞，金人骑兵无法横行无忌，实战证明地网确是有特殊的防御功用。和平时，地网又是灌溉系统，可保障稻田所需之水，耕战两利，因此声名远扬，后世地方志相沿著录。

《大元一统志》卷584成州之"古迹"完整移录《方舆胜览》关于地网的记载，只是将敏感词汇"虏"换成了"金人"。不过，地网沟渠的数量《方舆胜览》记为"天水原管三百六十条，后稍增为五百五十四条"，《大元一统志》录为"天水原管三百六十三条，后稍增为五百四十四条"，大同小异，或是移录有误。到了清代至而民国，地网还是天水地方志记事的必有古迹。乾隆《直隶秦州新志·山川》、民国《天水县志·舆地志》都设"地网"词条，内容都是依据《方舆胜览》改写而来。

地网之外，乾隆《直隶秦州新志》等天水旧方志还记有"十二连城"，地在今秦州区的天水镇、汪川镇，陇南市礼县盐官镇、宽川镇之间山地。据载，吴璘在此地依山构筑连环防御工事，堡寨相连，互为依托，长度达30里，主体建筑有城堡12座，人称"十二连城"。可以想见，当时吴璘所建的防御要塞是山上筑城堡、山下开地网，连城加地网，从平川到山头构建完整的立体防线，从而有力地保障了天水能在多年的拉锯战中始终掌握在宋军之手。

地网设施早已无有遗存，所在现在可见的残破城堡，应是明清以来遗存，是否有宋代成分，不好判断。不过，当地"水包隍城""连城跨凤""一十二道连城"之类的传说长久流传，想必不会是空穴来风。

晚明之时，关外满洲清人势力崛起，边患不断，有大臣提出借鉴吴璘地网之法，在山海关外实施屯政，在沟涂之界广植树木以御敌。此提议终因争议较多未能重现边防，但也适可说明地网作为历史上防御战的成功案例被一再认可。

六二、循王张俊

南宋有四大抗金名将，分别是岳飞、韩世忠、刘锜和张俊。刘锜之父刘仲武，《宋史》写明是秦州成纪人，按常理刘锜也应该是秦州成纪人，即天水人。而《宋史》又记刘锜是德顺军（今甘肃静宁县）人。至于张俊，则是地地道道的秦州成纪人，虽然此人因对岳飞下黑手而为君子所不齿，家乡之人丝毫感觉不到自豪，但他的成长历程和抗金业绩值得一书。

张俊（1068—1154年），字伯英，北宋秦州成纪（今天水市秦州区）人。好骑射，有勇力。16岁时加入当地的民兵组织，充当三阳寨（今麦积区三阳川）弓箭手。宋徽宗宣和年间（1119—1125年），在与西夏作战和镇压山东、河北农民起义军中立有战功，被提拔为下级军官。宋钦宗靖康元年（1126年），随制置使种师中增援太原，师中败亡，而张俊率部屡破强敌，突出重围，由此名声大振。康王赵构称兵马大元帅，即率部往从，赵见张俊仪表堂堂，便留元帅府任统制。次年4月，金攻破东京汴梁，掠走徽宗、钦宗二帝，一时人心惶惶，无所适从。张俊不失时机，拥赵构南渡建康即皇帝位，因功授御营前军统制，总领皇帝侍卫禁军。从此，深得高宗信任，仕途多所优待庇护，官职青云直上。

宋高宗建炎三年（1129年），张俊和韩世忠等人联合挫败苗傅、刘正彦废高宗事变，因而升镇西军节度使、御前右军都统制，再升浙东制置使。同年十月，兀术统金兵大举渡江南侵，随高宗左右护驾御敌。建炎四年，大败金兵，取得明州大捷。宋高宗绍兴元年（1131年），出任江淮招讨使，镇压农民起义，击破叛将李成等部，并阻止伪齐刘豫南侵，册封太尉。绍兴四年，金兵分道入侵，张俊主战，坐镇建康，遣将潜师背击金兵，大获全胜。之后，护卫江防，连败伪齐南侵大军，高宗特地赐"安民靖难功臣"称号。

绍兴十年（1140年），金背盟举兵南侵，张俊率兵渡江策应刘锜，联合各路宋军共同杀敌，并遣所部收复宿州（今安徽宿县）、亳州（今安徽亳州），旋即撤兵，不支援岳飞的西路军，封济国公。次年，兀术部进攻淮南，带病指挥所部渡江迎敌，再获大捷。但他自知高宗无恢复中原之意，不再北进追击，径自退还江南，并迎合朝廷对金议和的意向，自请解除兵权，授枢密使，从而使高宗顺利解除岳飞、韩世忠兵权。

此后，张俊和奸相秦桧相互勾结，由主战将领摇身一变而成为主和场上的急先锋。绍兴十一年（1141年），秉承秦桧意图，借岳飞部将王俊诬告岳飞女婿张宪发动兵变之机，逮捕张宪下狱，制造伪证，促成岳飞父子冤狱。精明一世的张俊为保富贵而忘大义，成为千古罪人，和秦桧等人一起被后人铸成铁像，长跪于西子湖畔岳王坟前，遭人唾骂，罪有应得。

害死岳飞之后，张俊进位清河郡王。其人还贪婪好财，大量兼并土地，年收租达60万斛，高宗怂恿，不予整治，还亲临其家，礼遇优厚。死后追封"循王"。

张俊之后，张氏家族出了两位著名的文学家。

曾孙张镃（1153—？），南宋著名诗人。曾在杭州筑堂治池，约集文人互相唱酬，并和陆游等人过从甚密，诗名远扬。著有《仕学规范》《南湖集》。《四库全书总目提要》特意提及其身世："循王俊诸孙，家本成纪，徙居临安，官至奉议郎直秘阁。《宋史》不为立传。"

五世孙张炎（1248—1320年），南宋末著名词人。宋亡后，资产尽失，以占卜为生，落魄而死。词多写身世盛衰之感，萧瑟凄凉，著有《山中白云词》。

六三、梁志通创建玉泉观

梁志通是元代初年的著名道士。其道统传承，梁志通是冯志清的徒弟，冯志清是张志瑾的徒弟，而张志瑾就是长春真人丘神仙丘处机的高足，梁志通无疑就是丘处机的徒裔了。

梁志通（？—1302年），山西介休（今山西介休县）人。早年在太原东山圣泉观修道，在得冯志清真传之后，即云游四方。元世祖至元八年（1271年）南游汴京（今河南开封），之后西游，经陕西关中一路西行抵达秦州。秦州城北天靖山麓林壑幽美，山泉淙淙，由是栖迹修行，符咒疗疾，祈祷者有求必应，名声大振，进而多方集资创建玉泉观。元至元十三年（1276年）创建太上殿，至元二十六年（1289年）创建玉皇殿，同时设立道院，完善配套建设，一处道教名观便出现在秦州城北佳山好水之间。元唐仁祖《创建玉泉观记》说："殿宇宏丽，位置高敞，下瞰井邑，旷若在于尘世之表。崖凿圆龛，幻如蚁穴，素隐者可以寓百年之□；山腹出泉，冥然澄寂，祈饮者可以愈邦人之疾。树绕泉亭，檐楹蔽映，如入画图。观因境胜，名曰'玉泉'。凡道院厨库器用无所不备。"生动叙述玉泉观创建后的景况和风采。

关于玉泉观的创建，或认为始建于唐，并据《全唐诗》所收吕岩《秦州北山观留诗》认定此观唐代称北山观，据北宋张方平《玉泉观赠高道士》诗认定宋代就有"玉泉观"之名。事实上，吕岩即传说为道教八仙之一的吕洞宾，其人生活在五代宋初，并非唐人。即便吕岩是唐人，《秦州北山观留诗》就是他的作品，也无法说明玉泉观建于唐代，因为诗题之"北山观"应即五代王仁裕《玉堂闲话》"老蛛"篇所言之岱岳观，即今天水市区北山的泰山庙，"北山观"是俗称。虽然宋仁宗嘉佑五年至嘉佑七年（1060—1062年）张方平曾任过秦州知州，而《玉泉观赠高道士》并非秦州所作，而是其游历陕西华山之诗，所咏之玉泉观乃是华山玉泉观，也称玉泉院，诗中"来伴白云翁"的"白云翁"即终身在华山修行的陈抟，可为明证。因此说玉泉观的创建，还是唐仁祖《创建玉泉观记》所言"秦州玉泉观，在州西二里北山岗林间，全真师梁志通所建"一语最准确、最权威。

图7-4　清光绪《秦州直隶州新志》所附玉泉观图

玉泉观建成后，梁志通任首任知观，收弟子8人，开创秦州全真道派。元成宗大德六年（1302年），梁志通仙逝观内。相传，梁志通去世后，众道士为师父举办道场纪念，秦州士民倾城出动，纷纷前来祭吊。10天之后，忽然有出公差的使客来玉泉观拜访主事者，言道："某某日出公差，在长安灞桥偶遇梁道长，托付我们将库房钥匙和账簿捎回观内，以便盘点一应账物。"听者一合计，这公使所言灞桥偶遇梁道长时间正当是师父仙逝的那一天，众道士顿时惊呆，待缓过神来开库核对账目，发现库房物件和使客带来的账簿所记丝毫不错。众徒裔恍然大悟：他们的师父已得道成仙了。

　　今玉泉观有和梁志通相关的遗迹多处，其中三仙洞之中洞专祀梁志通。洞上之山崖有一株古柏，树龄约800～1000年，主干虬枝挺拔，根部盘旋露爪，根茎交织，状若女子发辫，又名"辫柏"，相传系梁志通编结成辫状后亲手栽种。还有，玉泉观现存两通重要碑刻，"玉泉观诗碑"及《敕封东华帝君五祖七真碑》，前者或题名"梁志通诗碑"，元世祖至元三十年（1293年）立石；后者呈四棱柱形，四面刻文，又称"道流四面碑"，碑面《元世祖皇帝褒封制词》，碑阴《全真列祖赋》，两侧为《全真祖宗之图》和《纯阳真人授重阳祖师秘语》，元大德六年（1302年）立石，是道教之珍贵文献。二碑均是梁志通主持建立，落款署名依稀可辨。

　　二碑之中的"玉泉观诗碑"，现行著述均将所刻之诗的作者署名梁志通，实则是特大误解，有必要考辨说明。诗碑全文如下：

　　　　镇国□将军巩昌等处宣慰使兼都总帅汪相国驲骑□秦，一日公暇，适访草庐□，间索纸□笔遂书。

　　　　主制□□□□刊诸石，蒲公□□□□□□庸庵奉命敬书。

　　　　大道蓬庐乐自游，风光仿佛象瀛洲。庵前草木长春景，物外云山不夜秋。鬼辟魓罡三尺剑，神藏天地一虚舟。从来抛却红尘事，勘破浮生只点头。

　　　　至元岁次丁丑游

　　　　□□梁公达玄子书，施工羽服郝志坚刊。

大元国至元三十年太岁癸巳端午日住持烟霞无为大师梁志通等立石

是为依据高清拓片详细核对过的全文，比现行著录本多识读出14字。现行著述认定诗碑七言律诗的作者是梁志通，于是命名为"梁志通诗碑"。考辨碑文诗前落款和诗后落款可知，此诗本是"镇国□将军巩昌等处宣慰使兼都总帅汪相国"前来秦州视察，公暇游览"草庐"所作，时间是至元岁次丁丑，即元世祖至元十四年（1277年）。16年后的至元三十年，玉泉观住持梁志通将此诗重新书丹并立石。至于诗的作者"都总帅汪相国"，据仕宦履历分析，或即汪惟正（1242—1285年）。此人为陇右王汪世显孙，汪德臣长子，官至龙虎卫上将军、中书左丞、行秦蜀中书省。此无题诗碑无妨命名为"玉泉观元代诗碑"。诗作仙气飘飘，很是契合道教氛围。

2006年，玉泉观被公布为全国重点文物保护单位，上述有梁志通印记文物起到了关键作用。

六四、滑坡灾害

元代，秦州上隶巩昌府，下辖成纪、秦安、清水三县，秦州治所为成纪（今天水市秦州区）。成纪在《元史》中凡十余见，汰去重复纪事，记载十事，而所载十事有九件是地质灾害，动辄山崩水涌或山崩地坼，用现代灾害学用语说就是滑坡。研究天水地方史，资料最缺乏的朝代就是元代，而《元史》所载十有八九都是滑坡，给人感觉除了滑坡还是滑坡。下面，以编年体对《元史》所载天水城区滑坡灾害逐一罗列。

1.元仁宗延祐二年（1315年）

（五月）乙丑，秦州城纪县山移。是夜，疾风电雹，北山南移至夕河川；次日再移，平地突出土阜，高者二三丈，陷没民居。敕遣官核验赈恤。

——《元史·仁宗本纪》

2.元仁宗延祐四年（1317年）

（七月）己丑，成纪县山崩，土石溃徙，坏田稼庐舍，压死居民。

——《元史·仁宗本纪》

3.元仁宗延祐七年（1320年）

（是岁）秦州成纪县暴雨，山崩，朽坏坟起，覆没畜产。

——《元史·仁宗本纪》

4.元英宗至治元年（1321年）

（八月）壬戌，秦州成纪县山崩。

——《元史·英宗本纪》

5.元泰定帝泰定元年（1324年）

（八月）秦州成纪县大雨，山崩水溢，壅土至来谷河成丘阜。

——《元史·泰定帝本纪》

6.元顺帝元统元年（1333年）

（九月）庚申，秦州山崩。

——《元史·顺帝本纪》

（十一月）丙申，巩昌成纪县地裂山崩，令有司赈被灾人民……
（辛亥）是日，秦州山崩地裂。

——《元史·顺帝本纪》

7.元顺帝至元二年（1336年）

（五月）壬申，秦州山崩。

——《元史·顺帝本纪》

8.元顺帝至元六年（1340年）

（六月）己亥，秦州成纪县山崩地坼。

——《元史·顺帝本纪》

9.元顺帝至正三年（1343年）

（二月）秦州成纪县，巩昌府宁远、伏羌县山崩，水涌，溺死人无算。

——《元史·顺帝本纪》

三年二月，巩昌宁远、伏羌、成纪三县山崩水涌，溺死者无算。

——《元史·五行志》

分析以上所列史料，可以总结如下：

1.从元仁宗延祐二年（1315年）到元顺帝至正三年（1343年），29年间发生大小滑坡10次，平均三年一次，频率高发。

2.作为国史的《元史》不厌其烦地在皇帝的《本纪》中记载秦州治所成纪县的滑坡灾害，说明灾害比较严重，人民生命财产损失巨大。尤其是延祐二年的滑坡，"北山南移至夕河川"。"夕河川"即今藉河川，所指就是秦州北山之下的川地。"北山南移"应当是大面积滑坡，如此灾害，州城肯定会大受影响。

3.明显看出，滑坡多发生在五、六、七、八、九月等夏秋多雨之时，大抵滑坡的直接诱因就是大雨、暴雨。举个后世的例子，1990年8月11日，天水市突降特大暴雨，造成多处滑坡，天水锻压机床厂大部被山体滑坡覆压。地震也是造成滑坡的主导原因之一，而有元一代天水没有见于史载的大地震，那滑坡的祸首就只能归结为大雨暴雨了。

4.天水市区的基本情势是南北两山夹峙，一水中流，正如唐杜甫《秦州杂诗》所咏"莽莽万重山，孤城山谷间"。北山土质疏松，地质灾害多发，远望北山，即可见多处历史时期山体滑坡痕迹，而现天水城区主体就在北山脚下川地，因此制定城市防灾减灾规划、做好相应的预防应对工作十分必要。

元代的秦州治所成纪县，是唐朝中后期由今秦安县境迁徙而来，现天水境内遗留的元代碑刻多有成纪县官员题名。明洪武二年（1369年），裁撤成纪县，县域归秦州直辖。其县衙改建为城隍庙，供奉汉将军纪信，又称纪将军祠，现存。

六五、兴国寺

中国传统古建筑，多是土木结构，易损坏易火灾，我们现在能看到的寺院道观绝大多数是明清之作，建于唐宋现今依然保留者极为罕见，即便是元代建筑也是凤毛麟角。秦安兴国寺般若殿就是天水境内唯一保存完好的原汁原味的元代建筑，1996年被公布为全国重点文物保护单位。

兴国寺，又名兴谷寺，俗称"官寺"，在秦安县城兴国文化广场北。元初创建，明清多次重修。追索其历史沿革，明清方志的记录值得珍视。明嘉靖《秦安志·地理志》甄选的"秦安八观"中有"兴国梵宫"，记云："兴国梵宫，秦少寺，又多陋。兴国之佛殿奇巧，稍为可观焉。"又，道光《秦安县志·建置》说："有兴国寺。创建于元，最为县中古刹。明嘉靖中，中丞胡缵宗题其寺额，又书'般若'二字于殿门。万历中，知县赵汴重建。国朝乾隆初，邑人复修葺焉。俗称官寺。"阅读以上资料，可知此寺明清之时的概况，可知兴国寺是秦安境内最古老、最奇巧的建筑。《秦安县志》所言"万历中"的重建，应指万历四十二年（1614年）的重建。据时人胡多见木刻题记，寺内主要建筑有般若殿、伽蓝殿、菩萨殿、金刚殿、天王殿、钟楼、鼓楼等，本次重建，一是修葺颓废殿宇，二是贴金彩绘殿内佛像。整修后的兴国寺"气象新妍，庙貌辉煌"。

图7-5　秦安县城兴国寺般若殿

兴国寺现存大门、钟楼、天王殿与主体建筑般若殿。明嘉靖二十五年（1546年），著名学者邑人胡缵宗所题"般若"匾额保存完好，书法典雅，大气磅礴。般若殿坐东向西，面阔三间，计11.7米，进深两间，计8米，单檐歇山顶。正脊浮雕行龙和牡丹纹饰；两端置龙吻，怒目卷尾，张口吞脊；中央置琉璃兽面火珠，两侧设走兽。梁架为彻上露明造，采用元代首创的斜梁构件。虽经多次重修，而梁架结构、斗拱风格依旧保持元代建筑的特点，是研究元代建筑不可多得的实物资料。

兴国寺是天水古建瑰宝，而相关史料匮乏，兹移录明代美文《兴谷寺钟记》作为补充。

大人弘治元年谪官乡土越纪，政修事立，窃御皆熄，乃以三千许铁斤铸钟于兴谷寺，识一时人物于其上，命予作记。

予观盛状，在城治之北，栋宇翚飞，翠并滕阁之宫；丹青焕炳，光耀金陵之壁。松亭亭，竹娟娟，桂馥兰芳，佳趣无极。盖始于大元至元，迭次之所建。然则幽兴遄奔，竹木陶情，衣钵相传，多会与此，揽之得异乎常。若夫天际云曙，一碧万里，日月光华，映辉五色，春和气融，吾心顺适，击斯钟也，则乐于是乎形；淅淅而风，浮浮而雨，秋老景衰，更深人静，吾心颦戚，击斯钟也，则忧于是乎形。而钟之声，初不哀不乐焉。殆犹乐则行之，忧则违之，其乐其忧在时卷舒耳，其性何加也？何损也？吾之取钟者以此故，托以寓士君子之心于不朽云。

此文原载民国《秦州直隶州新志续编·艺文》，作于弘治元年（1488年），作者丁继文。丁继文，字宗周，明秦安县人。弘治十七年（1504年）举人，曾任山西潞州学训导。作文缘起，其父即文章起首的"大人"阴阳学训术丁仪在贬官乡土取得政绩之后，筹措生铁3000余斤创铸大钟一尊敬献兴国寺，于是命其为文纪念。文章模仿北宋范仲淹《岳阳楼记》痕迹明显，而用词清新流丽，情景交融，不失为佳作。其最重要的是，在状物写景的同时，点明兴国寺创建于"大元至元"，即元初元世祖忽必烈在位时。

第八章　明清时期

明代秦州属陕西布政使司，如《明史》记胡缵宗籍贯言"陕西秦安人"。清康熙时陕甘分省，雍正七年（1729年）秦州升为直隶州，辖秦安、清水、两当、徽县、礼县五县，直隶于甘肃布政司。明清之时，尤其是清代，国家疆域广大，天水地域属内陆，少有战乱之苦。美洲的高产作物如玉米、马铃薯，经济作物如辣椒、烟草等传入，农业较前有了较大进步，人口增长迅速。清代天水盛产烟草，畅销省内外。明正德时，朝廷"立伏羲庙于秦州"，经嘉靖时大规模建设，成为国祭伏羲的两大祭祀中心之一。清同治年间，陕甘回民反清斗争，天水是其重点区域之一，战后张家川回族聚居区形成。明清两代，就甘肃省内而言，天水科甲鼎盛，考中文科进士71人，著名者有都察院右副都御使胡缵宗，教育家任其昌、张世英，"陇上铁汉"安维峻等。

六六、礼部尚书门克新

明太祖朱元璋治国以严酷著称，一语不合就有被罚被杀的危险，臣子上朝前，安排后事、立遗嘱，司空见惯。而门克新一个小小的教谕直言朝政，却使龙颜大悦，快速升迁，三年之间官拜尚书，堪称奇迹。

门克新（1327—1396年），明甘肃礼县人，一说秦州人。关于门克新的籍贯，《明史》本传说他是巩昌人，乾隆《直隶秦州新志》说他是秦州人，乾隆《礼县志略》说他是礼县人。事实上，不论是哪一种说法，都不违和。

因为在明代，巩昌辖秦州，秦州管礼县，都在同一个级别有别的府州县行政区内。另，秦州、礼县都有门克新墓，祭祀门克新的乡贤祠建在秦州，即便礼县是正宗门克新故里，将门克新入仕发迹之地秦州说成是他的第二故里也不违和。明朝初年，门克新以儒士的身份选任秦州州学训导，悉心教授，生徒人才辈出。

明太祖洪武二十六年（1393年），入朝述职，皇帝朱元璋垂问经史及政事得失、民间疾苦，他据实直言，知无不言。不意喜怒无常的朱皇上这一天心情特别爽好，门克新一番直言无隐的大实话正中其下怀，这个大西北来的州学训导就如此这般赢得皇上的赏识，便留任左春坊右赞善。左春坊右赞善，这是一个职小而权大的随意言事的谏官。洪武二十八年冬，奉旨作《长江万里图记》，有言："今我圣朝，海宇一家，而江为诸川之会要，亦独唐虞以河为众水会要之意。是图之作也，岂徒游目玩好之为哉？惟我皇上，慎固疆域，保民致治，无时不在心胸之间，俱见于此也。其励精图治之诚，抑亦至矣！是宜皇天眷佑，奄有四海，中土奠安，四夷臣服，而巩固皇图千亿万世，诚可谓后世圣子贤孙之龟鉴也。"一番议论，直契朱元璋江山永固、太平盛世的理想，殊见眷赏，得破格提拔为礼部尚书，是为有明一代秦州出的最大的官。门克新作记的《长江万里图》不是传世的写意山水画，而是朱元璋钦命有关部门组织画工实地考察之后绘制的反映山川形势的长江干流图，是景观化的经济、军事实用地图。这样一幅实用地图由宽厚亮直的门克新作记是再合适不过了。

很不幸，门克新任礼部尚书之次年即身染重病。朱元璋命宫廷太医救治，且养病期间，薪俸照发。病逝之后，又命专人护送归里安葬，并自制祭文特遣使节临家谕祭，哀荣无限。《明史》本传说："不数年，擢礼部尚书。寻引疾，命太医给药物，不辍其奉。及卒，命有司护丧归葬。"

明成化五年（1469年），秦州知州秦纮主持在秦州文庙学宫前建立门尚书祠。明成化十五年，秦州知州傅鼐主持重修祠宇，完善祭礼，并约请著名文学家李东阳作《秦州乡贤祠记》，立碑纪念。此碑现存天水市区文庙。高180厘米，宽79厘米。署名"赐进士出身翰林院侍讲兼修国史经筵官长

图8-1　"秦州乡贤祠记"拓片

沙李东阳撰文，陕西等处提刑按察司副使阜城左钰篆额，陕西等处提刑按察司佥事杞县边□书丹"。碑首刻凤鸟纹，碑额题空心篆文"秦州乡贤祠记"。碑文重点介绍门克新官场传奇经历。的确如碑文所言，门克新由一名基层教育工作者"州学训导"，几年之内跃升为当朝一品大员礼部尚书，无疑是"得千载一时之遇"。但一个人自身若没有堪当大任的才能，光凭好运气，恐怕也没有那么幸运。

六七、"正德十一年，立伏羲庙于秦州"

天水有两处伏羲庙，一在今天水市区西北的麦积区卦台山，始建于唐代中后期；一在今天水市城区西关，始建于明代，现为国家重点文物保护单位。其卦台山者早，城区西关者晚，二者有沿革关系。城区西关伏羲庙建成后，两处伏羲庙并存，相沿至今。在明代，朝廷对三皇（伏羲、神农、黄帝）的祭祀及祠庙建设控制严格，只准在三皇出生地和陵寝所在地建庙，能取得建庙祭祀资格乃是莫大的荣耀。题目标示的"正德十一年，立伏羲庙于秦州"，为明廷批复秦州建立伏羲庙的正史记事。

《明史·礼志》说：

> 正德十一年，立伏羲庙于秦州。秦州，古成纪地。从巡按御史冯时雄奏也。

"正德十一年"，是明武宗的年号，即公元1516年。所言"巡按御史冯时雄"，由天水伏羲庙内碑刻可证，其姓名中的"雄"应是"雍"字之误。冯时雍当时的职官是巡按甘肃御史。所谓"立伏羲庙于秦州"，是指正德十一年卦台山取得修建伏羲庙的资格，并非当年建庙或庙已建成。至于为什么批准"立伏羲庙于秦州"呢？依据是"秦州，古成纪地"。古成纪地，即史籍记载的伏羲诞生之地。逻辑是：秦州既然是伏羲诞生地，是羲皇故里，自然要立庙祭祀。

追溯源头，唐玄宗开元年间（713—741年），在京师长安专建三皇庙，天宝六年（747年）完善祭祀程序，确立三皇祭礼典范。宋代三皇祭祀主要在陵寝之地举行。元成宗元贞元年（1295年）始，诏命全国通祀三皇，即全国范围内所有州县运动式大建三皇庙。明朝开国之后，明太祖朱元璋认为全国各地通祀三皇且由医师主祭，是对三皇的大不敬，于是在洪武四年（1371年）下诏废止，三皇祭祀只准许在有陵寝之地继续进行。当时，河南陈州（今河南周口市淮阳区）的伏羲陵被确定为祭祀伏羲的惟一合法场所。

因为秦州是羲皇故里，其卦台山伏羲庙也就没有废止，虽然没有列为国家祭祀伏羲场所，而民间祭祀依然。到了明中后期，明廷对三皇祭祀的规格和禁令较前有所废弛，巡按甘肃御史马溥然、冯时雍先后上奏朝廷，提请国家支持重修伏羲庙并恢复相应的官祭传统。获准批复后，就有了《明史·礼志》"正德十一年，立伏羲庙于秦州"云云的记事。

不过，批复是批复了，但并没有在当年动工兴建，且批复准建的地点是秦州西北三阳川的卦台山。正德十六年（1521年），巡按甘肃御史许翔凤鉴于卦台山远离州治，官祭不便，又建议朝廷将拟建于卦台山的伏羲庙改建在秦州，获准。次年，即明嘉靖元年（1522年），便在秦州城西关城外开始兴建伏羲庙。

其实，早在明廷没有批复秦州建立伏羲庙的明成化十九年（1483年），秦州知州傅鼐认为，既然河南陈州作为伏羲的都邑和卒地，每年举行祭典，而秦州作为伏羲的生地，理应设祠祭祀，便主持在州城西一里处创建伏羲庙。此伏羲庙规模很小，时称太昊行宫，只是一座祠庙，并非一组建筑。明弘治三年（1490年），秦州士绅刘克己等集资，在州署的支持下继续重修未尽工程，并于同年四月至七月新修门坊，榜题"太昊宫"。伏羲庙一殿一坊，还是规模很小。这座规模很小的伏羲庙在建修时并未经过朝廷批准，用现在的话说就是"违章建筑"。明嘉靖元年获国家批复重新规划的伏羲庙，其建设基础就在傅鼐所创太昊宫。

其情形如此：嘉靖元年（1522年），巡茶御史陈讲指示地方官员各负其责，筹备策划兴建伏羲庙。次年，会同巡按甘肃御史卢问之主持大规模重修伏羲庙。共建牌坊3间，先天殿7间，太极殿5间，朝房20间，见易亭1座，形成建筑群落。嘉靖十年（1529年），巡茶御史郭圻、巡按甘肃御史陈世辅、秦州知州李楷主持对伏羲庙全面补修，彩绘庙宇，补修东西墙垣，营造龛帷，于大门前当街处创建牌坊两座，东西对峙。当时，小西关城即伏羲城尚未建修，伏羲庙地处郊外，其后院一直延伸到天靖山南麓，建有山陵。至此，伏羲庙规模达到极盛。据清李铉《重修伏羲庙记》所引成书于明嘉靖时的《伏羲庙志》记述，建筑物布局大致为：建筑群三进四院。

由南向北依次是大门，匾题"与天地准"；大门前有牌坊1座，榜书"太昊宫"，牌坊台基下当街处置牌坊2座，东面者榜书"继天立极"，西面者榜书"开物成务"。入大门即是第一院落，有仪门和第二院落相界，匾题"文祖"。入仪门即为第二院落，大殿雄踞其后，榜书"先天"，殿东西两侧各有朝房一列。殿后界墙两侧有小角门，入小门即为第三院落，有寝殿，榜书"太极"，殿之东西两侧各有朝房一列。殿后界墙两侧又有小角门，入小门即为第四院落，有见易亭，亭前设池，并架有桥亭，构成园林建筑，有类故宫的御花园。康熙《秦州志·庙坛》说："是庙也，台殿崔嵬，栋宇闳丽，又植柏数十株，周以崇垣。北负天靖山，南带藉水而揖南山，东约鲁谷水，西引赤峪，实为陇西胜概，天水圣域云。"

图8-2　天水伏羲庙先天殿

嘉靖十三年（1534年），巡按甘肃御史张鹏、秦州知州黄仕隆主持制礼作乐，张还自撰《迎神曲》《送神曲》各一章。同时，制定祭祀程序、乐生舞生员额、祭祀人员的服饰以及所用祭器。具体而言，祭礼参照文庙进行，由秦州知州代表朝廷主持，用礼部所颁程式化祭文。有迎神、初献、亚献，终献，彻馔、送神之乐。乐器计36件，乐生为44人，冠服者144人；舞器计130件，舞生有66人，冠服者264人。伏羲祭典进入极盛期。由此，秦州伏羲庙和陈州太昊陵一样，成为当时全国性的伏羲祭祀中心。

六八、胡缵宗创修《秦州志》

甘肃的学者能赢得全国声名的，在清代当推凉州张澍和阶州邢澍，即"陇上二澍"。而在明代，一流的学者则是胡缵宗。

胡缵宗（1480—1560年），字孝思，一字世甫，号可泉，一号鸟鼠山人，明秦州秦安县人。父亲胡士济是一位学识渊博的儒者，长期在四川双流县任教谕、知县。受家风影响，胡缵宗酷爱读书。传说幼年时，继母虐待，限制点灯时间，他的姐姐常背着继母用口衔油供其读书，时常苦读三更之后方才就寝。明正德三年（1508年）进士。授翰林院检讨，参与编修《孝宗实录》。正德五年开始由朝官转任地方官。简历如下：

正德五年至正德八年（1510—1513年），任四川嘉定州判官。

正德八年至正德十年（1513—1515年），任潼川州知州。

正德十年至正德十四年（1515—1519年），先后任南京户部湖广司员外郎、南京户部度支司郎中、南京户部吏部验封司郎中。

正德十四年至嘉靖二年（1519—1523年），任安庆知府。

嘉靖二年至嘉靖六年（1523—1527年），任苏州知府。

嘉靖六年至嘉靖七年（1527—1528年），任山东布政司左参政。

嘉靖七年至嘉靖十年（1528—1531年），任陕西布政司左参政。

嘉靖十年至嘉靖十五年（1531—1536年），先后任山西布政司左参政、山西右布政使。

嘉靖十五年至嘉靖十八年（1536—1539年），先后任河南右布政司、河南左布政司，督察院右副都御史山东巡抚，督察院右副都御史河南巡抚。嘉靖十八年底，因官署失火，引咎辞职。归里后，诗酒自娱，专心著书。

胡缵宗的最高职官是督察院右副都御史，正三品，民间故事多称"胡都堂"。不但官做得大，学问也做得很大，在诗歌、经学、方志等方面都有卓越的成就。诗歌、经学方面著述有《鸟鼠山人集》《拟汉乐府》《愿学编》《春秋本义》《仪礼集注》等多种，还选编《秦汉文》《唐雅》《雍音》等。而其最突出贡献集中在方志学方面：有实践，先后编纂《安庆府志》《羲台志》《秦安志》《巩郡记》《秦州志》等方志；有理论，对地方志的性质、体例、功用等都有独到见解，是名副其实的方志学大家。《秦州志》是他的最后一部方志著作。

在天水历史上有过一些地方志，如南朝刘宋时郭仲产的《秦州记》，如北宋时无名氏的《天水图经》，这些方志早已散佚，其个别词句或段落散见于一些古籍注释引文中。明代，在胡缵宗之前，秦州还没有州级的方志。如乾隆《直隶秦州新志》卷首之秦州知州费廷珍序言："秦州之有志，自明嘉靖时秦安胡中丞可泉先生始。"没有，当然需要创修。于是，在嘉靖三十七年（1558年）暮春三月的一天，秦州知州于藻前往胡缵宗老家秦安鸟鼠山房拜访之，恭请这位名满陇上的大学者主纂《秦州志》，宾主围绕方志编修讨论及胡推辞的谦让言语，都实录在最终成书的《秦州志》胡之自序。于知州目的明确，无论如何就是要请胡缵宗为家乡的文化事业做贡献，创修《秦州志》。理由很充足："您就是秦州人，又是大学者、方志学家，修《秦州志》非您莫属。"最终，胡缵宗接受任务，用时4个月，奋力完成《秦州志》。两年后即在老家秦安去世，其自序落款特意标明"七十九翁胡缵宗"。胡缵宗以79岁的高龄，不畏困难，勇于任事，难能可贵。

胡缵宗晚年所著《秦州志》，系积其毕生修志经验所为，体例完备，资料丰富，为学林称道，为以后秦州修志确立了典范。但是，很不幸，此志在清乾隆时已散佚不见。2001年底，天水市志办公室主任刘玛莉通过浙江大学陈桥驿教授，从日本国引回内阁文库所藏顺治《秦州志》全帙本，计13卷，顺治十四年（1657年）刻本。第1卷述（州郡述、郡县述），第2卷表（疆域表、沿革表、职官表、古今人表），第3卷地理志，第4卷建置志，第5卷官师志，第6卷选举志、仪制志、边防志，第7卷食货志、兵戎志，第8卷灾祥志，第9卷艺文志，第10卷考（皇纪考、帝纪考），第11卷列传一（名宦），第12卷列传二（列贤），第13卷列传三（隐逸、流寓、文苑、群雄），第13卷列传四（孝行、列女、节妇）。展读之下，仔细核对研究，发现顺治《秦州志》实际上是在完全移录嘉靖《秦州志》基础上，补少

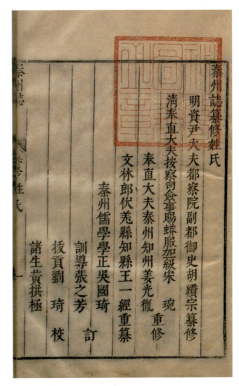

图8-3　清顺治《秦州志》书影（标明原由"胡缵宗纂修"）

量清初增的"现状"而成。其最明显的证据是，顺治《秦州志》每一卷卷首都有"秦州志纂修姓氏"，标明"明资尹大夫都察院副都御使胡缵宗纂修""清奉直大夫按察司佥事赐蟒服加一级宋琬、奉直大夫秦州知州姜光胤重修""文林郎伏羌知县王一经重纂"。顺治《秦州志》的编纂者题署真正原创者胡缵宗的姓名，遵守学术规范，不掩前贤。就是说，胡缵宗创修的《秦州志》的"祖本"嘉靖《秦州志》似已散佚，实际上借助顺治《秦州志》的"壳"得以保存，由此我们还能够借以一睹胡志的风采。

胡缵宗还擅长书法，师法颜真卿，刚健遒劲，辗转为官各地，名山大寺多有其书迹。今江苏镇江金山寺摩崖有巨书"海不扬波"，苏州虎丘有篆书"千人坐"，山东曲阜孔庙第一牌坊有"金声玉振"巨匾，天水伏羲庙有"与天地准"巨匾，秦安县兴国寺般若殿有"般若"巨匾。行草书

《早朝诗》由后代刻版留存，历来为爱好者传拓，至今民间广为流传。王广林编著《胡缵宗书法撷英》收录胡缵宗各地为官时题写的书法多幅，可参考。

六九、父子乡贤

天水是国家历史文化名城，市区古民居众多，其中著名的当是胡氏民居。位于天水大城民主西路，分列路南北，隔街相望，俗称"南北宅子"，正是明代"父子乡贤"胡来缙和胡忻的宅第。2001年被公布为全国重点文物保护单位。

胡来缙，字仲章，明秦州人。明嘉靖三十七年（1558年）举人。曾任京郊大兴知县，有人建议，大兴天子脚下的"天下首邑"，权贵经常干预政事，不好管理，最好换任他县。而胡来缙却说："京县之官难做，只是因为怕丢官而违心逢迎权贵，我只管循理守法、一碗水端平，其他事情不想知道。"在任三年，公正廉洁，赢得声誉。后调任户部，累官至山西按察司副使，颇有政绩。

胡来缙宅第称南宅子，始建于明嘉靖年间。平面构图略呈矩形，整体形制与建筑设施有很强的防卫性。庭院大门上书"副宪第"，为明万历二十六年（1598年）"赐进士第分巡陇右道右参政李国士"所题，"副宪"指宅第主人曾任"整饬雁平道山西按察司副使"。门外临街有千年古槐1株，当地人又称南宅子为"大槐树底下"。入大门即是天井，东西各有一垂花门，东门已圮，西门上书"桂馥"二字。入西门有四合院，东西为厢房，南有正厅5间，单檐悬山顶木结构，砖墙、斗凡出抄，直棂隔扇。北有侧厅5间。沿西南角门入又有一小四合院，是佛堂、书房和客厅所在，花石铺地，竹木葱郁，清静优雅。

胡忻（1556—1616年），字慕之，号慕东，胡来缙子。生而颖敏，沉勇有大志。明万历十七年（1589年）进士。初授山西临汾知县，任内劝善惩恶，刑清政简，整顿租税，兴修学宫，深得民心。万历二十六年（1598年），以循良吏授工科给事中，继而调任兵部、礼部，迁太常寺少卿、正卿。前后上疏百余次，为陈弊政，直声震朝野。其中《极谏矿税累乞免包疏》和秦州有关，力陈实情，揭露弊政，言辞恳切，神宗为此撤回税监梁永，免秦州矿税。胡忻系东林党人，为宦官忌恨，时思摒斥，又因奏疏言辞激进引起神宗不悦，便疏请退休回籍，卒于家。《东林始末记》有传。

胡忻奏疏结集为《欲焚草》，清初大诗人宋琬作序，有清康熙四十二年（1703年）胡氏刻本，共4卷98疏，是研究晚明政治的重要史料。1912年，此奏疏集由西泠印社影印再版。

图8-4　胡氏民居北宅子厅楼

胡忻去世后，与父胡来缙俱崇祀乡贤，宅第前立有"父子乡贤"过街牌坊。其宅第称北宅子，始建于明万历四十三年（1615年）。呈正方形，由6个大小不同的三合院和四合院组成，现存东院过厅和主体建筑厅楼。其中，厅楼面阔5间计20.05米，进深3间计14.1米，高约9米，重檐硬山顶砖木结构，气势宏伟，雍容华贵。二楼檐柱间置雕花栏板浮雕牡丹、荷花等图案，生动细致，精美绝伦，是明代雕刻艺术的杰作。胡氏后人胡达生

《我记忆中的北宅子》记云："北宅子是天水历史上著名的一处大宅院，是明代太常寺正卿胡忻及其后代的居所，也是我出生的地方，我的童年就一直在那里度过……整个院子里植物繁茂，庭前广种芍药、牡丹、迎春、月季之类，且檐前杂以萱草、麦冬。沿东西房前又有高大的石榴、探春梅、刺梅、丁香之属。一年中可谓风采烂漫，花香四季。而最可人者则是这个院子的东、西南两隅，西南墙边窗下有修竹一丛，风清月白中偃仰婆娑，自是萧爽。而东南沿墙则更是我童年的天堂。这里小丘起伏，绿苔遍地，墙上有爬山虎、瓜蒌，地上种有海棠。每于夏秋之际，鸣虫吟叫，不绝于耳。我常于课余与一二小朋友在这里捉蟋蟀、摘瓜蒌等，流连忘返，不时惹得大人生气。"此文大有鲁迅《从百草园到三味书屋》的感觉。

关于胡氏民居，秦州区拍摄有纪录片《秦州大宅门》，2011年在中央电视台十套科教频道《探索·发现》栏目播出，现各大视频网站都可以看到。

七〇、文学家康海撰文的秦州碑刻

康海（1475—1540年），字德涵，号对山，又号浒西山人、沜东渔父、太白山人，明西安府武功县人。明弘治十五年（1502年）进士，一甲头名状元。曾任翰林院修撰、经筵讲官之职。著有《对山集》《武功县志》《中山狼传》等。《明史》有传。

康海是进入《中国文学史》的著名文学家，在弘治、正德年间，和李梦阳、何景明、徐祯卿、边贡、王九思、王廷相等七人并称"前七子"，主张"文必秦汉，诗必盛唐"，形成旗帜鲜明的复古文学流派。树碑立传，在中国古代是大事，如能邀请一位大名人撰文，那是莫大的荣耀。由于某种机缘，秦州有幸遗留康海所撰的5篇碑文。

1.分守道题名记。明嘉靖元年（1522年）刻石。原碑散佚。文载康海《康对山先生集》，《续四库全书》第1335册，第302页；又存乾隆《直隶秦州新志》卷11《艺文》。碑文是应分守陇右道成文约请而作，目的是总结为政得失，"前有善，后则因而率之；有不善，后则惩而易之"。成文，明山西文水人，康海同年进士好友。

2.秦州画卦台新建伏羲庙记碑。在麦积区渭南镇卦台山。明嘉靖十年（1531年）立石。高190厘米，宽87厘米。署名"赐进士及第儒林郎翰林院修撰经筵讲官修国史武功康海撰、赐进士出身奉政大夫陕西按察司佥事前户部员外郎金台高夔书"。碑首散佚，碑面裂纹遍布，部分文字漫漶不清。文载乾隆《直隶秦州新志》卷之末《补遗》。碑文记录巡按甘肃御史方远宜等主持修建卦台山伏羲庙事。

3.重修伏羲庙记。碑立天水市城区伏羲庙东碑廊。明嘉靖十一年（1532年）立石。碑额高88厘米，宽116厘米；碑身高225厘米，宽113厘米。署名"赐进士及第儒林郎翰林院修撰经筵讲官修国史古邰康海撰文、赐进士出身大中大夫陕西布政司左参政前监察御史中州任洛篆额、赐进士出身奉政大夫陕西按察司佥事前兵部郎中古扬张瓛书丹"。碑首高浮雕二龙戏珠纹，正中圭首竖向篆刻"重修伏羲庙记"6字2行。赑屃趺坐高150厘米，宽118厘米，无首，背纹为六边形规则纹饰。碑身下半部有残损，字迹剥落。本碑是庙内最大的碑，厚重大方，书法呈颜体。乾隆《直隶秦州新志》卷11《艺文》有载。碑文记明嘉靖十年（1531年）巡茶御史郭圻、巡按甘肃御史陈世辅、秦州知州李楷等主持全面补修伏羲庙之事。

4.明奉直大夫南京吏部清吏司署郎中双流县学教谕胡公墓碑。碑原在秦安县兴国镇邢泉村胡氏祖茔，明嘉靖十一年（1532年）立石。今移立于兴国镇邢泉村胡缵宗纪念馆。高155厘米，宽78厘米。碑面可见署名"……国史武功康海撰、赐同进士出身前翰林院检讨经筵讲官修国史鄂杜王九思篆、……经筵讲官修国史高陵吕柟书"。碑首残缺，碑身两端残缺，下端断裂，碑面多处漫漶。文载《康对山先生集》，《续修四库全书》第1335册，第396-397页。此为康海应胡缵宗之邀为其父双流县学教谕胡士济所撰墓碑，碑文有言："缵宗以山西布政使奔丧归，已而徒跣来武功，请为公碑，以树之墓道。"

5.启圣祠碑。碑原在天水市区文庙，今已散佚。张维《陇右金石录》言："在天水文庙，今存。"说明此碑民国时尚存。文载光绪《秦州直隶州新志》卷20《艺文》。

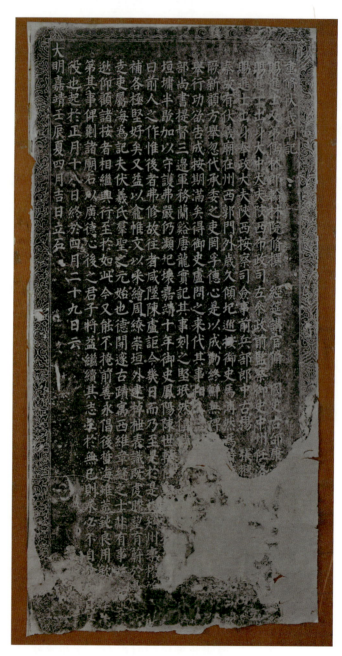

图8-5　明康海撰《重修伏羲庙记》拓片

秦州能流传诸多康海碑文名作，主要原因是康海之女嫁秦安张潜之子，康张二人是姻亲好友。张潜（1472—1526年），字用昭，号东谷，明秦州秦安县陇城人。明弘治九年（1496年）进士。历任授户部主事、礼部郎中、直隶广平府知府、山东布政使司右参政等职。离职后安家陕西华州，与康海、王九思等谈今论古，赋诗酬答。著有《东谷诗集》。康海为秦州撰写碑文，多和张潜牵线介绍有关。《康对山先生集》收录与张潜的郊游诗多首，选录一首，已见二人友情。《再梦用昭》："不作相思梦，春来为子频。欢游才几日，伤别又经旬。万里关山道，长年鹿豕邻。应知诗卷里，渐比杜陵新。"

明正德五年（1510年），大太监刘瑾因罪被杀，康海受牵连削职为民，也就是被开除公职，时年36岁。没有了薪俸，作碑志、撰记文而接受润笔费是其收入来源之一，为秦州所撰之碑文是否也有酬金就不得而知了。

七一、王了望流寓秦州

王了望（1605—1686年），甘肃陇西人，是明末清初一位奇人。诗文一流，书法一流，个人际遇非凡。

一生名号多变。初名家柱，字胜用。明崇祯十七年（1644年）39岁时，蒙冤入狱，历尽磨难，次年清顺治二年（1645年）春，得"恩公"救助出狱。入狱时还是大明朝的囚犯，出狱时却已成了清朝的子民，为纪念这次刻骨铭心的变故，改名予望，字荷泽，意即仰沾恩泽。康熙十五年（1676年）70岁时，以孔子因叔孙氏狩猎捕获麒麟事而绝笔的典故为由，改名了望。后世叙说他的事迹，多用王了望、王荷泽这两个名字。在生命的最后几年流寓秦州时，自号绣佛头陀，也就是自嘲假和尚、假行僧的意思。

清顺治十五年（1658年），王了望由京官选任福建泉州同安县知县，当了5年地方官，"居官有能吏声"。清康熙四年（1665年）辞官，游历名山大川，辗转北还。清康熙九年（1670年），回到他的阔别已久故乡陇西，堂号风雅，潜心著述。清康熙十一年（1672年）后，往来游历三陇，流寓秦州，留恋于秦州名胜仙人崖、麦积山、弥陀寺等寺院，遗留有不少诗文及大量墨迹。

王了望著作结集为《风雅堂诗文集》，或称《风雅堂文集》，已散佚。现存清人武尚仁的辑佚本《搜珠集》。冯国瑞《炳灵寺石窟勘察记》在"炳灵寺石窟文献记载的考证"目收录其《游灵岩寺记》，加按语说："王荷泽……有《风雅堂文集》，见辑刻《搜珠集》中，后于兰州见其手抄文稿两巨册，以校《搜珠集》所收，多三十余则，是记即由此手稿录出。"说明此手抄文稿在冯国瑞20世纪50年代著"勘察记"时尚在人间，现不知何在。其他资料记王了望著作尚有《一笑册》《小蚩冷集》等，应还是收在《风雅堂文集》中的零种。

王了望多才博艺，散文、诗词、对联多用词奇绝诡丽，自成风貌，读来令人赏心悦目。

1.散文。王了望散文和天水相关者遗留二篇：一是康熙二十二年（1683年）所作《募修准提阁疏》，此文是为秦州瑞莲寺募集善款修建准提阁而作，墨迹现存；一是康熙二十四年所作《忆往事》，回想往来老家陇西和秦州途经伏羌时的情景。

　　乙丑正月，余年八十矣。当条风初布，勾萌欲达，缅想当亭路上，此际烟抹山腰，日临茅户，河畔杨柳摇金，崖边红杏吐艳，桃与李亦争相喷蕊。似此春色，民拾甚伙，不令仓庚先叫破春云也。四民为东君卖弄出无限精神。觉朱围山前，气色不减江春。此等好景，徒使耕夫牧竖，相忘于土膏发动间，不亦可惜乎？

　　余往年必跨蹇过之。或有消息初逗处，如隔山望美人，虽姿态未分明，而若掩若映，色笑固已嫣然，必颈延伫数刻而后去。至过此换景处，延伫亦复如此。渐下永宁，则芳丛零乱，其含吐之致，焕然倍蓰，烂若云蒸绮射，更不教人疾直驱矣。自今忆之，不过一时之微耳，非与造物争大福也。乃造物者固以余为此拘拘，了不使余复游目矣，何造物之不仁哉！为之伏枕一慨。

"当亭"，北魏时所设县的县名，行政区域和清代的伏羌、现在的甘谷相关，清代以来文人喜欢用"当亭"代指伏羌。"勾萌欲达"，指草木发芽生长。"跨蹇"，骑着毛驴。"东君"，太阳雅称，这里指春光。"永宁"，即伏羌第一大镇永宁镇，在伏羌县西四十里，康熙五十七年（1718年）因地震毁灭。以上所录是王了望去世前一年的文字，非常难得。文尾"伏枕一慨"是说自己有病在床，行动不便，纵然伏羌春色美好无限，无法再次身自饱赏，只能伏枕卧游、神游了。晚景凄凉，读来让人不胜唏嘘。当时作者是在老家陇西过春节，回忆他在某年由秦州返归陇西时伏羌沿途的春天"往事"。

2.诗歌。王了望诗歌和天水相关者遗留同题七绝二首，写秦州南山古柏，题目《秦州南山寺古柏》，有墨迹留存。

出门有兴便贪山，老柏青苍护酒颜。
已是双株看不足，翩跹鹤影又飞还。

消沉人代几何传，欲问佛天谁后先。
只记少陵称尔老，于今历落又千年。

南郭寺老柏南北分枝，故称"双株"，唐代杜甫咏南郭寺诗有"老树空庭得"句。带酒看山赏古柏，疑问老柏、寺院谁先谁后，诗人真是好情怀。

3.对联匾额。王了望对联匾额和天水相关者遗留较多，如仙人崖灵应寺、麦积山瑞应寺、秦州南郭寺都有其对联，其中灵应寺对联为：

在何所在，试参来，青莲叶底谁拜自；
音实无音，聊说起，碧海潮头作甚观。

巧妙地在对联首尾藏头嵌入"自在观音"，别具一格。瑞应寺对联为：

面背既无，何复有名象分殊，一缕香中观绀发；

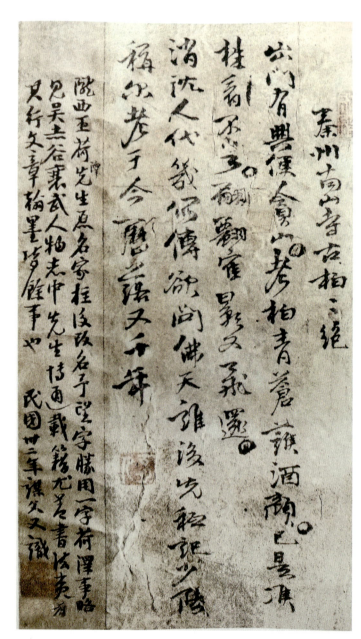

图8-6 王了望《秦州南山寺古柏二绝》墨迹

去来自在，岂真为月潭掩映，万缘患处见青莲。

南郭寺卧佛殿对联为：

谁拈起孤月寒潭，好摹虚空作果位；

偶皈依青莲慧照，却分性字报如来。

三联都是世俗共在超脱一体，佛性佛气扑面而来。匾额现存者有麦积山石窟七佛阁的"是无等等"、瑞莲寺寺名匾等，甘谷县蔡家寺有落款署名"王予望"的"有天非想"匾，书法不似王之风格，或是托名之作。

王了望还擅长书法，尤其是草书，跌宕起伏，纵横自如，自成一家，在世时名气就很大。学者兼书法家冯国瑞评价："其书法绍明末作风，在黄道周、王觉斯间，而纵横跌荡，郁律沉猛，虎虎生气，畸志峻节，活跃纸上。"又有评论："其书亦受倪、黄影响，错综腾踔，不出山阴之法，于晚明书家中不愧一奇杰。"相传，王了望隐居弥陀寺时，好饮无度，疯疯癫癫，每至除夕，必去酒家痛饮。市井之人都知道他书法精绝，上门求写春联者前呼后拥，阻道塞户。而他也是个热心肠，来者必应。但只是应承，并不见挥毫，只是吩咐求联者届时将空白联笺贴在门楣之上即可，初一早晨看联便是。众人了解其脾性，一切照办。王了望喝得性起，似醉非醉之时，提墨一桶，握笔一枝，大街小巷，遍访其门而书之。第二天清晨，主人早起察看，新颖别致的王体书法赫然在目。

王了望是一位奇人，诗文、书法都铿锵独到，卓然成家。民国《直隶秦州新志续编·流寓》说："狂草优入晋唐三室，能自成一家，古寺中遗迹尚多。其文刻传十余篇，峭洁爽目，不落恒蹊，议论亦出新动人，一望而知为非凡之士。"

一说清康熙二十五年（1686年）王了望病逝于秦州；一传王了望晚年在清水陇东一带游历，病故于今陇东镇朱家湾村。据说，原有王了望墓冢及石刻墓碑一通，1975年平整土地，墓碑搬迁后遗失。聊备一说。

七二、救时道台宋琬

天水市全境地处三个地震带的结合部，历史上地震多发，而就史志记载地震来看，最强烈者当数清顺治十一年六月初八（1654年7月21日）的秦州大地震。顺治《秦州志·灾祥志》说：

> 顺治十一年六月八日，秦州地大震，年余不止。是夜，秦地千里一时同震，而秦州、伏羌、礼县为甚，凡城垣、官舍、民房崩圮殆尽，压死男妇万余口，畜牧无算。山移水溢，处处见告。自开元以后，仅见此灾。

又，康熙《秦州志·灾祥》说：

> 十一年六月，秦州地大震，年余不止，凡城垣官舍崩圮殆尽。震死男妇七千四百六十四名口，摇倒房屋三千六百九十二间，震塌窑寨不可胜计。

又，乾隆《直隶秦州新志·风俗》"灾祥附"说：

> 十一年夏六月，地震年余不止。是月，空中有声如雷，经时乃止。秦州城垣、官署、民房崩圮殆尽，压死男妇万余口。罗家堡，七十峪两山拽成一处，壅河成潭。礼县木门地方，山崩水壅，压漂居民、村落，水聚为海，名曰海子。近复变为桑田。

引文"自开元以后，仅见此灾"，指唐玄宗开元二十二年（734）的秦州大地震，压死吏民4000多人，州城官舍、民房倒塌殆尽，秦州州治官府迁移今秦安境内的叶堡川，麦积山石窟中部塌裂，从此有了东崖、西崖之分。关于死亡人数，顺治《秦州志》说"男妇万余口"，康熙《秦州志》说"男妇七千四百六十四名口"，前者应是秦州及其辖县秦安、清水、礼县的死亡人数，后者是秦州城及其直辖四乡的死亡人数。据研究，这次地震震级为8级，烈度为11度，震中为秦州南，属于罕见的特大地震，秦州及周边各地受灾严重。顺治十四年（1657年），宋琬离任时留别知州姜光胤的一首诗中回忆当时的情景："余以甲午初，谬领陇头节。维时值天灾，厚地忽而裂。可怜半秦民，骨肉葬陶穴。板屋尽丘墟，坚城无遗蝶。余也对残黎，呼天眼流血。"当时陕甘还未分省，秦州属陕西巩昌府，康熙《陕西通志》载："顺治十一年六月初八日夜，西安各郡地大震，有声如雷，坏室庐，压人无算。次日，又威震。秦州为甚，震百余日，山皆倒置，水上高原，城郭、衙舍一无存者。自是或数月震、经年震，大小震凡三年乃止。压死兵民三万一千人，及牛马牲畜无算。"可见为害之广。

宋琬（1614—1673年），字玉叔，号荔裳，斋名安雅堂，明末清初山东莱阳人。清顺治四年（1647年）进士。顺治十年春，由吏部稽勋司主事出任分巡陇右道。当时陇右道道署设在秦州，于是宋琬就和秦州千里结缘。在任不满半年，秦州就遭遇特大地震。宋琬奔走呼号，积极组织抗震救灾，并扛起震后重建的重任。其措施主要有三个方面。

一是上报灾情，请求朝廷救济。据《清史稿·世祖本纪》载，在大地震后的次月，国家免除秦州当年的赋税。另，宋琬还带头悉捐俸资救济灾民，经费不足，自莱阳老家邮致家财，用于赈济。

二是祭祀山川，安抚亡灵，为万民祈福。宋琬《安雅堂集》收有《祭秦州山川社稷文》《为秦州地震压死士民忏佛文》《祭秦川（州）地震压死士民文》，即是其躬率吏民，祭祀山川祈福所为。祷告祈福是救灾余事，而其为民请命的举措值得称许。

三是修坠补废，重建秦州城垣。经地震大灾，秦州城垣崩塌殆尽，宋琬和秦州知州姜光胤动员民众，以工代赈，主持重修，一月之内完成重修工程。为此，宋琬得到上级和皇帝的嘉奖。天水城内曾出土"巡道宋制"字样的城砖，就是其主持筑城见证。同时，他还主持修筑城南河堤，解决多年的水患，人称"宋公堤"。

赈灾之外，宋琬不失文人本色，积极推动文化建设。清顺治十二年至十三年（1655—1656年），邀请兰州书法家张正言、张正心，西安刻工卜栋等，集兰州肃府本《淳化阁帖》王羲之、王献之字以及和"二王"笔法相同的晋字，精选杜甫陇右诗60首，合而刻之，是为著名的《秦州杜诗石刻》，诗妙字妙，谓之"二妙"，又称二妙碑。顺治十三年，邀离官闲居秦州南湖的原伏羌县令王一经，在明胡缵宗嘉靖《秦州志》的基础上，补修完成《秦州志》13卷。

图8-7　清"二妙碑"卷首宋琬《杜少陵先生像赞》拓片

清顺治十四年（1657年）春，奉调直隶永平道（后官至四川按察使），离开秦州。

宋琬是清初诗坛的领袖人物之一，其诗名、文名远大于其官名。而他也是一位积极入世的清官良吏，以"先人俱出牧，清白是良弓"的家风为荣，在分巡陇右道任内多有惠政。秦州吏民送走了宋琬，但送不走对这位清官的思念，于是在城南水月寺建造宋公祠，刻石留像，以作纪念。

七三、哀哉永宁镇

永宁镇的前身是北宋建隆二年（961年）所建的永宁寨（或作"砦"），一度设榷场，茶马贸易繁盛。宋徽宗崇宁三年（1104年），永宁寨升寨为县。南宋永宁县陷入金国之后，由县降为寨，元初撤销。大地震毁灭之前是伏羌县城之外的第一大镇，商旅云集，人口众多。

清康熙五十七年五月二十一日（1718年6月19日）寅时，特大地震突发，这座千年名镇瞬间覆压毁灭，全镇及周围3万余人遇难，惨不忍闻，惨不忍述。巩建丰主纂乾隆《伏羌县志·祥异记》说："五十七年戊戌，地大震，北山南移，覆压永宁全镇。礼辛震，留少半焉，西北村庄无有存者。伤士庶男女合三万余人。"

这次地震的震中在伏羌的邻县通渭。据研究，其震级为7.5级，烈度为10级。通渭县城东北城垣裂陷覆没，土山多崩塌，全县4万多人遇难。而伏羌的灾难集中在永宁镇，震后整个镇子倏忽消失，灾难有类意大利火山熔岩覆压的庞贝古城。哀哉！永宁镇。清沈德潜专咏这次地震的《地震行》有云："伏羌郊外地迸裂，通渭城内山奔崩。人民庐井入九地，谷壑欻忽成丘陵。"至今遗址还能看到地震时翻天覆地后的痕迹和残存的南城墙。

图8-8　大地震后永宁镇残存的城垣

关于这次大地震，最详尽的记载是曹思义的《便商桥记》。曹思义，清江南无锡（今江苏无锡市）人。康熙四十五年（1706年）进士。康熙五十一年任伏羌县知县。便商桥是曹主持的灾后重建工程，地点就在永宁镇废墟附近。大地震时，曹在青海湟中为西征清军督运粮草，震后回归任所伏羌时经过已覆灭的永宁镇，耳闻目睹，对震灾感受特别真切，于是在便商桥竣工后作记时对地震惨状详加记载，兹节录如下。

永宁，我伏邑一巨镇也。南山峙于左，北山拱于右，沿北山东下，渭河环流，水淖而土肥，林木蓊郁，嘉禾秀发，烟火数千家，四方行旅商贾杂沓辐辏，附近村落骈趋入市，阛阓喧嚣，邑城远不逮，盖由来旧矣。

余自壬辰秋莅兹土，编保甲，劝种植，及赴郡城、省会，固不时至云。乙未夏，王师西指，余即于是膳调赴军前，信宿于此，士民执爵阻道。明年丙申，余出塞挽运，沙漠万里无烟，人迹罕到，每偃仆，螵幪风雨，长夜萧条，寂寞中回念我永宁风景，宛然在目，未能一日去诸怀也。又明年丁酉夏六月，余自酒泉改调赴湟。又明年戊戌夏五月廿一日寅刻，余在湟，方披衣坐，卧床戛戛动，亟起即止。越五日，大总戎使者从都下归，经伏，以永宁山压告余。余震恐，犹疑南山之逼而仆也。比假旋，南山故无恙，土自北山飞来，相距二十余里，奔腾冲涌，越渭河直达南山下，其时目不及瞬，而永宁全镇及数十村落，四野沃壤，数万生灵具消，归无有矣。余尝疑桑田沧海之说，未足深信，即有之，亦非人所能见。庸讵知一人之身，一邑之中不出三四年，昔之所见，若彼今之所见，若此一寤寐间，皆成梦幻。呜呼！天下事岂犹有可据以为常者耶。

文章第一段是说永宁镇的富饶繁华，"邑城远不逮"意即就是县城都比不上。第二段是说他在任时多次到过此地，军前效力时路过，因为士民热烈欢迎，还住过一个晚上，可数年后归来时巨镇消失，一切都归于乌有。

关于永宁镇的毁灭，史志记载是由于地震之时隔着渭河的北山南移，越过渭河覆压壅埋所致。而据中国地震局专家研究认为，永宁镇及震区渭河两岸遭难主因"更多是盆地阶地内松散沉积层的场地放大效应所致"，研究者还认为渭河北岸滑坡体物质从北山一路滑动往南，越过渭河河谷覆压永宁镇没有可能，当时真实情况可能是地震触发北岸大量滑坡，使得黄土粉尘弥漫整个渭河河谷，并有堰塞湖现象，从而造成亲历者误认为北山过河飞来的错觉，也就有了历史上的误记。就是说，地质结构松散塌陷是主因，滑坡是次因。专家的解释合情合理，应是正解。

大地震过后，原永宁集镇迁至西五十铺，改名为"磐安"，取安如磐石之意。这次大地震还留下一个乐善好施、一个炫富不仁两个人的传奇故事。

乐善好施者，名叫杨凤翔，庠生，平时宽厚孝友、扶弱济贫，人称"杨善人"。据说地震山崩土移时，近杨宅而止，屋宇安然，家人百余口无恙，远近称奇。视察赈灾官员的表彰题词有"善有善报""积善余庆"等。清代，磐安镇立有"杨善人故里"碑。

炫富不仁者，名叫李奉先（或写作李凤仙），中洲村的大富汉，有七十二盘水磨和九十九顷水浇地。此人有万贯家财，而生性小气，无德狂傲，从来不肯帮助他人。有一天，一位仙气飘飘的道人化缘来到李家门口，手里拿着一枣一桃，高声大喊"枣桃！枣桃！"李奉先见枣桃又大又好看，便问："是卖的？你这枣桃咋卖呢？"道士说："我这枣桃呀，有缘送呢，无缘的非千金不卖。"道士这是用"枣桃"谐音有意暗示"有缘的"早点逃离。财迷心窍的李奉先以为道士要讹诈自己，便驱赶道士赶快走人。道士放话："苍天在头顶，善恶有报应，行恶不行善，再富的也往穷里变。"李奉先不以为然："行善？行什么善？我怕啥，七十二盘连夜转，九十九顷不靠天，若要穷我李奉先，干了渭河塌了天。"道士听罢，微微一笑："不干渭河不塌天，一夜穷你李奉先。"言罢而去，不知所往。没过几天，渭河暴涨，李家水磨、田地被洪水激流冲走，真个的一夜变成了穷光蛋。洪水原因，就是大地震滑坡导致渭河堰塞断流（民间传说是三天），接着就是堰塞破堤，洪水滔天，当然就席卷淹没了渭河中的岛村中洲村。

这两个故事的背景都是康熙五十七年的永宁大地震。做好事者，善有善报，得以树碑立传，为人称颂；缺德狂妄者，恶有恶报，成为人民群众讥讽的对象。两个故事都很有教育意义。

七四、巩翰林

巩翰林就是巩建丰。甘谷历史上出过四位翰林——巩建丰、田树桢、王海涵、魏鸿仪，而民间以"翰林"称其人的，只巩建丰一人。

巩建丰（1673—1748年），字文在，号介亭，又号朱圉山人。甘肃巩昌府伏羌人。幼年颖悟，谦诚好学。清康熙五十二年（1713年）中举人，联捷中进士，任翰林院庶吉氏、翰林院检讨、国史馆纂修等职。清雍正二年（1724年），主持四川乡试。雍正四年，任顺天武阁副主考。同年，出任云南学政。任内以身作则，严格考试制度，起草《滇南课士条约》，大办教育，极力选拔人才，使西南边陲文风大振。同时，提倡朴素节俭风尚，反对各种陋习，成绩卓著。雍正七年离任，时云南学子依依不舍，一直护送到六百里以外的金沙江畔，在江岸悬崖镌刻"巩太宗师"大幅摩崖，以志纪念。

回京后升任翰林院侍读学士，曾任殿试读卷官。清雍正十年（1732年），请假告老还乡，不再出仕。相传，雍正敬重巩建丰的人品学问，有意挽留，于是出联试探去留实情："十口心思，思父思乡思妻子"；巩应声对道："寸身言谢，谢天谢地谢君王"。雍正感其应对绝妙，不便托辞，只好恩准。巩建丰为官时备受雍正信任，曾当着其翰林院同僚面表扬："巩某持重老成，尔等讲官皆当效法"；还曾在其奏折上批复："尔人品端方，朕信得尔及陛侍讲"。雍正皇帝对大臣苛刻严厉，能有如此高的评价，也是难得。

归里后，巩建丰以讲学著书为务，以灌园吟咏为乐。在县城文庙设坊，教徒数百人，远近学者纷纷登门请教。坐而论道，孜孜不倦，被奉为"关西师表"。据李因培所撰《诰授朝议大夫日讲官起居注翰林院侍读学士提督云南学政加二级介亭巩公墓志铭》，其著作"有《不自弃文》《蜀滇采风集》《日省录》《就正编》《巩氏家范》《归田集》《主一轩小草》并《清吟》《静虚》《南北览胜》诸集藏于家，《伏邑志》十二卷行于世"。所言《伏邑志》即《伏羌县志》，此志清乾隆十三年（1748年）即巩建丰去世之年完稿，次年刻版面世。乾隆十九年《朱圉山人集》刻印出版，是为巩建丰诗文集，应是其生前各种文学小集的综合选本。

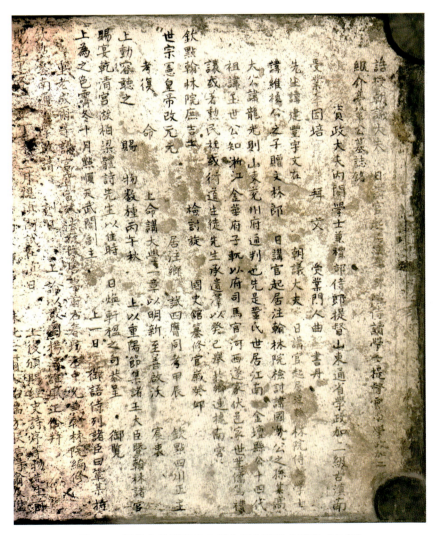

图8-9　甘谷六峰镇巩建丰纪念馆之巩建丰墓志（局部）

巩建丰是清朝前期甘谷的一位大名人，人人尊称"巩爷"。关于他的故事很多，也很有趣，在甘谷、武山一带流传很广。这里只讲一则。说巩爷在翰林院供职，同行之中，江南士子居多，而甘肃人就只有他一个。那些自负的江南士子们向来看不起甘肃人，顺便就给巩爷来了一个外号"炒面客"。炒面是简单易行、利于长期保存的一种类似油茶的食品，将燕麦、谷子、大麦、黄豆、玉米等物任意组合炒熟磨细即成，是许多贫苦人家的必备食品。这个外号当然有诸多讥笑的成分在里头。巩爷气不打一处来，但人家人多势众，也就不好发作，但治他们的办法也是有的。有一天，巩爷给全体称他是炒面客的同事发帖儿，请他们吃饭。巩某人请客，这可是大新闻，大家一致想看个究竟，也就愉快地接受了邀请。吉日良辰，一个个来到巩宅，寒暄之后，按设定的席位依次坐定，而迟迟不见酒菜上来。直至饥肠辘辘、唾液咽干之际，"酒菜"终于上来了。这"酒菜"可非同一般，以上好青花瓷盘盛装，以一只大海碗反扣，碗盘相接处以红绫装饰。阵势可是大家见所未见、闻所未闻。纳闷之际，巩爷发话了，前面是谢谢光临之类，后面接着说："各位都来自富庶的江南鱼米之乡，鸡鸭鱼肉都吃腻了，今天就换个口味，吃吃我们甘肃的缠头面。"此时，心领神会的家人已将海碗揭开，江南人认定的酒菜、巩爷所说的缠头面炒面一盘展现在众人面前。愕然之际，巩爷连说带示范，"顾名思义，缠头面吃的时候要绕头一圈……"巩爷边说边拿起一把勺子——抄起满满一勺——很熟练地从前往后绕了一圈，然后丢进嘴里，津津有味地吃将起来。这些江南之人并不认识也没想到这就是前有所闻、见所未见的炒面，饥饿难忍的他们照葫芦画瓢，缠头而食。没想到缠头可是功夫，平日引以自豪的文才不怎么起作用，不是灌于衣领，就是蒙于面颊，有个别手巧的总算缠了过来，但丢于口中，呛得前仰后合，死去活来。这些个趾高气扬的江南才子一个个斯文扫地，颜面尽失、大大地被捉弄了一番，却又说不出口，亲身领教了炒面客炒面的厉害。从此，再也不敢叫巩爷炒面客了。

七五、杨应琚《天水七日记》

《天水七日记》是将杨应琚纪行日记《据鞍录》有关天水市现辖区部分摘录出来另拟的题目。日记涉及的区域，宁远县即今武山县、伏羌县即今甘谷县，秦州即今秦州区、麦积区地域，清水县古今同名。杨没有经过秦安。当时，宁远、伏羌二县归巩昌府管辖，秦州是直隶州，直属甘肃省管辖，其辖县有秦安、清水及今陇南市的礼县、徽县、两当县。

杨应琚（1696—1766年），辽海汉军正白旗人。在任西宁道道台时，前往京师"引见"，路过天水，具体时间为乾隆四年（1739年）7月6日至12日，共计7天。杨是骑马行进，保持八旗子弟的尚武之风。其人口勤笔勤，采访知情者、记录历见事，每天都有日记，山川地理、风景名胜、轶闻掌故，尽在其中，是研究康乾盛世之时的天水最生动的资料；加之文笔雅洁生动，极具感染力。所以，我们将此七天日记全部录存，一起评点导读。

第一天

六日……又行十里，至广吴山下，宋所置广吴城犹有遗址。广吴河绕其下流入渭。山斗峻，上下五里。又二十里，至宁远县，宿。始见稻田，一路闻莺声。

导读 广吴城是北宋宁远寨属下的二堡之一，在广武山上，地势险要，遗迹至今可见。广武山西面是鸳鸯镇，东边是渭河谷地的车家川、韩川。广武河现在叫榜沙河。宁远县，北宋崇宁三年（1104年）升宁远寨设置，县治在今武山县城。宁远城至洛门镇三十里，是今武山县最大的川道，或称洛门川，唐刘元鼎《使吐蕃经见纪略》称武川，有灌溉之利，民国之前多种水稻、大麻。

第二天

七日 早行。明星未落，日脚渐红，渭水屏山，时隐时见。客人自以为早，而村农驱牛入田矣，问种冬麦。河西地寒，唯种春麦暨燕麦，燕麦草饲马最宜，此一带又有玉麦，然二种皆系秋田，色味亦逊，麦之支庶也。

导读　武山川区种冬小麦时间是立冬之前30天左右，山区为立冬之前50日左右，农历七月川区种小麦肯定太早了，"问种冬麦"只能是山地种麦，农谚"高山白露麦"。玉麦，应指玉米，当地习惯称包谷。

三十里，次落门镇，即古落门聚。汉建武十年来歙攻降隗纯，三国时姜维攻狄道，至落门引还，唐吐蕃得洛门守之。洛门，即落门也。东达秦、阶，南通汉中，乃扼要之区。居民有五百余户。饭罢行，夹道柳荫，鸟声断续，村园绿竹数竿摇曳墙外。九年尘土，见此风味，怅然不胜故乡之思。

导读　唐代陇右沦陷吐蕃之后，吐蕃在落门专设洛门川讨击使驻防。杨应琚雍正八年（1730年）34岁时出京任山西河东道，雍正十一年任甘肃西宁道，至奉命进京引见的乾隆四年（1739年）已历九年，"九年尘土"指此。

经永宁城。宋崇宁三年（1104年）置县，金为寨，元省。永宁河绕其下，水亦入渭。据高临流，围垣半缺半存，仰望仅有庙屋而已。至朱围山，色如马肝，《禹贡》朱围即此，距伏羌县二十里。涉渭河二次，水凫至马腹。又经大象山，距县五里，宋嘉祐四年凿大佛像于峭壁，长十余丈，覆以楼七层。左侧穿洞道以通，余处惟飞鸟可到。相传兹山上有隗嚣歇凉亭云。

导读　永宁城即指清代的永宁镇，在伏羌城西四十铺。康熙五十七年（1718年）大地震，永宁镇被覆压毁灭，"围垣半缺半存"是地震之后的残迹。伏羌县，唐高祖武德三年（620年）设置，北宋初年废除伏羌县，之后设置伏羌寨、伏羌城，元世祖至元十三年（1276年）升伏羌城为伏羌县。"宋嘉祐四年凿大佛像于峭壁"是沿袭天启《伏羌县志》的说法，不确。学术界已定论，大佛建造于唐代。

　　至县，不入城，宿三官庙。距落门计程七十里。有汉平襄侯姜维故里，碑墓亦在境内。渭水在县北一里，东北流入秦安县界。自水发于渭源，经陇西、宁远、伏羌诸邑，溉田转硙无不赖焉。起于彼而利于此，亦事有固然者。是日，始食稻粮。晚颇热，蝇渐多，可厌。携凳坐寺后空院，呼寺僧问诘朝途程，指曰公背后山径是也。望之屈曲极高。

导读　三官庙，在伏羌县城西，始建于清初，已毁。"东北流入秦安县界"，误，渭水应该是流入秦州界。

　　第三天
　　八日　过沙石坡，至巅二十里。然土肥可耕，山田青黄错杂，野花红紫相间，殊可观。每于山缺处，又时见渭水。下坡二十里，至关子镇，屋瓦望若麟次。自此居民皆瓦屋矣，然止用仰瓦，不施合瓦，尚从俭耳。大都五方风俗、语音，始犹以渐而更，终则判然各别，亦如天之四时，潜移默运，寒暑遂至迥异，有不知其所以然者。午后，遇大雨。忽晴忽阴，山色苍茫可画。

导读　伏羌至秦州的官道是由伏羌城西的沙石坡上南山，走山路，经东三十铺，再下山即到秦州关子镇。

　　六十里，入伏羲城，谒伏羲庙。殿宇雄深，惜岁久倾圮，古木往往数百年物。李州牧铉捐俸葺理。碑碣屡经兵火，秦人亦不知珍重，惜无元代以上者。是日，借寓胡副宪麟徵居第，丛竹片石，颇雅洁。

导读 伏羲城即小西关城。清乾隆四年（1739年）六月至十月，秦州知州李铉主持重修伏羲庙。乾隆六年，应李约请，杨应琚为伏羲庙题匾"开天明道"。此匾现存，镶嵌伏羲庙正门前大牌坊。胡副宪麟徵即明代秦州乡贤胡来缙，曾任山西按察司副使，其宅第南宅子现存，大门悬匾"副宪第"。

图8-10　天水伏羲庙大门牌坊杨应琚所题匾额

秦州，古成纪地，陇蜀会区也。长接五城，土人谓之木筏城。东西关城乃宋守臣韩魏公琦于庆历二年筑以捍民，故又称为魏公城。

导读 秦州始设于西晋泰始五年（269年），从西晋太康七年（286年）州治自冀县（今甘谷县）迁至上邽县（今天水市秦州区）后，再未变更。关于韩琦修筑秦州城史事，详见前《韩琦修筑秦州城》。北宋庆历二年（1042年）所修东西城此时早已毁坏无存，和清代东西关城没有任何关系。

出城将谒汉将军李广墓，奈日已沉山，遥望隐然垄起者，即墓也。后负三台山，前临藉水，徒倚久之。土人言：墓侧有石马，上埋及背，故呼为石马坪。尚有子孙，每岁来此拜扫云。

198

秦州西关飞将巷传是李广故宅，有李氏子孙世代祭祀李广。其家藏供奉的李广、李蔡画像宋代风格明显，估计拜扫李广的"家祭"从宋代就开始了。

　　归来，已昏黑。欲询国朝秦陇遗事，访，有老革孟芝兰，年九十余，坐问良久。据云，康熙十三年，吴逆伪总兵陆道清入城据守。王师攻围，至五月，贼力不能支，秉夜鼠窜，我兵追斩殆尽。又，余贼踞宁远落门镇暨西和、礼、徽、成诸县。扬威将军阿公、振武将军冯公，老革遗忘其名。张靖逆侯勇、王总兵官进宝统满汉兵数万，云屯秦郊，以次剿灭。且能言诸将军之形貌，性情，历历如绘。至士女所罹锋镝之苦，将卒餐水饮血之艰，不禁泪下。始见蚊，夜雨。

导读　　"老革"即老兵。"吴逆"，指吴三桂。"扬威将军阿公"即阿密达，"振武将军冯公"即佛尼埒，二人都是平定吴三桂叛乱功臣。

　　第四天

　　九日　往游天靖山玉泉观，元时建，距城三里许。李牧候于观门。门东向，径长数十武，北界沟水，南崖如削，上有盘根古柏甚多，皆南生北向，枝叶横垂，人行其下，不见日色。观三层，阶高数十级，均南向。沟覆有桥，因折而北，覆以瓦舫。前制军孟公乔芳有"陆海虚舟"题榜四字。孟公莅任国初，抚定三秦，规取全蜀，流寇余孽与夫叛回晋贼，次第剪除，厥功茂矣。且张侯勇、赵将军良栋等，皆出其麾下，荐才为国，既得其力于定鼎之时。迨吴逆鼓乱，复牧其功于二三十载之后。鸣呼，为大臣者之所以贵进贤也。过桥，拾级而上，有元碑，四面书字，石坚白如玉，扣之有声。左旋，至三清殿。侧有射圃，颇广敞。右旋，为诸葛忠武公祠。再折，为大雅堂，奉李、杜两先生像。有赵松雪字，刻四碑，笔力雅健，石坚细，旁无花草栏界，除书字处，余不琢磨，长短宽狭亦不一，可知古人用意在彼不在此。

下为选胜亭，俯视秦城，人物、草木可数；远瞩清渭，明灭林端。望南山寺，烟树茂密，下临藉水，即少陵诗所谓"老树空庭得，清渠一邑传"者。天靖山，秦之北山。观东有王基城，即隗嚣宫也。土人常掘得磁器，极古，多豆绿色。观前后柏桧，皆数百年物。又有玉泉水可饮。杜诗所谓"秦州城北寺，传是隗嚣宫"者，或即其地。观屋宇朽败，李牧亲为经营，而修葺之，工颇费。

导读 这一大段玉泉观记游，甚是详尽。陪游的"李牧"即秦州知州李铉。所言四面书字的元碑记即敕封东华帝君五祖七真碑，又称"道流四面碑"，今存。大雅堂，又称李杜祠，奉祀诗仙李白、诗圣杜甫，20世纪60年代毁。"远瞩清渭"，误，在选胜亭可见的是穿城而过的渭河支流藉河，不是渭河。清乾隆四年至五年，秦州知州李铉主持大修玉泉观，重修文昌殿、仓颉殿、武侯祠、李杜祠、选胜亭等，曾建关帝庙、名贤祠等。

下山东行三十里，径马跑泉，少憩。短篱竹屋，鹅鸭浮沉溪水中，高柳外青青稻田，殊似江南风景。

导读 马跑泉，在今麦积区马跑泉，古今同名。

又行十余里，过东柯谷口。州吏目郑重莅秦州二十年，屡至东柯，为余言之甚详。大都崖谷幽邃，泉石喷薄，竹木粟稻瓜果之盛，与少陵《秦州杂诗》所咏无异，惟是草堂遗址泯灭可憾。举鞭引领，怃焉久之。临渭河，波澜洶涌，用方舟始可济。非复前日之涓涓矣。所谓有本而不息，受下流多故也。

导读 东柯谷，古今同名。杜甫流寓秦州时，曾在东柯谷隐居并有诗。北宋时即建有草堂，明清时列为秦州十景之一，称"东柯草堂"或"东柯积翠"。东柯谷即便是现在，风景也很幽美，有街子古镇，有温泉，有青山，有绿水，旅游胜地。通往清水的渭河渡口，渭河、东柯河、牛头河三水汇流，就有大河汤汤景象了。两舟相并为方舟，这样渡河稳当。很明显，州吏目郑重送杨应琚渡河，言说了许多掌故。

又过牛头河，水亦入渭。次社树坪，距州五十里。借宿道院。月上院门，古柳侵云，虫声如雨，不知身之在何境也。

导读 社树坪，今麦积区社棠镇。

第五天

十日　逾丁华岭。至颠遥望，石门山碧峰巉绝，直插云表，数十里外望之，岚光逼人。连山闻有仙人崖，三峰并列，万山环绕如缭垣，中有古柏、甘泉，唐建僧寺。又有麦积崖，辟立千仞，穴石插木，盘旋而上。其洞窟佛像物类，皆凿石为之，蹈虚架空，下临无地，神功鬼斧，极其奇巧。人登其上，丹碧玲珑，飘飘乎有凌云之意。秦文公墓在其下。崖之北曰"雕窠谷"，瀑布水甚壮，上有隗嚣避暑宫云。

导读 这一段是丁华岭遥望石门山，结合听景仙人崖、麦积山，对秦州这三大名胜的记述。"秦文公墓在其下"，这是沿用天顺《大明一统志》的说法，不知何据。考古证明秦先公陵园在今甘肃省礼县大堡子山。清代秦州社棠镇至清水县城的官道在山间，是沿着山梁走，而非沿着牛头河河谷走。宣统《秦州直隶州乡土志·道路》载："由马跑泉北五里渡渭，又东五里过东亭水（即牛头河），至社棠镇，又东北上小陇山，十里名丁华岭，又东北十里至南家铺，又东北十里至新桥铺，又东北十里至草川铺，又东北十里至勺泉铺，又东北十里至县。"和今清水—社棠清社公路线路基本相同。

饭于草团铺，计程四十里。又行四十里，抵清水县，宿。邑西有清水河。本秦武公伐邽戎置上邽地，汉武帝更名清水；后汉建兴九年，丞相亮逆司马懿于上邽，懿依险兵不得交，亮引还；唐建中四年，陇右节度使张镒，与吐蕃尚结赞盟于清水，皆此地也。汉壮侯赵充国墓在集翘山下，距县八里，日落不能去。其墓表乃汉冯奉世所撰，今已不复存矣。借宿两铭书院，空庭老树，坐月甚凉。

导读 "草团铺"应为草川铺，这属于"团""川"音近而误记。秦武公十年（前688年），秦国攻灭邽戎，设置邽县，秦朝改为上邽县，县治一直在今天水市秦州区。清水县，汉武帝元鼎三年（前114年）设置，和上邽县并存。这里所言"汉武帝更名清水"，大错；"丞相亮逆司马懿于上邽"和清水毫无关系；所谓冯奉世所撰"壮侯赵充国墓表"是托名伪作，特此指明。估计这些错误是杨应琚索阅错误累累的康熙《清水县志》轻信而致。杨在清水县时，其书院为西江书院，日记言"两铭书院"，不知何故，或是刻版之误。

第六天

十一日　早行。道傍多种麻，篷篷郁郁。二十余里至汤峪。距二里许，有温冷泉，温可浴身，冷可漱齿，二脉并出，相距五步，亦可异也。三十里至白沙镇，即古秦亭，晋时建。义熙六年，赫连勃勃攻白沙即此地。饭于杨姓太学生书室，墙下皆种十丈红，其细者颇似木芙蓉，艳色可爱。

导读 清水自古多种麻，品质优良。民国十一年（1922年）于右任《清水县麻鞋歌》有云："清水县，县城下，麻油油，被四野。老农自矜产麻好，并谓麻鞋制作巧。"秦亭地望，学术界多有争议，或认为在今清水县城北的李崖遗址。

又行四十里，迳盘龙山，有大震关，即唐广德元年秋七月吐蕃入大震关，陷岷、秦、成、渭等十州，尽取河西陇右地，即此关也。山椒渐多林木，道傍时有流水声。又行二十里，住长宁驿。距驿二三里，两阜如牛角对插，中有溪水流出，疑无去路，沿溪入角，始望见人家，后依大陇，即关山也。

导读 大震关又名陇关、故关，始见于《后汉书·顺帝纪》，地在今陕西陇县西关山梁东侧，与清水盘龙山、盘龙铺无关。长宁驿，今张家川县马鹿镇长宁村，是陇山之西的重要驿站。清代设长宁驿丞，归陕西陇州管辖。杨应琚经过时，驿丞是吴六吉。

是晚月色朦胧，溪声呜咽，独坐思亲，涕零双堕，一夕目不交睫。唐罗隐《湖山》诗云"何计谢潺湲，一宵空不寐"，实获我心。

导读 罗隐没有题为《湖山》的诗，诗句"何计谢潺湲，一宵空不寐"出自罗隐《陇头水》。

第七天

十二日 过关山。山峻阻，盘折而登，林木丛茂，桦柞尤多，人行不见日色。溪涧重密，皆覆以板桥，翼以扶栏，以通行旅。水流已急，而四山泉瀑乍大乍小，穿林越峡，奋涌扬波而来，溪声益壮，登顿涧沿。虽马行甚艰，睹此挂策不能舍去。始见有结茅而居者。岑参《关山》诗云"牛羊入青巘，鸡犬宿苍烟"，形容之妙，至今犹然。上下八十里，至咸宜关，秦凤要隘，有游击官统兵防守焉。

导读 我们经常读到过关山的古诗，其中没有多少"干货"，读了也弄不清楚关山古道的情况，杨应琚的亲历实录很可宝贵。唐天宝八载（749年），岑参远赴西域，度过关山，但没有题为《关山》的诗，也没有"牛羊入青巘，鸡犬宿苍烟"的诗句，引此大概是杨之误记。诗是好诗，不知何人所为。咸宜关，明英宗正统年间设置，在今陕西陇县西曹家湾镇西南。

清代从长宁驿至咸宜关设驿站7站——长宁铺、杨家铺、分水铺、捉蛇铺、焦家铺、头桥铺、咸宜铺，具体线路为由长宁驿进驿程沟，经黑虎口、南寨铺、菜子河、鬼门关、骆驼巷、马鞍子至咸宜关。

> 关山非陇山也。陇山在州西北六十里，一名陇坂。《三秦记》云："其坂九回，不知高几许，欲上者，七日乃越。"关山在州西，上下止八十里耳。陇关在陇山，三秦东曰函谷关，西曰陇关，二关之间，谓之关中。

导读 本段之下当天还有日记，鉴于和秦州无关，略去。如不硬分，陇山就是关山。

阅读导读就此结束，如还意犹未尽，想看《据鞍录》全本，进一步了解杨应琚事迹，可阅读汪受宽《据鞍录》校注本。

七六、回民反清斗争

清同治元年（1862年）八月，陕西凤翔回民铁正国率回军百余人，由凤县进入两当，出利桥，北上清水，联合张家川、陇城、龙山等地回民，联军攻打村堡山寨。闰八月，另一支凤翔回军从固关西进，打败秦州知州赵桂芳所部官兵，进入张家川城东一带。十月，秦安莲花城回民推选穆生华为统帅，树起"抗清扶明"的大旗，聚义反清。同月，张家川城回民聚众反清。清军副将李玉珍、副将范铭领兵进剿，被回军设伏击败。十一月，甘肃省派总兵杨永魁统标兵镇压，在秦安常家堡被莲花城回军全歼。十二月，穆生华率众进军静宁，在扯车原陷入清军和地方民团重围，损失惨重，不愿作俘跳崖而死的眷属达数千人。

清同治二年（1863年）正月，秦州知州托克清阿率各路清军进攻莲花城，被回军火炮击毙。时秦安、清水、西和、礼县各村堡回民，聚众成伍，秦州东、北、南三面逐渐为回军所控制。二月，巩秦阶道林之望总统南路军驻师秦州。四月，伏羌县回民与汉民械斗，互有杀伤。城外四关回民聚众起事，焚烧关厢屋舍，城内回民出城响应，联合各乡回民数千人，直扑城垣，知县德彬督率团练登城防守，并征调回乡民团助战，屠杀镇压。五月，贵州游击张华率黔勇增援，回军逐渐撤离，伏羌居住的回民亦随军迁出。

同治三年（1864年）三月至五月，盐官回军在秦州南境频繁活动。从四月开始，清固原提督雷正绾亲督总兵曹克忠、陶茂林部围攻张家川城。经多次激战，八月二日，城破，清军肆意杀掠，血流街巷，死伤群众六七千人。突围回军西奔龙山，继而撤退莲花城，清军分道步步追击，沿途妇孺老弱尸骨枕藉。十月六日，莲花城被雷正绾等攻破，杀回军2000余人。回军残部一路南赴秦州、盐关等地，一路西去陇西。十月十五日，曹克忠夜袭屯据甘泉的回军，时回军正在酣睡，被清军全歼，死2000余人。十一月，曹克忠大军在秦州南境全力镇压回民，攻破盐关城。至此，秦州南、北回军活动减弱，而流动作战的回军依然遍布全境。

同治四年（1865年）五月，岷州回军进据宁远新寺镇（现属漳县），四出攻击。八月，河州回军围攻宁远县城，尽数攻破附近堡寨，分兵攻破落门（今武山洛门镇）。秦州清军重兵驰援，回军撤围西去。之后，秦州四境回军活动进一步减弱。

同治七年（1868年）二月，转战南北的张家川回军"南八营"迫于清军的压力，在宁夏西吉肖河城投降清廷，随后有3.6万人被安置在秦安及当时清水所辖的张家川。与此同时，河州回军3000余人进至秦安陇城一带，攻破秦安县城北关及县城附近许多堡寨。秦州回军活动又趋活跃。十一月，陕西凤翔、陇州一带的回军马、步兵约计数万，先后分股退入秦州、清水、秦安、通渭等地。左宗棠命周开锡直趋秦州，由巩昌进攻河州、狄道。同治八年（1869年）初，派吴士迈由宝鸡进兵秦州。五月，南路军李曜南等部先后驰抵秦州。清水各地的回军逐渐奔赴他乡。同治九年（1870年）五月至七月，南路地区的河州、狄道州回军分兵进攻漳县、宁远、礼县、徽县、成县、秦安、清水等地，与当地"土回"、陕西"客回"联合，分股游击。同治十年（1871年），秦州境内战事渐次平息。

同治十二年（1873年），陕西回军崔伟部、毕大才部1万余人被安插在今张家川县的恭门、龙山、张川、阎家一带，张家川回族分布格局基本定型。

七七、陇南书院

陇南书院是晚清陇上名校，其创立者为分巡巩秦阶道董文涣。

董文涣（1833—1877年），字尧章，号研樵、砚樵等，山西省洪洞县杜戌村（今洪洞县杜戌村）东堡人。董氏家族以盐业起家，注重子孙文化教育，至董文涣一辈，董麟、董文涣、董文灿兄弟三人先后得意科场，二人成进士、一人中举人，联翩入京，时人誉为"京城三凤"，家族声望达到顶峰。

董文涣自幼聪颖好学，文武兼修，皆有成就。清咸丰二年（1852年）中举。咸丰六年成进士，选翰林院庶吉士，时年24岁。咸丰九年散馆，授翰林院检讨。此后，历任国史馆协修官、文渊阁校理、日讲起居注官、武英殿纂修官等职。同治五年（1866年），授甘肃甘凉兵备道（治今甘肃武威市）。次年之任，因为陕西布政司署理巡抚林寿图的奏留，返太原设陕甘米捐总局山西分局，办理米捐事务。同治十一年正月，改任甘肃巩秦阶兵备道（简称"巩秦阶道"）。同年八月十四日，离开家乡洪洞杜戌赴任，十二月初三日到达任所秦州。

由京官出为地方官，而且是偏远落后的甘肃，对仕途而言无疑会大受影响。但董文涣是一位有操守和责任心的官员，既来之则安之。从同治十一年（1872年）履职，至光绪三年（1877年）病逝官署，5年多的时间做了诸多有益地方的实事，如振兴文教，创修陇南书院；救济孤寡，废除苛役等。廉洁奉公，惠政迭出，其中最突出的贡献便是振兴文教。光绪《秦州直隶州新志·名宦》董文涣本传评价："三郡文风再兴，文涣力也。"

清制，省、道、府、州、县都建有官办书院。陇南书院是巩秦阶道的道立书院，其前身是设在岷州（今甘肃岷县）的文昌书院。清同治初年，文昌书院毁于战火。巩秦阶道的前身是明朝秦州设立的分巡陇右道，清康熙二十四年（1685年）裁撤，道署迁往岷州（今甘肃岷县），道立文昌书院也就设在岷州。清同治二年（1863年），因镇压秦州周围回民反清斗争需要，道署衙门回迁至秦州，改称巩秦阶道。至同治十二年（1873年），秦州境内战事逐渐平息，于是次年有重建书院之举，其倡导者、主事人就是董文涣。

对陇南书院建设董文涣殚精竭虑、亲力亲为，其《砚樵山房日记》多次记录筹资、规划、监工情形。清光绪二年（1876年），陇南书院建成。书院坐北朝南，占地约5100平方米，共有房舍近百间，平面呈长方形，以甬道为纵贯南北的中轴线，东西均称摆布，穿堂作隔院，自南而北，依次为院门、斋房、重门、内院、讲堂、中院、后院等。建筑形制多为悬山、硬山或单坡顶式。建设过程虽然历经艰辛，但面对“堂斋门庑，奂焉具备”的书院，董文涣很是欣慰，作长诗《陇南书院落成示同舍诸生》记其事。

> 郡县设书院，礼教黉宫辅。矧当兵戈余，尤赖文治抚。文昌创赤水，固多历年所。英才广乐育，师道严钟鼓。迨乎同治初，军书纷旁午。列郡继不守，烽火肆猰貐。遂令养士区，千间荡一炬。青衿剧奔波，奚暇窥书圃。吁嗟儒服堕，阅年十有五。沦丧斯文叹，沉没志士苦。肄业投无门，未知地谁主。不有首唱人，畴兹废典举。伊予奉简命，分巡莅兹土。寒士失广庇，渭埃思小补。相地秦西仓，庀工兴百堵。讲舍周涂壁，学斋思栋宇。中可容百人，互以东西序。覆檐颇深邃，井灶槃可数。有竹左右之，绿阴敷庭户。于焉列生徒，何止除风雨。院长邦之彦，旧交深肺腑。文行符舆论，中流堪砥柱。不远千里来，多士亦鼓舞。予曰士得师，大匠示规矩。若金受陶镕，若木从绳斧。治经与治事，二者实兼取。文艺后器识，菑畬惟训诂。涉猎无根原，潢潦涸立睹。贤愚岂殊辙，在不通今古。青云满目前，后尘望接武。旧观增轮奂，盛业绍邹鲁。诗以贻同舍，勉哉力共努。

对书院建设的缘起、书院的布局、院长（即山长）的人选、书院的办学宗旨等都有生动记述。同时，还自撰并书写《新建陇南书院碑记》，详细记述书院创建始末。

图8-11　清陇南书院旧址

书院招生后，硕学鸿儒任其昌、任承允父子先后为山长主持之，人才接踵涌现，使之成为当时甘肃境内的优秀学府，为陇东南文化教育的发展贡献良多。光绪三十年（1904年），陇南书院废止后，院址或为中学，或为办公场所，其建筑布局和原来的景况间或有变化，但基本格局还是保留了下来。无论如何，历经百余年的风风雨雨，陇南书院还能在通衢闹市存在，是奇迹，也是大好事。因为这是城市本应长存的文化记忆。

七八、"陇人唯王权喜读书"

"陇人唯王权喜读书"，是左宗棠在给陕甘学政吴大澂信中称赞王权的评价语。左宗棠孤傲清高，一般人物不入其法眼，而对王权的学行一直是赞赏有加。

王权出生在今甘谷金川镇水沟下王家。王家堪称科举家族，虽然没有出过进士，但科第蝉联，数代簪缨，也是相当不易。甘谷一直有"王家六个半"的说法，是说王家前后出了六个举人，外加一个副榜（算半个举人）。哪六个半呢？打头的是王汝揆，清道光二十年（1840年）庚子科举人。其长子王权，道光二十四（1844年）甲辰科举人；次子王树，清光绪二十一年（1895年）乙未科举人。王权次子王念贻，清光绪十四年（1888年）戊子科举人。王树有六子，长子王士俊、次子王士彦均在光绪间中举，四子王士蔼中副榜贡生，算半个举人。整个加起来就是"六个半"。而在王氏家族三辈六个半举人中，最出名的当数大学者兼教育家王权。

王权（1822—1905年），字心如，号笠云，清甘肃巩昌府伏羌县（今甘谷县）人。先后主讲岷州文昌、秦州天水、宁远正兴、文县兴文四书院，造就大批人才。清同治十一年（1872年），任陕西延长知县。后历任兴平、富平知县，简约为政，扶危济困，均有政绩。传说兴平知县任内，陕甘总督左宗棠路过，王权迎谒路旁，左敬佩王的为人，下车扶起说："足下，陇右读书人也，宰相不为县令下车，我为陇右读书人下车。"留谈多时。左宗棠给陕西巡抚的信中说："王权学问人品，当代罕有，而吏治尤为陕甘第一。"

说到底，王权骨子里就是本色文人，官场多年使他感到无趣甚至厌烦，清光绪十二年（1886年）便以为父亲建修祠堂为由，辞官告归。按，王权之父王汝揆，在平凉教谕任内，当回军攻破平凉城时，自杀殉难，《清史稿》有传，清廷按阵亡将士标准抚恤，并特批在伏羌老家建祠堂纪念。

王权著有《笠云山房文集》《笠云山房诗集》《笠云槐里遗文》，《秦州直隶州新志》（和秦州任其昌合纂），《兴平县士女续志》《典昉》《笠云山房制艺抄》《舆地辨同录》《辨同录》《诂剩》《童雅》《炳烛杂志》《全国郡县沿革略》《古今同姓录》《甲子编年》《古代帝王十纪》等著作十余种。

王权著作等身，耿直古板的大儒形象，再怎么也和儿女情长联系不起来，可事实上，王夫子还真有奇遇艳遇，且终成正果。故事梗概如是：说有一关中女子名高冬梅，随父亲客居文县，此女子长得大方好看，人见人爱，不幸让一潘姓衙役盯上了，软硬兼施，企图强娶，进而设置圈套以打官司威胁，而糊涂官县令竟然偏袒判决，责令定聘成亲。不意这位高姑娘可是个烈性子，或自杀、或绝食，以死抗婚到底，一时在小小的文县城闹得动静很大。当时，任文县教谕的王权闻知此事，心生悲悯，出面调和，并做和事佬付重金与潘某，说服其不再逼婚强娶。而后，好人当到底，到处打听为高姑娘寻找经济条件好的好女婿。过了些时日，正巧官声不错的郑春台县令因公事来文县，王权便以诗代笺，推荐高姑娘做他的侧室。为了让郑知县下定决心，又另作长诗《荐梅行》言说好处。

荐 梅 行

关中女子高冬梅者，其父客文县，因家焉。女生长寒门，风姿端丽。县吏潘某，强娶不得，则构讼以胁之，上官竟判令定聘。女大窘，怀短刃欲自裁，家人守视未得间，泣不食者五日。余闻而心恻，出重资付潘，却其聘。为遍觅佳婿，久之，郑春台明府因公来文，余投诗为媒，拟荐充篷室。惧郑君之不决也，复作《荐梅行》以坚其意。

荒微无春百产陋，有梅一株觉山秀。姿态韵绝缘骨清，冰霜经多得气厚。土人肉眼谁曾知，可怜幽艳侪茅茨。丁丁樵斤响渐逼，兀兀孤干倾犹支。十月朔风意更恶，刮土扬尘妒芳洁。千摇万簸终自完，冰心耿耿劲于铁。我来此地初无聊，坐闻花厄心旌摇。如苏玉局解松缚，如蔡中郎泣桐焦。移梅出林蒔别坞，手汲冽泉浣泥土。几回拼赠仍迟延，多情更为梅择主。仙吏欣逢郑鹧鸪，前身多恐是林逋。名士名花品格近，点笔请作《梅妻图》。八尺金屋青玉案，置梅端宜傍几砚。烟晨月夜娱清香，敲句鸣琴有良伴。梅今得主如登仙，回看桃李皆奴颜。托根福地谈何易，我与梅花同谢天。

全诗以高姑娘名字"冬梅"的"梅"指高姑娘，以梅花为切入点说开去，变着法子言说梅姑娘即高姑娘的好处。"烟晨月夜娱清香，敲句鸣琴有良伴"，这不正是"红袖添香夜读书"的境界嘛！这一封充满诱惑的"推荐信"很是高级，不意这个梅姑娘还是犟脾气，并不领情，不想高攀郑县长，就是喜欢教书匠王教谕，知恩图报，铁心跟定老好人。正巧，郑县令也找了个意中人翟姑娘，并回劝王权"笑纳"梅姑娘。最后，结局大团圆，王权真的迎娶梅姑娘，皆大欢喜。

移 梅 行

　　荐梅之议既谐，女闻之曰："王君援我泥淖中，我愿执帚侍之，郑虽贵，非吾主也。"会春台亦别得翟姬，两美不容并收，转为梅娘作寋修，属之于余。余既为郑所迫，又感梅娘之志不他适也，遂纳焉。作《移梅行》以志其事。

　　梅花不识郑子真，愿作王维破屋春。茱萸湾头接鹿柴，此间择侣惟梅最。松风诗卷蕉雪图，此地无梅松蕉孤。郑君酷嗜山矾艳，以貌求之觉梅澹。二美既已难兼领，高格亦羞伍哙等。笑说冷姿称冷官，消受此花须清品。君家书带草缘墙，我家槐荫青一堂。两地风光并绝俗，未知何处宜此香。质之于梅问谁可，梅云钟建既负我。竟移仙种入衡门，一室琴书皆婀娜。团扇歌词今特翻，桃根桃叶惭无颜。叹息万事有前定，昨梦罗浮神送镜。水边清影新月痕，并入笔端括诗境。

"君家书带草缘墙，我家槐荫青一堂"一联略作解释。王权老家祖宅大门口有古槐一株（至今尚在），这就是"我家槐荫青"，和"君家书带草"多么般配，这不就是婚姻场合常说的琴瑟和谐嘛！

两首歌行体"梅"诗，真情趣、见性情，都是难得的好诗，用典有些多，借助诗序和我们转述的故事梗概，读起来应无问题。王权因艳遇而娶得红颜知己归，梅姑娘成了他的梅夫人，此后辗转各地为官都是梅夫人随行照顾起居，好友任其昌给他的信中有"梅嫂及儿女均吉"的问候语，"梅嫂"就是诗中的梅姑娘。王权健康长寿、著作等身，大概和这位梅姑娘的陪伴、"烟晨月夜娱清香，敲句鸣琴有良伴"的家庭氛围有相当大的关系。

图8-12　王权故居门前古槐

七九、谭继洵厉行禁烟

说到谭继洵，知道的人估计不多；而说到"戊戌六君子"之一的谭嗣同，知道的人可就多了。谭继洵就是谭嗣同的父亲。

谭继洵（1823—1900年），字子实，敬甫，湖南浏阳人。清咸丰十年（1860年）进士。清光绪三年至光绪八年（1877—1882年），任甘肃巩秦阶道。按，清光绪三年八月，谭由户部京官简放补授巩秦阶道，次年冬抵达秦州任所正式理事。其任职期间所干第一件大事就是厉行禁烟，第二件是推行种痘新法。

清道光末年开始，秦州开始有人在大田种植罂粟。到了咸丰年间，种植之人和吸食之人日渐增多，祸害地方。光绪《秦州直隶州新志·食货》"物产附"说："罂粟花，州属旧有之。千叶起楼，色红而艳，民家园圃种以为玩，间或鬻于市。其绛、红、白三色而单瓣者，则未有也。自道光末年始有种者。咸丰以后，吸者日多，种者亦日众，利厚工省，又不择土之肥瘠，故趋若鹜焉。取液煮膏，既谙其法，遂自食而沿及妻孥，久之厮丐亦然。其倾家而致死者不可屈指数。"对罂粟种植，官府也有禁令，但都流于形式，禁而不止。光绪四年（1878年）谭继洵到任之后，即发出布告《查禁罂粟示》，明文严禁。谭道台说到做到，先禁冬种，后禁春种。又在次年春季，指示督察区内各州县官亲自带队巡查，对查禁不力者，提请行政处罚，对偷种者严加罚办。接着查禁烟馆，对吸食鸦片的烟民，责令在禁烟所限期戒烟。此后，在他任内的几年，持续查禁，力度不减，有时还重点检查，亲行查禁，严惩抗违之人，从而使禁政大见成效。按，清代秦州罂粟种植，乃至民国时期天水各县的罂粟种植，一直是时禁时放，大多数情况下是罂粟产品鸦片公开交易，真正禁绝是在1949年中华人民共和国成立之后。不过，谭继洵的一时功效也值得肯定。

在禁种罂粟的同时，为发展生产、增加农民收入计，谭继洵力排众议，提倡种桑养蚕，颁布《劝栽桑养蚕示》布告，不远千里从浙江购来大叶桑苗，分发农民栽植。他本人也在道署后院栽种桑树，倡导带头。第三年，又从老家湖南聘来缫丝技工，教民养蚕、抽丝、织锦技术，并对于蚕民的蚕茧、蚕丝产品分等级备价收购，缫丝织绢，一时成效斐然。说实情，谭继洵的这一项富民工程，最终基本上是人走政息，主要原因是巩秦阶道属下渭河流域的各县没有种桑养蚕的传统。据知情人回忆，20世纪30年代谭继洵倡导种植的桑树在天水城区道署花园、社稷坛还留存很多。

清光绪六年（1880年），谭继洵倡导民众施种牛痘预防天花，捐资设立牛痘局推广之。百姓将信将疑，大多持观望态度。他便让自己的孩子带头种痘，以开通风气。对于带头种痘的人，奖以彩帛；对已种牛痘者，派专人看问守护。百姓为其诚心所感动，种痘新法逐渐得以普及。民国《秦州直隶州新志续编·名宦》记谭继洵推广种痘时有"以己子先之"一语，有不少人将此事演绎成是谭嗣同带头勇敢种痘，或谭嗣同在北京已种牛痘，为推广种痘，二次种痘。事实上，谭继洵开设牛痘局时，谭嗣同在老家浏阳由名师指点苦读，为参加湖南乡试做准备，根本就不在秦州。"以己子先之"的那个"子"应是谭嗣同弟妹中的一个，很可能是他上一年出生的弟弟谭嗣同，因出生在秦州，取字秦生。

谭继洵在秦州任职时，是带着家眷任职，以后成为戊戌变法烈士的谭嗣同就在其中。民国《秦州直隶州新志续编·名宦》谭继洵本传说："子嗣同曾侍游秦州，与狄道李景豫有酬唱之雅，后死戊戌变法之难。"李景豫，狄道（今甘肃临洮）人，诗人。按，谭嗣同"侍游秦州"不是其父秦州任职时一直留在秦州，而是往来秦州和老家浏阳两次，他在秦州的时间加起来不足两年。为消除一些固有的误解，列一个谭嗣同在秦州的简谱。

清光绪四年（戊寅，1878年）　　谭嗣同 13 岁

春，随父亲甘肃秦州赴任。夏，途径陕西潼关，有《潼关》诗，此诗现已选入中学语文教科书。秋，到兰州，有《兰州庄严寺》《兰州王氏园林五律》等诗。冬，抵达秦州。

清光绪五年（己卯，1879年）　　谭嗣同 14 岁

夏，尊父命取道陇南徽县，归湖南老家浏阳，师从浏阳涂启先学习诗文。

清光绪六年（庚辰，1880年）　　谭嗣同 15 岁

本年，在浏阳，继续师从涂启先学习，准备科举考试。父谭继洵在秦州开设牛痘局，鼓励倡导民众种植牛痘。兄谭嗣襄赴秦州陪侍父亲，谭嗣同送别诗《送别仲兄泗生赴秦陇省父》有句"楚树边云四千里，梦魂飞不到秦州"。

清光绪七年（辛巳，1881年）　　谭嗣同 16 岁

本年秋，在长沙参加院试考秀才，落榜。继续在浏阳读书。父谭继洵为出资报捐监生，以取得乡试资格。

清光绪八年（壬午，1882年）　　谭嗣同 17 岁

正月十六日，由浏阳启程赴秦州，四月二十六日抵达。夏七八月间，父谭继洵视察伏羌，谭嗣同随行，并向伏羌县令汪丹山问学。九月二十六

日，谭继洵因公赴兰州，又随行。十月二十三日返回秦州。

本年和其父幕僚安定防军参赞刘云田交好，纵马边塞，体验军旅生活。

清光绪九年（癸未，1883年）　　谭嗣同18岁

春，父谭继洵升任甘肃按察使，全家随行，由秦州迁往兰州。

谭嗣同的秦州缘大致如此。秦州多名胜古迹，而《谭嗣同集》没有一首写秦州的诗作，不知何故。

八〇、父子山长

在清代，秦州的任其昌、任承允父子相继成进士，又相继为山长主讲陇南书院，桃李满天下，稀有罕见，传为佳话。

任其昌（1830—1900年），字士言，清秦州伏羲城人。祖上原居秦州南乡任家大庄（今秦州区秦岭镇任家大庄），后移居秦州。幼年丧父，家境贫寒。遵照父亲"即饿死，勿改业"的遗嘱，忍饥挨饿，在同城私塾师关喜亭指导下坚持苦读。当时的常态如王权《任士言墓表》所言："家贫甚，啖粗粝，犹不继。午餐或缺，则饮水代食，然终不以饥告人。"任其昌回忆苦读情景，有诗句"壮年惯忍饥，三日不举火""爨每时时绝，粮偏日日休"，都是纪实。应童子试进入秦州州学之后，其才学得到秦州知州董平章赏识，招致门下自为指导，并将州署所藏书籍尽数提供参阅。董平章是进士出身，学富文雄，精熟科举时文，得其指导，使之器识学问更加远大超群。清咸丰八年（1858年）考中举人，时年29岁。董有诗《九日雨中闻任郭二生秋捷喜赋》："门生金帖信，冒雨到衡门。喜极翻疑误，呼高不厌喧。青云双得路，白屋顿生暄。慰我裁成意，奇文忆共论。任子家寒素，囊萤矢志坚。郭生年幼稚，吐凤擅才妍。雪绩鸡窗富，名题雁塔联。手攀墙外桂，吉梦兆机先。"真是大喜过望，喜不自胜。诗题中的"郭生"即郭凤鸣，是任其昌的妻兄。

八年之后的清同治四年（1865年）得中进士，时年36岁，在户部任职，董平章有诗《闻任生士言捷南宫官农曹诗以志喜》祝贺。次年，奉母携妻赴京就职，从此做了8年小京官。关于任其昌所任职务，《清史列传》

215

本传记"授户部主事",为正六品。王权《任士言墓表》言"自山东司帮稿洊进主稿",主稿就是在本部主导起草公文、奏折之职,即户部山东司写材料的主笔。同治十一年,因母亲年老多病,常思故土,于是毅然放弃仕途回归故里。

清同治十二年(1873年),即归里后的第二年,主讲秦州州立书院天水书院。清光绪三年(1877年),道立陇南书院建成后,移讲陇南书院,任山长。前后主讲两书院28年,言传身教,因材施教,循循善诱,使秦州学风士习为之一变,门下受业者约有千人,其中进士及第和中举的多达八九十人,被誉为"陇南文宗"。

清光绪二十六年(1900年),八国联军入侵,京师失守,当时长子承允还在京师为官,音信不通。任其昌忧国伤时,又念及子孙,遂染疾不起,自作墓志和《自挽诗》而逝。诗云:"飞雨流云过此生,有情何似总无情。可怜耿耿胸中血,埋向青山作王兵。"忧国之情溢于言表。其子任承允《先考府君行述》说:"故濒危,长吟陆放翁'家祭无忘告乃翁'句,而思率鬼兵以杀贼也。"

任其昌天资高迈,深研经史,著作宏富。著有《敦素堂诗集》《敦素堂文集》《八代文抄》《三礼会通》《史评》《秦州直隶州新志》(和伏羌王权合撰)等。

任承允(1864—1934年),字文卿,任其昌长子。秉性聪明,平淡沉静,喜读书,有父亲遗风。清光绪十四年(1888年)中举,时年25岁。光绪二十年恩科进士,时年31岁,授内阁中书。任职后又兼任国史馆协修,方略、会典两馆校对。光绪二十七年(1901年),闻父丧音信,历经艰辛返里尽孝,后接替父亲主讲陇南书院,人称"小任山长"。一度入京短暂任职,职位是"仓场禄米仓监督,一署侍读"。

民国纪元,即闭门著书,不问世事,专以卖文授徒为生,但于社会公益事业依旧积极参与,赢得人们的尊敬。病逝出葬之时,天水全城歇业,送葬者达万人。著有《桐自生斋诗集》《桐自生斋文集》《秦州直隶州新志续编》等。

图8-13　任其昌、王权合纂之光绪《秦州直隶州新志》书影

任其昌、任承允父子为学、为官、任教经历有许多相似之处。一是科举都比较顺利，中举、中进士都在青壮年，任承允略早；二是入仕都在国家机关，而仕途平淡无奇，都以小京官终结，任承允略好些，仕至正六品；三是相继为陇南书院山长，而父亲任其昌在任24年，弟子遍陇右，卓异者如刘永亨、张世英、哈锐、陈养源等，刘永亨仕至礼部侍郎、工部侍郎，正二品，是清代天水职位最高的官；四是父子诗文俱佳，风格一致，为秦州文坛盟主，相继主纂完成《秦州直隶州新志》《秦州直隶州新志续编》，都是名人名志，难能可贵。子承父业，两代业儒，教书育人，影响巨大。

八一、教育家张世英

鸦片战争之后，中国沦为半封建半殖民地社会，诸多爱国仁人志士为国家兴旺、民族振兴，提出"实业救国""教育救国"等各种救国主张。其中，秦州张世英就是"教育救国"的倡导者和实践者，有咏国民教育诗："文明存国野蛮亡，沧海桑田此道长。种族欲延黄帝脉，除宏教育再无方。"

张世英（1843—1915年），字育生，清甘肃秦州人。清光绪六年（1880年）进士，入翰林院为庶吉士。清光绪九年（1883年），改任地方官。历任山东定陶，陕西甘泉、武功、宁羌、凤翔、渭南、蒲城、石泉、凤县、城固等10县知县，署理邠州、商州两州知州，历时28年。相关资料对其游宦经历，多记载不清，兹以其《自述年谱》为据，梳理如下。

清光绪九年至光绪十年（1883—1884年），任山东定陶知县，时年40岁。

清光绪十年至光绪十一年（1884—1885年），任陕西甘泉知县。

清光绪十一年至光绪十五年（1885—1889年），任陕西武功知县。

清光绪十五年至光绪十八年（1889—1892年），任陕西宁羌知县。丁母忧家居。

清光绪十八年至光绪二十年（1892—1894年），任陕西凤翔知县。

清光绪二十一年（1895年），任陕西眉县知县。

清光绪二十二年至光绪二十四年（1896—1898年），任陕西蒲城县知县。

清光绪二十四年至光绪二十五年（1898—1899年），任陕西石泉知县。

清光绪二十五年至光绪二十六年（1899—1900年），任陕西渭南知县。

清光绪二十七年至光绪二十八年（1901—1902年），代行商州知州，转任凤县知县、城固知县。

清光绪二十八年至光绪三十一年（1902—1905年），任渭南知县。

清光绪三十一年至光绪三十二年（1905—1906年），署任邠州知州。

清光绪三十二年至宣统元年（1906—1909年），任渭南知县。

清宣统二年至宣统三年（1910—1911年），任甘肃巡道自治巡道，兼任陇南道学监，时年67～68岁。在秦州试办自治，在拟定的自治纲领中，将教育放在首位，在其倡导下，秦州城乡共办夜校1300余所，"无处不闻讲训弦歌之声"。

以上所列是一份很有意思的游宦简历。第一感觉，张知县的职位很稳定，由知县入仕，最后由知县出仕，前后28年，其间的两任知州只是短暂代理，算不上实际任职；"自治道"时间更短暂，对一位有作为的清官来说，仕途以同一职位终了，也是奇观。据其《自述年谱》，也有升迁机会，而且官还不小，是"朝考，荐任从二品工部侍郎职，固辞"，工部侍郎相当于现在的建设部副部长，是个有实权的大官，但他不当，时人不解，而自认为年过花甲，仕途腾达已没多少意义了，"去官欲唯多办学，民多受教是吾一生之志"。最终，只落了一个"知府衔"，是奖励性质的虚衔，同道好友任承允为其所撰墓志题为《知府衔前陕西渭南县知县翰林院庶吉士张公育生墓志铭》特意标明，以示也有"大官"之名分。至于有些资料所言"渭南知府"，子虚乌有，因为清代就没有渭南知府的设置。

从张世英任过职各县之县志来看，他的确是一位爱干事、能干事的能官干吏，每到一地，劝学重教，兴利除害，清讼禁赌，政绩突出，考核之时5次受到传旨嘉奖。民国《天水县志》本传称"政绩为三秦之最，循良称全陕第一"。前后三任渭南知县，时间长达10年，办学绩效尤为卓异。清光绪三十三年（1907年），在渭南兴办黎明学堂18所，县学高等学堂5所，乡学213处，夜分学堂130所。另，集资白银1万两，选派学生180人国外留学。作《国民吟》，系统阐明成为合格国民的基本素养，特别强调体育、智育、德育。清光绪三十三年，筹资在家乡秦州创办敦本学堂，不久改为亦渭学堂，成为秦州新式学堂的模范。光绪皇帝御笔圣旨"办学尔圣"以示嘉奖。固然，其办学取得的巨大成绩和清廷废科举、兴学校的背景有关，但主因还是他教育救国的情怀和理念。如提倡胎教，聘请传教士教授学生外文，主张女子已缠足者放足、未缠足者天足，学校"女子亦可入学堂习书，亦可男女习学"，这些先进理念和做法在当时许多官僚想都不敢想。光绪三十四年的时候，渭南县就有女子15人入学。的确难能可贵！

张世英思想民主、意识开放，能顺应时代潮流不断进步，对清朝的灭亡，坦然接受。民国元年（1912年），革命党人黄钺发动秦州起义，响应辛亥革命，建立甘肃临时军政府，宣告独立。作为秦州富有影响的士绅，他积极予以支持，并担任临时军政府总务处长。当时，一些士人拘泥于旧习，反对举义、自治，对张世英倡民主、革旧俗、扫文盲以开民智的做法多有微词，至而造谣说："天水若要好，先死张育老"。

在生命的最后几年，张世英仍手不释卷，在家中读书养神，教家人儿童读书识字。病逝后，灵棚三撤三起，延长数十日，吊唁者络绎不绝，渭南士民不远千里，前来祭拜。地方人士私谥"惠勤"，并改故居二郎巷为"育生巷"，以作纪念。著有《归山文牍》《邠渭偶存》《癸丑记别》《乡饮习》《秦州自治节录》等。

八二、陇上铁汉安维峻

有清一代，天水地域所出名人，官位最高的是官至礼部侍郎的刘永亨，而声望最高的当推官位不高但刚正敢言的安维峻。

安维峻（1854—1925年），字小陆，号晓峰，清甘肃秦州秦安人。自幼聪颖好学，志识不凡。清同治十二年（1873年）选拔贡生，次年赴京参加朝考，获一等第一名，用为七品小京官，分配刑部任职。

清光绪元年（1875年）秋，参加陕甘分闱后甘肃的第一次独立科举考试，得中第一名解元，时年20岁。陕甘总督左宗棠对其人品及才华极为赏识，在给友人信中赞誉"榜首安生，文行均美……"。之前，安维峻拜见左宗棠，左即以"行无愧事，读有用书"告诫期许。一个西北偏远小山村出来的学子，能得到左宗棠这样的大人物的赏识，也是难得的奇缘。光绪六年（1880年）考中进士，选翰林院庶吉士，授编修。光绪九年（1883年）改授编修。由于其生性耿直，不阿权贵，故仕途坎坷，直到光绪十九年（1893年）才得一个从五品言官——都察院福建道监察御史。按，福建道监察御史是都察院所属十五道监察御史之一，设监察御史2人，满、汉各1人，办公地点在京城，并非福建。

安维峻就任监察御史的具体时间为光绪十九年（1893年）十月，离任是在光绪二十年（1894年）十二月，前后14个月。当时，大清国经历关乎国运的中日甲午战争，清完败；其间，身为言官的安维峻心焦如焚，连上奏疏多道，力图挽国家于将倾。这些奏疏后汇刻于《谏垣丛稿》，共65道。以光绪二十年（1894年）六月十九日奏疏为界，内容上可分为前后两个时期：前一时期8个月，共上奏疏24道，主要是进言整顿吏治和革除科场积弊，正当清朝政治腐败的焦点；后一时期6个月，共上奏疏41道，全都是关于甲午战争的条陈。总之，奏疏所言均事关国家安危命运，没有任何阿意应景之作。其中，最著名的是《请诛李鸿章疏》，此疏揭露李鸿章卖国行径，主张立斩以谢国人，同时指责慈禧太后幕后干政，"皇太后既归政皇上矣，若遇事牵制，将何以上对祖宗，下对天下臣民"。安维峻以国事为重，拼将一死，敢于语侵当时中国最有权势的女人慈禧太后和炙手可热的军政权臣李鸿章，没有冲天气概是绝对不行的。奏疏上，朝臣都为之缩颈。慈禧见疏震怒，立命将安维峻交刑部处置。大概是得益于清朝不斩谏官的传统和光绪皇帝的暗中保护，幸免一死，革职发配张家口。安维峻因爱国而获罪，赢得朝野敬重同情。京师友好特地选择在明代著名谏臣杨继盛的故宅松筠庵为其饯行，访问者络绎不绝，即便素不相识之人，也以能见一面为荣。乌里稚苏台参赞大臣志锐特制"陇上铁汉"印章相赠，京师大侠大刀王五自行护送，甘肃赴京会试举人侯乙青、李于锴陪伴跟随直至戍所。正如当时人所称"可见公道在人心，晓峰当此不朽矣"！

抵张家口戍所，受聘主讲抡才书院。即便是戴"罪"之身，他的爱国热情丝毫未减。步和杨继盛的临刑诗有云："国贼讨未成，遗恨长终古。他生犹谏官，衮阙吾其补。"心在国事，无怨无悔，对自己的安危荣辱完全置之度外。

清光绪二十六年（1900年），安维峻回归故里，先受聘于陇西南安书院，后在家乡办学。光绪三十四年，受聘为《甘肃通志》主纂。清宣统二年（1910年）夏，通志告成。此志出版时定名《甘肃全省新通志》，是继乾隆《甘肃通志》之后的又一部省志，弥补了甘肃近200年无通志的缺憾。全志计100卷300余万字，体制完备，纲目清晰，内容丰富，是公认的佳作良志。同年，任京师大学堂（北京大学前身）总教习，著成《四书讲义》。辛亥革命后，再次归里，隐居自家柏崖山庄，著书刻书，间或躬耕陇亩。诗文结集为《望云山房诗集》《望云山房文集》《诗文杂集》。

安维峻是晚清官场难得的清流，始终保持士大夫的高洁品质，不计名利，忧国忧民。虽然晚年思想保守，以"大清孤臣"自居，而其炽热的爱国主义情怀永远值得称赞。

图 8-14　清人所绘安维峻出塞图

八三、宣化冈拱北

宣化冈拱北，又称北山拱北，在张家川县城北约 5 公里的查湾村。其内有中国伊斯兰教哲赫忍耶门宦教主马化龙、马进成、马元章、马元超墓庐，是哲赫忍耶门宦教徒之朝拜中心，也是该门宦北山派讲经传道之地。

马化龙（1810—1871 年），祖籍宁夏灵武，是伊斯兰教哲赫忍耶派第五代教主。清同治元年（1862 年），陕甘回民反清大起事，马化龙积极响应，以宁夏金积堡为中心，领导回军和清军激战，多次重创清军。同治九年，终因弹尽粮绝，以保全回民教众为条件，率子去清军大营自首，次年正月十三日被杀。

马进成（1865—1889 年），马化龙长孙。清同治十年（1871 年），马化龙全家 300 余口被杀，马进成因年幼暂时免刑，12 岁时被处宫刑，之后发配河南汴梁（今河南开封市）一满族官吏家为奴。清光绪十五年（1889 年）病卒。

马元章（1853—1920 年），字光烈，号祯祥，祖籍甘肃阶州（甘肃武都市），生于云南河西大东沟（今云南通海县大回村），是伊斯兰教哲赫忍耶门宦始传人马明心四世孙。云南杜文秀反清时，其父大力资助并参加之，杜败亡后家族遭清军追缉，马元章率弟侄等18人潜逃流亡。清同治十二年（1873年），辗转潜入张家川，得到原反清军"南八营"首领（此时已降清）的李德仓庇护，秘密并积极地开展哲赫忍耶复教活动。

一是解救马进西。马进西是马化龙长孙马进成的弟弟，当年因年幼免死，按清廷既定的刑罚，像他哥哥一样，要在12岁时由内务府处宫刑为奴。清光绪五年（1879年），马元章派亲信在山西洪洞县劫得行往京城的囚车，解救马进西，历经周折安置于张家川。后在张家川南川建立道堂，讲经传道。

二是安葬马化龙头骨。马化龙被杀后，头颅示众各地10年。清光绪八年（1882年），马元章想尽办法将其头骨安葬在张家川北山，后以此建成宣化冈拱北。

三是举行悼念马化龙大会。民国元年（1912年），马元章在宣化冈举办悼念马化龙活动，庆祝中华民国成立，正式追认马进成为伊斯兰教哲赫忍耶第六代教主，教内尊称之为"汴梁太爷"，自己以第七代教主继任，教内称"沙沟太爷"。

四是迁葬祖坟。民国初年，争取甘肃督军张广建同意，将曾祖父马明心骸骨迁葬于兰州东稍门外，并建立拱北。

马元章聪慧有智，阅历丰富，在宗教上除遵循马明心的宗旨外，还强调兼用汉文宣传教义，用儒家之学解释宣扬伊斯兰教。著有《省己格言》《鉴古训》《道统论》等文。改革历代哲赫忍耶教主强调"舍西德"（为教牺牲）的做法，极力主张休养生息、和平兴教，从而使哲赫忍耶教派得到前所未有的大发展。民国九年（1920年），甘肃海原大地震，在宁夏西吉沙沟主持西海固教务的马元章罹难，葬于张家川宣化冈拱北。

马元超（1859—1929年），字光翱，号慧庵，马元章同父异母弟。追随其兄马元章参与诸多重大复教传教活动。民国十一年（1922年），派人将其遗骨迁葬于张家川拱北。兄弟俩乐善好施，民间称马元章为"大善人"，马元超为"三善人"。去世后，葬宣化冈拱北。

图8-15　民国时宣化冈全貌图

清光绪十五年（1889年），宣化冈拱北始建；民国四年（1915），定名宣化冈，取"宣扬教化"之意。此后历年建修，形成规模宏大的建筑群落，依山就势，气势磅礴。民国十一年（1922年），于右任度陇入蜀途径张家川，有《张家川》诗曰："振臂一呼此启疆，河山耕牧势犹强。早知骑射雄西北，今见威仪视帝王。万户蒸腾风又雨，一川填咽海还桑。天荒地变真闲事，金碧参差宣化冈。"1949年前，有大小院落24处、各种房舍300多间，主要建筑为八卦墓庐、观光楼、别有春、留春崖、翠真门、省心楼、礼拜堂、经厅等。1958年一度损毁。20世纪80年代以来，重新整修，重建经亭、礼拜殿、拱北八卦墓庐、飞檐淋浴房、接待室、观光楼等，建筑面积2300平方米，基本恢复往日旧观。宣化冈每年要举行大型宗教活动10多次，每次前来参加活动的信教群众涉及全国13个省区。

八四、地方志所载秦州物产

清代秦州的几部地方志，如顺治《秦州志》、乾隆《直隶秦州新志》、光绪《秦州直隶州新志》在"食货"编都分类列举秦州物产，如"谷之属"粮食作物、"蔬之属"蔬菜作物等，从中可知清朝普罗大众日常生活状况。兹以光绪《秦州直隶州新志·食货》之"物产"移录解说之。

> 州人作业，土农外商为多，工次之。土所出货，水烟遍行楚、蜀、吴、越、闽、广，次则药材，又次则布棉。工作以核桃木器为所独，其大较也。

这是在讲秦州的生业经济概况和可用于商品交换的土特产。"作业"，指产业。"工作"，即手工所作。"水烟"，指由烟叶而烟丝而压制成方块状的烟草产品，吸食时借助一种有储水的烟瓶——水烟瓶享用，所以将水烟瓶用的烟草产品叫水烟。清康熙时，烟草引入天水，乾隆时大量种植，乾隆《直隶秦州新志·食货》说"其最多者烟草"。有清一代，秦州的烟草尤其是水烟生产比较繁盛。秦州水烟是名品特产，畅销南方各地。"布棉"，指棉纺织。明嘉靖年间，秦州北乡三阳川、新阳镇已有种棉纺织的手工业，清代渭河沿岸多有棉花种植，其棉布产品（俗称土布）也是相当知名。另，秦州家具生产也成规模、上档次，民间有"桌椅板凳出秦州"的说法。如民国《徽县新志·食货志》说："士大夫之家，桌、椅、盘、匣等稍精细者，皆购自天水。"

> 谷，稻、梁（梁）、菽、麦、黍、稷具。麦之属有青稞、大麦、小麦、荞麦、燕麦、大荞麦、小荞。菽之属有大豆、黑豌豆、白豌豆、黑豆、黄豆、绿豆、扁豆、小豆。稷则有黄有白，稻则有糯有秔有籼。余则芝麻、胡麻、麻子、荏子。

以上所列是谷类作物，即五谷之类。一般而言，五谷是谷、糜、稻、麦、豆。这个“单子”有些乱，列有6种作物：稻，没有疑义；粱，其实应是比小米颗粒大一些的黄米，也就是糜子中糯性糜子脱壳者，正是黄粱美梦中的那个“粱”；菽，豆类作物；麦，没有疑义；黍，本来就是指黄米；稷，指粟，即谷子。就是说，粱和黍重叠，一物列两次，也可能是著者以“黍”泛指糜子，而将黄粱单独列出来强调一下，五谷成了“六谷”；也可能著者误以“粱”指高粱。在清代，民众平时以食用糜、谷、高粱等杂粮为多，米、麦很少。其中不列玉米，这大概是疏漏吧！玉米是明朝末年传入天水的高产作物，名称较多，如包谷、籼麦、玉麦、番麦等。

菜，芹、芥、瓠、壶、莴苣、莙荙（即甜菜）、蔓菁、菠菜、胡荽、圆根、豇豆、南瓜、倭瓜、地蒌、蘑菇、蕈、白苋、红苋、马齿苋、麦穗、羊肚、鹿角、葱、韭、薤、蒜、小蒜、王瓜、劈蓝、苦苣、蕨、藜、藿、苔、茨菰、荠、菘。萝卜，有红黄白三色、种有六七。韭最美。

这个时蔬菜谱，家菜、野菜一体罗列，有些混乱。当时蔬菜的大宗是白菜（即菘）、萝卜。混杂其中的野菜是蕈（野生能食用的束伞状蘑菇）、马齿苋、麦穗（又称麦瓶儿）、羊肚、鹿角、苦苣、蕨、藜（即灰菜）、荠（即荠菜），其中漏收天水人最爱吃的乌龙头。明代末年传入中国的马铃薯、辣椒秦州肯定有，如辣椒在明万历《伏羌县志》中即有记载，马铃薯在民国《天水三字经》中有“土豆多，吃一年”的说法，而这个时蔬菜谱不记，大概也是疏漏吧！

果有杏、李、郁李、桃、樱桃、栗、榛、橡、枣、砂枣、羊枣、林檎、苹果、白桑椹、黑桑椹、白葡萄、紫葡萄、石榴、楸子、西瓜、黎瓜、甜瓜、木瓜、梨。柿与核桃，自州西北则无有矣。

这些果品我们都见过吃过，一些称谓则有些生疏，略作解释。李子，又叫郁黄子，"郁李"大概还是李子家族的一种吧。橡，即橡子，味涩苦，也能食用，唐杜甫《同谷七歌》"岁拾橡栗随狙公"中的"橡栗"就是此物。羊枣，即黑枣，属柿子家族，俗称羊粪枣，枣小而黑，像羊粪，故称。苹果，指19世纪下半叶引进的西洋苹果。林檎，就是我国土产的传统苹果，古籍多称"奈"，秦汉时已有栽培。黎瓜，就是洗净了可以带皮吃的脆瓜，也叫香瓜。秦州的水果，普遍栽种的是桃、梨、柿、核桃，东乡的柿子、北乡的齐桃、林区边缘的核桃都很出名。

药有人参、红花、白芨、紫苏、朴硝、芒硝、泽泻、瞿麦、地榆、藕茎、商陆、蒿根、菖蒲、茵陈、贯仲、蒺藜、庵蕳、五倍、枸杞、地丁、夏枯草、白芥、细辛、沙参、漏芦、地椒、山药、蜀葵、牛黄、狼毒、苍耳、丹皮、藿香、茴香、升麻、黄蓍、木通、贝母、牵牛、萆麻、南星、益母、乌药、车前、百合、白芷、芫花、猪苓、鼠粘、防风、花椒、川芎、何首乌、五加皮、骨碎补、茯苓、栝蒌、马兜铃、王不留行、威灵仙、石膏、木贼、苦参、薄荷、荆芥、苍术、黄芩、杜仲、当归、柴胡、芍药、五味、麻黄、羌活、谷精草。而半夏最佳，秦艽、甘草、款冬最多。草有茜草、马兰、苜蓿、蒿艾、蒲苇、芦水葱、席萁、三角、吉祥、蛇儿。龙须、虎须、靛为多。

秦州多产道地中药材，自古有"千年药乡"的称誉，如北宋《太平寰宇记》就载有产自秦州的麝香、芎藭、石斛三种特产中药材。所言"最多"的几个品种，秦艽因产自秦地而得名，甘草更是山野遍地都是，而款冬花至今还是本地人工种植药材的常选品种。

木有松、柏、椿、楸、槐、柳、榆、椴、黄杨、白杨、青杨、垂杨、五柞、青桐、椒、皂荚、柽、桑、苦竹、金竹、凤尾竹。惟墨竹最少，漆为贵。

通常而言，比如柳、垂杨在沟渠水边多见，柏树在南郭寺、伏羲庙、玉泉观等寺庙道观多见，槐即国槐用于行道树，松木多用于建造房屋，各种竹子长不粗壮，正好可为园林佳品，"宁可食无肉，不可居无竹"。"漆为贵"，此话不假，秦州生漆质量上佳，唐杜甫流寓秦州，《寄赞上人》有句"近闻西枝西，有谷杉漆稠"，漆器也是自古出名。

花有迎春、探春、荼蘼、玫瑰、丁香、丽春、芍药、黄梅、木笔、石竹、海棠、碧蝉、月季、蔷薇、山丹、白山丹、萱珍珠、马缨莲、白玉簪、绛玉簪、藏金莲、旱莲、海榴、百合、串枝莲、万寿菊、六月菊、凤仙、鸡冠、翦秋罗、蓼、千岁谷、牡丹，菊最佳。

这些让人赏心悦目的花卉，即使城里不常见的品种，如旱莲、串枝莲、鸡冠花等，直到现在还可以在农家小院看到；丁香、芍药、木笔（即玉兰）、海棠、月季、蔷薇、百合、牡丹、菊等，则是长盛不衰的传统花卉，其中以芍药、牡丹、菊、月季等最为常见。当然，关于花的列举也是大致列举，其中就不见莲花即荷花的踪影，事实上秦州城南水月寺的莲花久负盛名，诗人多次咏及，如王权有《水月寺看荷花二首》。

食物，羊、豕最多而鱼则间有之。兽则狐狸、虎、豹，取其皮，羊皮为多。虫则以巢养蜂，割密（蜜），所在有之。旧志具录他鸟兽虫鱼，以无与于食货，故不载。

这是说为人所能用的动物及昆虫，羊、豕（即猪）、鱼是吃肉用，狐狸、虎、豹取皮用，蜂是割蜜用。清代，秦州大山深处有老虎在，所以"州志"都有记载。至于豹子，20世纪50年代麦积山一带还多见。

分析光绪《秦州直隶州新志》所载"秦州物产"，可以看出，基本上是物产名录列举，缺少相关数据统计和手工生产的历史沿革。但还是勾画出了秦州当时物产的"横断面"，让我们知道秦州人吃的、用的都有些什么。

宣统《直隶秦州乡土志》记载秦州土特产"制造大宗"有烧酒、水烟、黄酒、核桃木器、漆器等，并从商务视角记载宣统年间"州境行销土产"，如"粗药数十种，多零星采买，约五六十担，每担约二百余斤""漆约百余桶（小桶重数斤，大桶重十余斤）""蜜约二三十担""烧酒约十万斤""黄酒约三千数百缸（每缸出酒约五十壶）""黄烟叶约数十万斤"。有这样的数据，对认识秦州物产无疑会更加具体一些。

八五、秦州五城

城，四四方方一座城，高高的城墙，有吊桥的护城河，繁华的街市……而清代的秦州城有个性，比较独特，是五城东西相连，史志上称"秦州五城"。不过，秦州五城并不是从来就有，而是明代逐渐形成的；北魏郦道元《水经注》所言秦州五城是围绕中城的环形相接，而清时的秦州五城是以大城为中心的东西向并排相接，虽然都是"五城"，但就形制而言，北魏的此"五城"和清时的彼"五城"完全不同。

秦武公十年（前688年），秦攻灭邽、冀戎，设置邽县，县治就在今天水市城区。秦朝建立后，邽县改称上邽县。西晋太康七年（286年）之后，秦州州治、天水郡郡治均自冀县（今甘谷县）迁移上邽，从此上邽一直为州治所在。按，邽县、上邽县故址在晚唐上邽废为镇之前，其治所一直在今天水市城区。唐之后从今秦安叶堡川迁来的成纪县，其治所也一直在今天水市城区。明代开始，秦州城不再设县，原成纪县所辖归秦州直辖。因此，清秦州城的源头就是先秦时期的邽县。

关于秦州城的形制，《水经注》透露是"五城相接"，而因战乱损毁多次，唐代杜甫笔下的秦州城已看不出"五城相接"样子。北宋庆历二年（1042年），秦州知州韩琦增筑秦州城时，史有明载：秦州只有一个大城，韩旁着秦州城东西两边各增外城，大抵可算作三城。

元朝资料缺乏，秦州城形制不详。但可以肯定，明朝初年秦州是州城和卫城两城。明嘉靖二十一年（1542年）夏，新筑西郭城，次年春完工。明朝末期，又在西关城西筑小西关城，即伏羲城。中城介于大城和西关城之间，有罗玉河从中穿过。总之，"秦州五城"格局是在明代逐渐形成的。

清承明制，秦州五城依然是五城。康熙《秦州志·城池》说：

> 州城。旧制周围四里，高三丈五尺。辟三门，东曰长安，西曰西宁，上俱有重楼。南门亦如之。外环池，深二丈……
>
> 中城。东接大城，西距罗玉河，门上覆以重楼。北为菜园，南为前后寨，皆有民居。
>
> 中城西为西关城，形如钟，东西南北皆有门，门上覆以楼。此通庵沟，西连伏羲城。
>
> 伏羲城。一曰小西关。内建太昊宫。西门外为社稷坛。
>
> 东关。占古城之半。东门外为演武场，北有演武厅旧址。

分城记载，条理清晰。其中，州城也称大城，是主城。秦州城所在南北两山相对，藉水中流，川原狭长（宽1～1.5公里），故而地处藉水之北、北山脚下的城，一般情况下便因形就势，呈长条形状，东西向发展，特殊的地理环境造就五城，或形容为"相属如联珠"，民间称筏城或船城。五城之中大城、东关城较大，大城之西的中城、西关、小西关较小，藉河在城南流过，登高望之，秦州城宛如一条停靠在北山山麓的大船。

大城高约三丈五尺，厚二丈有三尺。周长四里。有东门为长安门，西门为咸宁门；北门闭塞，南门为环障门。东城楼有巨匾"望重长安""俗敦皇古"。基本呈正方形，边长约720米，面积45.27万平方米。有东西通衢大道一条。晚清之时，城内有州署衙门、道署即行台、游击署、太仓、义仓、试院、陇南书院，文庙、城隍庙等机构或建筑。当时的州署在今儿童乐园处，道署和试院在今市政府大院处，部分建筑尚存。其衙门的小环境应该不错，分巡巩秦阶道董文焕诗句"水声池畔屋，山色竹边青""栖闲卧竹庭，柳疏依槛碧"，吟咏的就是道署庭院景观。

图8-16　清光绪《秦州直隶州新志》所附秦州州城图

　　清代秦州城最大的变化应该是穿城而过的罗玉河的彻底改道。罗玉河，《山海经》称洋水，发源于州城西北的邽山（今麦积区凤凰山），明代嘉靖二十一年（1542年）西关建成后，罗玉河经由中城和西关城之间穿城而过，南向流注入藉河，水患也就在所难免。明朝分流罗玉河由城北东流，至乾隆六年（1741年）秦州知州程材传主持将分流剩余、穿城而过的罗玉河彻底截流，使之由东关城外侧流入藉河，从此解除罗玉河水屡屡横冲秦州城的水患。之后，在中城西面河道南北修筑城垣，使中城、西关联结，设有4个城门，北面是中和门、北极门，南面是南祥门、水城门。中城东西宽约240米，南北长约880米，面积21.12万平方米。城内主要建筑是横跨罗玉河的罗玉桥，罗玉河彻底截流后，桥依然存在。现中心广场就是以前的河道之所在，桥店子的地名就和罗玉桥相关。

　　西关城西狭而东宽，形状有如大钟，有城门5座，东面为衍渭门、新城门，西面为启汉门，南面为阜康门，北面为大庆门。西关城东城垣长

1036米，西城垣长280米，南北城垣各长约860米，总面积63.05万平方米。城内建筑有会福寺、关帝庙、后街清真寺、山陕会馆、织锦台等，清进士张庆麟、蒲珩、张世英、哈锐、葛汝葆等人故居，石（作瑞）道台故居、杨（名显）布政使故居也在西关。晚晴著名的亦渭学校就在其中。西关商业繁盛，大贾货栈多汇聚于此。

小西关城，时人习惯称伏羲城，在西关城西，其间有水沟相隔，独立为城。西门称西稍门，门额榜书"羲皇故里"，东门史志未记其名称。南北有城垣联接西关和小西关城，有城门称小南门、小北门。此城东城垣长240米，西城垣长184米，南北城垣各长640米，面积20.19万平方米。伏羲庙雄踞其中，城也就叫伏羲城了。伏羲庙而外，有中药铺、百工小作坊、烟房，有张家、李家坟院，有古柏大槐、田园菜地等，西门月城尚有火神庙、同仁寺，平日里恬淡雅静，古趣盎然。晚清父子进士任其昌、任承允故居也在其中。当然也有热闹非凡的时候，每年正月十四至正月十六为人宗（天水人喜称伏羲为人宗爷）庙会日，城里城外的人们齐聚伏羲庙拈香拜祖，许愿祈福。天水人过年，朝完人宗庙才算完。

东关城较狭长，西附大城，有城门5座，东面为望垣门，东门月城外为广武门，南面为阜财门，北面为拱极门。此城东城垣长440米，西城垣长440米，南北城垣各长1000米，面积49.2万平方米。城内有天水书院、文昌宫、万寿宫、关帝庙等。晚清时，天水教区天主教总堂也设在东关。

清代的秦州城，历经多次重修，皆是增高或加厚，或将原来有隔离的城与城之间南北，再筑城垣联结紧密，但五城格局始终未变。其市面从东关城直至小西关城有东西大道贯穿，主要商铺对列大道南北。满城皆是民居，马鞍架人字梁瓦房，大小巷道连通，有类没有围墙的"坊"。大户人家都是狭长形一进二院、一进三院、一进四院模式，功能明确，院内遍植石榴、丁香、凌霄、葡萄、牡丹、芍药、腊梅、海棠等花草。庙内植柏，行道种槐，路铺石板。古巷口皆有牌楼，巷子深处立有小庙。东关、西关、小西关三城空隙之地还有果蔬菜园，为闹市之中平添田野

232

之趣味。承平之时，清代的秦州确是西北内陆少有的上善之区，市面繁荣，古香可爱。

秦州城所在，唐人称邽川，宋人称秦州川，今人叫藉河川，夹持在南北两山之间，川原狭而长，杜甫《秦州杂诗》"莽莽万重山，孤城山谷间"是其最形象传神的写照。之所以在此地筑城，完全是因为交通、军事位置重要使然。川原狭长，城郭狭长，小是小些，但小得精致，小得个性张扬。单单五城相接就很独特，近城北山有玉泉观、泰山庙，藉河对岸之南山有南郭寺、李广墓，敬神信佛、登高畅怀都有去处。城南门外有水月寺、宋琬祠、官泉，堤岸古柳，镜湖荷花，水木佳胜，风光无限。清初诗人宋琬诗句"柳垂低烟色，荷枯碎雨声""桥影眼花鸭，波光浴竹鸡"，晚清诗人任承允诗句"池荷衣阁净，堤柳带山排""树团村舍全成画，云拥山光半入城"等都是在吟咏城南美景。

民国之时，秦州古城基本格局保留。20世纪50年代，天水为方便交通，扩大城市面积，开始逐步拆除秦州城墙，至1971年旧城基本拆除完毕。改革开放后，旅游热兴起，尤其是丽江古城、平遥古城产生经济效益后，人们不由怀念起五城相连、形制独特的秦州城。往事成云烟，后事犹可为。城垣虽毁，一些古巷民居尚存，做好保护十分重要。近几年西关古城连片修缮保护、合理利用效果良好，已成为旅游热点所在。而其他古巷民居也应得到有效保护，以留住这些城市发展的坐标和见证物，不辜负其国家历史文化名城的称号。

第九章　民国时期

　　1912年3月11日，骁锐军统领黄钺响应共和，发动秦州起义，成立甘肃临时军政府，清王朝在甘肃的统治结束。民国八年（1919年）前清进士哈锐创办炳兴火柴股份有限公司，开甘肃民营工业之先声。之后，陇南镇守使孔繁锦盘踞天水8年，横征暴敛，大种鸦片，先后创办陇南机器局、开明电灯公司等企业。民国十九年，马廷贤祸害天水，烧杀抢掠，无所不用其极。民国二十四至二十五年，中国工农红军第二十五军、一方面军陕甘支队、二方面军、四方面军第二纵队长征，先后途经天水北上抗日。全面抗战时期，天水成为大后方，国立五中、国立十中、焦作工学院等学校迁入，天水县城一度很是繁荣，被称为西北小上海。民国三十四年，宝天铁路建成通车。1949年8月3日，中国人民解放军第一野战军一兵团所部解放天水，成立天水市军事管制委员会，全面接管旧政权。

八六、黄钺秦州起义

　　黄钺（1869—1943年），又名佑禅，晚年改为幼蟾，湖南宁乡县人。其父黄万鹏曾随左宗棠西征平定阿古柏叛乱，因功授新疆提督。黄钺早年目睹清朝腐败，萌发革命思想，认为"非革新专制，推倒满清腐败政府，国将无以图存、民将无以自立"，积极从事推翻满清的革命活动。清光绪三十一年（1905年），与黄易等人在湖南建立革命组织新华会。清光绪三十二年，在上海加入同盟会。清宣统二年（1910年）年底，主动请缨前来甘肃开拓新的革命阵地，即以候补道员和故人之子的双重身份晋见陕甘总督长庚，取得信任，被委以甘肃新军督练公所总参议之职。

清宣统三年（1911年）九月，继武昌起义成功之后，陕西革命党人举义成功，长庚指使升允等人率甘军向革命党人疯狂反扑，攻陷长武、邠州、醴泉等地。当此紧急关头，黄钺面见长庚，要求拨一军驻扎秦州，名为封堵四川革命军援陕西路线，实为相机夹击攻陕之甘军。得到长庚应许后，便以骁锐军统领的名义率自募兵1个营500余人抵达秦州，驻兵秦州城北泰山庙，时在农历十一月初二日。名义上黄钺所部还有崔正午的5个营，实则崔自行其是，不接受黄钺节制。

黄钺到达秦州后，并不因军力薄弱而气馁，而是急革命所急，积极联络秦州及各方进步人士及革命者，时刻准备发动起义。民国元年（1912年）3月11日（农历正月二十三日）凌晨，联合秦州城防军果断发动起义，斫杀游击玉润，控制秦州城内各衙门，夺取秦州城。上午11时许，各路义军会聚齐道署衙门，鸣土炮四响，得反正官吏、绅商代表各界拥戴，黄钺宣布甘肃临时军政府成立。起义者共推黄钺为都督、原巩秦阶道向燊为副都督。砍倒黄龙旗，悬插象征革命的白旗（辛亥武昌举义成功即用白旗），并在全城张贴"红缨大帽，前清所造，民国建立，一律不要"等标语，除旧布新，秦州光复大业告成。魏绍武《黄钺在秦州反正回忆》："是日也，各城门仅关闭两小时，悬旗之时各处妇孺奔走环观为乐。防御之兵各守岗位，各街商民皆举手欢呼，未曾少受惊扰……在边地举行惊天动地之义举，能有如此极为文明之措施，为历来之所仅见。"军政府内设军政、财政、民政、教育、司法、交通六司，各司设正副司长，各负其责。随后，军政府颁布《甘肃临时军政府约法》，施行新政措施，如制定新法、减免苛税、紧缩各项经费开支、推广普及教育等，秦州地方一派崭新气象。

秦州起义之所以能干净利落完成各项既定任务，和黄钺的精心谋划密切相关。在起义前夕，为掩人耳目，正月十二日起组织社火秧歌队，军民联欢闹社火，每日早晨率领军队由泰山庙开往东校场。正月十五日后改由中和门进城，经过街市仍去校场。将"仪仗迎春"常态化后，于正月二十三日早晨六时突然发动起义，一举成功。

关于秦州营游击玉润的死因，各种资料模糊不一，而最荒唐的是《清史稿》的记载。《清史稿》卷283《忠义十》为玉润立传，此人完全是恪尽职守的殉节烈士形象，因临阵抗击革命军中弹而亡。其实情，据天水市档案馆所藏《壬子日记》，玉润系汉军镶红旗人，其人就是得过且过混日子的颟顸庸官，起义发生时还在赌场混迹，彻夜未归，义军士兵追踪而至，玉润拒捕，跳上房顶走避，被长斧砍伤而亡。整个秦州起义，就死了玉润一人，其家属还得到善待，说成是和平反正也毫不为过。

秦州起义给甘肃的清廷顽固势力以迎头痛击，消息传到陕西前线，甘军无心再战，直接促成停战和约的签订，致使清王朝"偏安西北"的企图成为泡影，也促成甘肃承认共和。同年6月7日，在北洋政府和甘肃地方势力双重压迫下，秦州甘肃临时军政府和兰州甘肃军政府签订《和平解决条约》14款，黄钺宣布取消独立，离任南归。

黄钺是一位有胆有识的革命家，秦州起义粉碎了清廷残渣余孽企图以西北作为反对共和基地的阴谋，促成甘肃易帜承认共和，使得甘肃在辛亥革命史上有了一席之地。同时，他也是一位敢于斗争、善于斗争的斗士，坚决不接受赵惟熙强加的污蔑之词，坚决不无原则地放弃秦州临时军政府，最终在斗争中促成《和平解决条约》的签订，而后挂冠南还。军政府期间，行政人员酌情发放伙食费外，一律不支薪水，其清廉进步可见一斑。秦州临时军政府解散了，但推动共和的丰碑永存。黄钺《和平解决条约签订后对同胞之赠言》，情真意切，感人至深。当然，秦州民众也不会忘记这位勇敢无畏的共和斗士，起程当天，秦州民众、学生千人东郊送别，场面感人。

黄钺南归后，孙中山授以陆军上将衔，自此在孙中山领导下从事各种革命活动。先后参加过讨伐袁世凯、张敬尧、陈炯明等军阀的战争。民国十五年（1926年）任鄂豫边司令，参加北伐，攻克南京后，因与蒋介石政见不合，还乡隐居。民国二十七年（1938年），以70岁高龄号召组织湖南抗日义勇军，拟赴前方杀敌，被国民党第八战区以"受共产党唆使"为名解散，并遭软禁。恢复自由之后，再次赋闲还乡，民国三十二年（1943年）病故。

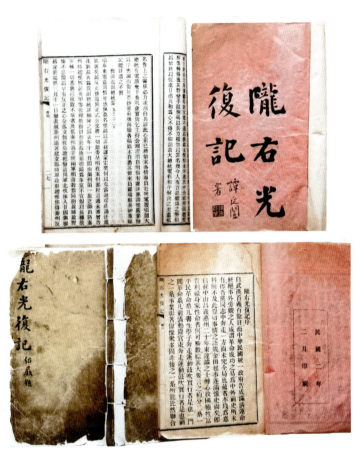

图9-1 黄钺所辑秦州起义文献汇编《陇右光复记》书影

由以上事迹可以看出，黄钺一生都保持着革命家的本色，不断抗击邪恶势力。不过，他的革命生涯，以秦州起义最为风光，因为秦州起义是辛亥革命时期甘肃最有代表性的革命事件。

八七、宁远伏羌更名

武山县在民国以前称宁远县，而甘谷县叫伏羌县，民国时期更名后就有了现在的称谓。此二县在清代均属巩昌府管辖。

民国三年（1914年），内务部更名宁远县为武山县。更名原因，当时称"宁远"的县就有五个之多：奉天省（今辽宁省）宁远县、山西省宁远县、新疆省（民国时称"省"）宁远县、湖南省宁远县、甘肃省宁远县，相当混乱。全国类似的情况也时有所见，因此北洋政府内务部便更改重复县名。结果是，奉天省宁远县改名兴城县（今辽宁兴城市），这个宁远就是明末袁崇焕抗击后金努尔哈赤取得宁远大捷的那个宁远；山西省宁远县改名凉城县（现属内蒙古乌兰察布市）；新疆省宁远县改名伊宁县；湖南省宁远县设置时间最早且一直未改名，依旧保留"宁远"县名。我们重点要说的甘肃省宁远县更名武山县，时在民国三年（1914年）元月。

至于为何由宁远而武山，说法较多。一说县境多山，县城群山环抱，且县人尚武、爱武、习武、精武，有"武术之乡"之誉，故称。一说县城西山丹镇、鸳鸯镇交界处有广吴山，临水挟山，当川限谷，地理位置重要，相传当年汉光武帝刘秀西征隗嚣进兵于此，后人避"光武"讳以谐音"广吴"名山。再后来就由"广吴山"脱化出"武山"之名。对于诸如此类的传闻，姑妄听之可矣。事实上，宁远更名武山之时，官方文件上对更名依据有说明："查该县有武城山，为邓艾拒姜维处，为一方要塞，拟即定名武山县。"蜀汉延熙十九年（256年），大将军姜维攻魏，意欲攻取南安，魏征西将军邓艾占据武城山截击，姜维不能取胜，东下转战落门，还是不能取胜，即趁夜色东下奔袭上邽，又为邓艾伏兵在段谷击败，姜维撤退汉中。这一战事史有明载，武城山之名也是第一次出现在《三国志》中。铁笼山是武城山的主峰，武山民间至今流传姜维大战铁笼山的传说。"宁远"取名本来就和军事有关，按明郭子章《郡县释名》的解释："县以寨名，宁辑远人之意也。"而更改的县名也和军事要地武城山联系在了一起，这"武山"即是武城山的省称。

今武山县境内，在先秦至于东汉很长时间都没有县治，其东部归冀县所辖，西部归豲道所辖。东汉末年始设新兴县，治所在今鸳鸯镇广武村附近，此县隋朝以后并入陇西县。北宋天禧三年（1019年）置宁远寨，治所在今武山县城关镇。北宋崇宁三年（1104年），宁远寨升为宁远县。金泰和七年（1207年），金属宁远县降为宁远寨。元至元十六年（1279年），宁远寨又升为宁远县，明清因袭，直至更名的民国三年。

民国十八年（1929年）1月1日，国民政府内政部更名伏羌县为甘谷县。直接原因是，"伏羌"之取义对少数民族不友好，杀气太重。范长江《中国西北角》说："……三十里下山至甘谷，甘谷原名伏羌，县设于唐代，即征服羌人（羌人即藏人——记者）而设之城邑。此种侮辱藏族之地名，不能再让其留存。"其实，范长江游历甘谷是在1935年12月4日，此时距伏羌更名甘谷已过好几年了。范的说法正是伏羌更名的主因。至于伏羌的"羌"是否专指羌族，或一定就指藏族，还需要进一步辨明。

伏羌县设立，《旧唐书·地理志》有明确记载："伏羌，汉冀县，属天水郡。晋于此置秦州。后魏改为当亭县，隋复为冀城县。武德三年，改为伏羌县。"其"武德"是唐高祖李渊的年号，武德三年即620年。至于为什么要将冀城县（治所在今秦州区关子镇）改为伏羌县，史书没有说明，推测大抵是境内安置了"羌"，取个压制性质的地名以壮声威。从源头上说，今甘谷县境内最早设立的县叫冀县，为秦武公十年（前688年）秦国攻灭冀戎后所置，可见甘谷自古就是多民族聚居区。东汉时，羌人多次兴兵反抗朝廷，攻击陇右各地，以冀县为郡治的汉阳郡（由西汉天水郡改名）就是汉朝和羌人攻防的重点区域。羌人被彻底镇压后，受抚羌众多安置在汉阳郡。按，关于羌和甘谷的关系的详情可参看前文《羌人的反抗斗争》。魏晋南北朝时期，史籍所谓"五胡乱华"中的"五胡"就有羌，南安赤亭羌人姚苌还建立后秦政权，其父姚弋仲的归葬地"狐聚"就在今甘谷散渡河、渭河交汇处的姚庄。墓称高陵，姚苌"置园邑五百家"。据传，今姚庄姚姓之人就是当年的守陵户。可见，在南北朝之前，甘谷境内多有羌人。唐武德元年（618年），也就是唐王朝建立的第一年，赤排羌与薛举部将攻扰汉中，唐以窦轨为秦州总管，击破之，说明在秦州一带羌人势力还不小。一直到100多年以后唐乾元二年（759年）杜甫流寓秦州时，还能看到秦州城郭"羌童看渭水""羌女轻烽燧"的场面。至此可断言，唐武德三年改冀城县为伏羌县，就是基于县境大有羌众的形势而加强维稳的行政举措。范长江注"羌人即藏人"，不对，也对。说不对，因为唐初设置伏羌县的由来，的确是因为境内有需要羁縻的羌众，而非藏族；说对，是因为宋代的伏羌城、伏羌寨所要伏的"羌"已不是唐初那样的羌族，而是以"羌"代指散落在今甘谷县境内的藏族祖先吐蕃族。

伏羌更名，为什么要更为"甘谷"，原因比较复杂。唐天宝十四年（755年）吐蕃攻占陇右之后，唐初设置的伏羌县废止。北宋建隆三年（962年）始设伏羌寨，治所在今甘谷县城，"伏羌"名称恢复。北宋熙宁元年（1068年），为防御西夏侵扰，秦凤路副都总管杨文广创筑筚篥城，宋神宗赐名"甘谷"。城址在今甘谷县大庄镇杨家城子，城址残存。至此历史上的今甘谷境内有二地——伏羌寨和甘谷城并存，互不统辖，并属秦州。熙宁三年，伏羌寨升为伏羌城。金正隆元年（1156年），金属甘谷城升为甘谷县，元至元七年（1270年）并入通渭县。至元十三年伏羌城升为伏羌县，明清因袭，直至更名的民国十八年。

没有问题，在文明社会，像伏羌这种带有侮辱意味的地名的确不能让其存在，问题是改个什么才算好呢，最终是将伏羌更名为在宋代和它共存过的甘谷。"甘谷"是支持变法的宋神宗的赐名，而甘谷城的创筑者又是宋初名将杨业的孙子杨文广，杨家将英勇抗敌、名扬千古，加之伏羌城所在的渭河川区平畴宽广、蔬果盈野，和"甘谷"字面意思"甘美的川谷"相当契合，那自然就以"甘谷"替代了那个讨人嫌的"伏羌"。

关于今甘谷的得名，民间有一个流传很广的说法。说通渭离渭河遥远且川道狭窄，应该叫"甘谷"才对；而甘谷东西渭河贯通全境，应该叫"通渭"才合适，是民国十八年更改县名时，省上下发文件时搞乱了，将改通渭为甘谷的文件错发给了甘谷，将改甘谷为通渭的文件错发给了通渭，云云。显然，这是某个"聪明人"望文生义编出来的段子。事实上，"通渭"之名在北宋时就有，取通向古渭寨的意思。自北宋崇宁五年（1106年）由通渭寨升为通渭县，"通渭县"之名就一直存在，也从未更改。要说甘谷和通渭的地名纠葛，是有一点儿。1950年之前，元初废掉的甘谷县城址所在的杨家城子是归通渭县所辖，之后才划归甘谷县。

现在宁远县更名已过百年，伏羌县更名也已近百年，而二县人民好古，日常生活中没少拿旧县名说事。

八八、炳兴火柴公司

炳兴火柴公司，全称天水炳兴火柴股份有限公司，俗称炳兴火柴厂，由进士实业家哈锐创办，前期经营得法，产品质量过硬，是民国时天水尽人皆知的明星企业。

哈锐（1862—1932年），字蜕庵，回族，秦州人。祖籍福建，康熙初年西迁秦州。从曾祖父开始相继行医，而哈锐则是专攻举业。在陇南书院就读时，深受业师任其昌赏识。清光绪八年（1882年）乡试中举。此后四次参加会试，均失败，心灰意懒，因其父督教极严，不敢怠读。清光绪十八年（1892年）终成进士，朝考入翰林院选庶吉士，由是成为回族史上唯一的翰林公。《哈锐自述年谱》说："获与馆选，已为吾甘吾教破天荒矣。"时年31岁。

清光绪二十一年（1895年）散馆，任刑部四川司主事，值母丧，归里守丧三年。回京供职，遇戊戌变法，紧接着就是八国联军入侵的"庚子之变"，不得不重回故乡。光绪三十一年再至京师，之后出任四川璧山、宜宾、乐山等地知县，有政绩。民国元年（1912年），在乐山知县任内辞职，寓居重庆。

民国六年（1917年），在重庆偶遇在此经商的乡人胡子瞻、王鼎三。"他乡遇故知"，天南海北闲谈，最后谈到联合筹办手工工厂事宜，一拍即合。商定利用小陇山林区木材资源优势，开厂生产火柴；并商定胡、王再度深入重庆附近火柴工厂了解管理生产诸环节及物色技工后，先期回天水筹备。本年秋天，哈锐离蜀抵家，利用声望募集股金，筹备建厂事宜。民国七年底，募得股金白银3.2万两（每股50两，共640股）。厂址设在天水县城合作巷。民国八年3月，召开第一次股东大会，选举张仲武为董事长，哈锐为经理，胡子瞻为副经理，王鼎三为监事，正式成立天水炳兴火柴股份有限公司。

民国九年（1920年），火柴厂正式投产，生产"雄鸡牌"黄磷火柴，开天水民营工业之先河。之后，又开发出"山羊牌"硫化磷火柴。公司还在党川林区设山厂，就地生产梗子、盒片，在甘泉镇等地设外厂，以合理利用资源、降低成本。哈、胡等齐心协力，锐意经营，业务逐年发展，炳兴声誉日增，产品行销城乡，在西北市场取得很大份额。民国十五年前后，哈锐复以雄厚的资金扩大再生产，开办小型铁厂、炼矿厂，公司影响力进一步提升。民国《天水县志·建置志》称"市商以火柴公司为巨擘"。厂区还辟有菜园，哈锐自撰联曰："藉此涤烦襟，忆十载前走俗抗尘，衣冠桎梏；得闲学老圃，辟数弓地闭门种菜，城市山林"。大隐于市，大抵就是如此状态。办厂之余，他还主持存古学社，兼以社会贤达受任官署顾问，推动地方公益事业。人们将哈锐和南通的状元实业家张謇相提并论，称之为"甘肃的张謇"。

图9-2　炳兴火柴股份有限公司"山羊"牌火花（左）及"雄鸡"牌火花（右）

民国二十二年（1933年），哈锐在家病逝，享年71岁。著有《哈退轩太史诗稿》、自订年谱《蜕庵六十岁追述自叙》，曾主持编纂《天水县志》，未完稿。邑人胡圭如以《哈退轩太史诗稿》为基础，编入《蜕庵六十岁追述自叙》及部分书法作品，辑成《哈锐集》，1991年由天津古籍出版社出版。

20世纪40年代，炳兴火柴公司开创元老相继谢世，外阜火柴大量涌入，光华火柴公司等本地火柴"新势力"恶性竞争，加之法币贬值等因素，致使公司举步维艰，苟延至1952年完全歇业。这样的尾声当然不完美甚至是有些凄凉，而公司曾经有过的辉煌及敢为人先的开创之功自有其历史意义。

八九、"陇南王"孔繁锦

孔繁锦（1876—1951年），字华清，安徽合肥人。清末陆军讲武学堂毕业。曾在北洋政府军中任职，事从皖系军阀段祺瑞。民国三年（1914年），其兄张广建（孔是张的胞弟，继嗣舅父孔家，从孔姓）任甘肃督军，孔为亲兵司令。民国八年（1919年）冬，任陇南清乡督办，带领省防游击三营，驻防天水。民国九年，原秦州总镇改设为陇南镇守使，孔由此履任这个改名后新职，直至民国十五年。

这个时期的镇守使是军政一手抓、可以利用枪杆子任意作为的职位。孔就任后，积极扩充势力，据民国《天水县志》载，所部情况为："收新建右军二营，巡防四营，骑兵一营，炮兵一排；新建左军步兵五营，骑兵一营，炮兵一营；更陆续添募保卫团三营，游击四营，补充备补辎重工兵各一营，左翼分统两营，右翼分统两营，宪兵一连，分编为三支队，散驻十四县。"总兵力编为3个旅计1万余人，割据一方，为所欲为，人称"陇南王"。其管辖区为陇南十四县，即天水、秦安、清水、甘谷、武山、通渭、西和、礼县、武都、文县、成县、徽县、两当和西固（今甘南舟曲县），大致为今天水市、陇南市地域。同时还大建官署，其大门比兰州甘肃督军府的还要气派，题额"甘肃陇南镇守使署"，落款"至圣七十二代孙繁锦立"，门楹大书"高门有阬，大邦维屏"联，成为天水县城一大景致。创建九间楼，用以招待宾客，是为天水最早的砖木结构楼房建筑。还从上海购进小轿车一辆，时不时地在街上招摇，观者如潮。一旦出巡，又是古代官吏的行头，乘坐绿呢大轿，马队护从，执杏黄大旗者、背令箭者、拿印者前呼后拥。

孔繁锦本是军人出身的皖系军阀，对军事却不怎么关注，而最热心的就是理财、实业和教育，时常自诩："使我管全国财政、实业、教育，当比现在的总长、次长或专门家不知要高出多少倍。"其大的举措有以下几项。

一是疯狂敛财。养军队要钱，办实业要钱，孔繁锦办法有三个：计亩抽捐，造钱印钱，大开烟禁。计亩抽捐就是税上加税。造钱印钱算是"新事物"。首先设立铜元厂，以"军政府造四川铜币"式样，人工铸造"当制钱五十文""当制钱一百文""当制钱二百文"铜元。民间也是大量翻造，一时劣质铜元充斥市场。而后又以陇南镇守使署粮饷局、陇南平市官钱局、陇南实业银号名义发行各种钱票，其中陇南实业银号"凭票取支钱一千文"钱票，票面印伏羲、黄帝像，以体现天水羲皇故里、轩辕故里特色。民国十四年（1925年）天水造币厂投产机制铜元，仿制四川"当制钱五十文""当制钱一百文"铜元，又制造"甘肃铜币当制钱五十文、壹佰文"铜元。

图9-3 陇南实业银号发行之"凭票取支一千文"钱票

如此折腾着造钱印钱，和历史上王莽折腾着改革货币相当，苦了当时的民众，乐了当今的集币者——品类繁多。同时，大开烟禁，派员分赴各县责令民间广种鸦片，种者收烟款，不种者收"懒款"。一时，陇南各地良田沃土半成罂粟世界，群众戏称"万紫千红总是烟"。通过以上三途，孔繁锦搜刮到大量钱财，也就有了"作为"的资本。

二是大办实业。民国十年（1921年），在天水县城东郊开办陇南机器局。民国十一年，在城南门外开办和丰制革织毛有限公司；在天水造币厂附设开明电灯公司，使天水成为继兰州之后第二个有电灯的城市。民国十四年，在城内开办天隆纺织厂。这些工厂普遍效益不佳，产品基本上是军用或用作走人情、拉关系的礼品。

三是倡办学校、医院。民国十年（1921年），在玉泉观创办陇南军事学校；在大城创办军人子弟学校。陇南军事学校设步、骑、炮、工四科，前后举办三期，培养军事人才600余人。民国十二年，创办天水第一家西医院——华济医院。

四是整治交通。民国九年至十二年（1920—1923年），征调民工，整修天水通往周边各县的大车道，总里程达1400公里。同时，还修通云山镇经张家川镇、马鹿镇，过关山至陕西陇县的公路，全长约250公里。这些举措使得天水交通较前大为改善。

民国十五年（1926年），冯玉祥国民军势力深入甘肃，张维玺率部进攻天水，孔繁锦的军队一触即溃，四散而逃。孔见大势已去，给甘肃国民军总指挥刘郁芬留书一封，言："兄去矣，弟好自为之！"匆匆逃往汉中，辗转去天津定居。其积存在天水城内库存的大批军火弹药、军需物资及3000多两鸦片等全部被国民军缴获。

民国二十四年（1935年），极度失意的孔繁锦从天津返回天水，寓居伏羲城坚家河，和一直留居天水的姨太太文华英一起生活，经济来源主要依靠李子园少量私人林地收入。1951年病逝天水。

对于孔繁锦在任陇南镇守使期间的作为，各种评论都有，以否定者居多。的确，孔横征暴敛是实，滥用民力是实，为所欲为也是实，不过，他的乱作为使天水有了诸多以前不曾有过的新事物，如机器工业、电灯电话、西医医院、公路等，在一定程度上促进了社会的进步。还有一点，他在天水聚敛的民财全部用在天水，这一点比当时其他的军阀要好多了。

九〇、甘肃最早的共产党员葛霁云

葛霁云（1896—1941年），名昊，祖居今秦州区西关三星巷。葛家世代书香门第。叔祖葛汝葆，清光绪十六年（1890年）进士，曾主讲平凉柳湖书院。父亲葛挺生，举人出身，曾任甘肃环县儒学训导。葛霁云天资聪颖，酷爱读书，先后就读亦渭小学、甘肃省立第三中学（即后来的天水中学），成绩优异。后一度辍学，在天水县邮局当译电员补贴家用。

1919年，考入北京汇文大学英语系，不久退学，次年转入唐山交通大学北京分校学习铁路管理。在北京期间，结识中国马克思主义最早的传播者北京大学教授李大钊，参加他组织的马克思学说研究会。1921年，中国共产党成立后不久，经李大钊介绍，加入中国共产党，是西北地区最早的党员之一，也是甘肃最早的党员。

葛霁云的革命生涯基本上从事党的地下工作，身份多样，事迹多样。兹以编年体简述如下：

1924年，组织旅京天水同学、同乡，成立天水学会。任甘肃籍同学所办《新时代》杂志主编。孙中山在北京逝世后，在《新时代》撰写悼念文章，颂扬孙中山革命伟业和他的三民主义主张。

1925年，党组织派葛霁云去国民军二军七师邓宝珊部工作，公开职务为秘书长。同年夏，邓接受共产党人建议，在驻地河南陕州举办军官传习所，由共产党人担任政治教官，并有苏联顾问多人在该处工作。葛利用这个有利场所，积极宣传马列主义和革命道理。

1926年9月，国民军在五原（今属内蒙古自治区）誓师，改称"国民联军"，冯玉祥任总司令，邓宝珊任援陕副总指挥，葛仍为邓部秘书长。11月，西安解围后，为协助邓训练部队，在乾县创办军官教导队，聘请邓小平为政治教官。他多次给党内同志说："邓小平同志有很多优点，我们都要向他学习。"同年，先后发展吴鸿宾、王承舜、杨嘉瑞、王明甫、崔振山、邓鸿宾、柴宗孔、杨子实、聂少荣等人加入中国共产党。

1927年，国民联军驻陕总部在西安成立，于右任任总司令，邓宝珊任副总司令，下设部、厅、局，葛任民政厅副厅长（厅长邓宝珊兼任，实际由葛负责），利用公开身份为党组织提供经费，大力支持党内同志的工作。蒋介石叛变革命后，葛继续坚持在西北军中做军运工作。

1928—1930年，邓宝珊不愿和蒋介石合作，先后两次（1928年、1930

年）"蛰居"上海，葛紧密跟随，患难与共。

1931年，随邓宝珊返回西北，一度担任陕西省民政厅厅长，当时陕西的党组织经常在他家中召开秘密会议，参加者有刘志丹、吴鸿宾等人。

1932年，邓宝珊就任西安绥靖公署驻甘行署主任。蒋介石特地提出"不能带葛霁云，他是赤色分子"。邓只好先行，是年底，葛也到了兰州。

1933年，蒋介石点名电令胡宗南通缉葛霁云，邓和葛这一对患难与共长达10年的挚友，只好话别，从此再未见面。

1934—1940年，因遭到通缉，继续在国内开展工作困难重重，党组织便派葛霁云前往苏联。在苏联，曾在第三国际参谋本部工作，并在1936—1939年被派往西班牙，参加支援西班牙人民正义事业的战斗，还曾返回新疆喀什一带，做过争取马仲英部队的军运工作。1941年，苏德战争爆发，葛回国，自新疆入境后被反动军阀盛世才逮捕杀害，时年45岁。

革命家汪峰回忆文章记述葛霁云时说："葛霁云为人耿直，作风正派，在党内外深孚众望。他长期从事党的地下工作，在极其复杂而又艰苦的环境中同国民党反动派进行了英勇、顽强的斗争。他不愧为中国共产党的忠诚党员，优秀的共产主义战士。"

葛霁云天水城区西关祖居尚在，2022年改建为葛霁云故居纪念馆，对其家世、革命生涯、交游等都有比较充分的介绍。

九一、马廷贤祸害天水

马廷贤（1896—1962年），回族，甘肃临夏人。西北军阀马安良第四子。民国十五年（1926年），被北洋政府授予陆军少将军衔。民国十七年，协助马仲英在河州（今甘肃临夏市）起事，反对冯玉祥国民军在甘肃的统治。在遭到打击之后，四处流窜劫掠，滥杀无辜，武山、秦安等县备受屠害。民国十九年，蒋、冯、阎中原大战爆发，冯玉祥部精锐东调参加新军阀混战，马廷贤死灰复燃，纠合韩进禄、王占林、马入仓等万余人从宁夏南下攻城略地。5月6日（农历四月初八日），攻破天水县城。

当时的天水县城防务空虚，只有少量地方武装和省方收编的原成县土匪段鹤鸣团驻防，马部攻击，壮言主战的段鹤鸣、天水县长江纯仁潜逃，城防武装接战即溃。马部蜂拥入城，肆意烧杀掳掠，无恶不作。《天水县志·军政志》说：

> 抢者抢，杀者杀，掘地毁壁，横尸遍地。而大南门、西稍门各骈死数百人。有跳城出者，有由水窦出者，被戮于南山下又六七百人，共三千余。其带伤未死，与妇人被迫不从，或投井、或斫死，数无可稽。

光天化日之下，竟然有如此恶行！

5月12日，马廷贤自称甘肃国民军总司令，设立八大处，所部分防区控制渭川行政区所管15县，即史志所言的"陇南十四县"（以习惯称谓，将康县未记）。任意撤换各县县长，天水县一年之内更换四任县长。礼县县长马绍棠不接受其指派，据城抵抗，城破之后惨遭屠城。据当时甘肃省政府公报："城内的男子凡十五岁以上、五十岁以下者，均被匪杀尽，军民死亡七千余人。"

对马部的恶行，慕寿祺《甘宁青史略·副编》所载马部所唱"花儿"有最直接的反映。其《马廷贤部所唱歌词》说：

> 中华民国十九年，马廷贤领兵占陇南，老百姓杀了几万，哎哟哎哟老百姓杀了几万。
>
> 天水姑娘真漂亮，马司令赶在洋楼上，由他着挑了一场，哎哟哎哟由他着挑了一场。
>
> 天水的洋楼修得好，一把油柴烧过了，老百姓吓着跑了，哎哟哎哟老百姓吓着跑了。
>
> 梨花开开二月半，天水城里跌花案，大姑娘驮了几千，哎哟哎哟大姑娘驮了几千。

又,《马廷贤部初到陇南时所唱之歌》说:

　　　　攻下秦州坐陇南, 佳人财宝样样全, 过生活真个自然, 哎哟啊哎
呀过生活真个自然。

　　　　一城老小齐杀完, 我们军队当成全, 进秦州要讨赏钱, 哎哟啊哎
呀进秦州要讨赏钱。

由这些没有廉耻的土匪以胜利者姿态现编的洋洋得意的唱词, 可知天水人
民所遭受的苦难。

　　民国二十年 (1931年) 2月8日至16日, 马廷贤和部下韩进禄内讧,
韩占据大城, 马集合各县军队围攻, 韩不支逃遁, 马军进城又是大肆抢掠,
即便天主教堂都不能幸免, "全城有死之心, 无生之气矣"。

　　民国二十年 (1931年) 5月, 迫于舆论压力, 国民党中央任命严尔艾
为视察员, 赴天水重点调查礼县屠城事件。马廷贤极力逢迎, 重金贿赂严
尔艾20万大洋, 严竟然罔顾事实, 给出这样的调查结果: "马廷贤军纪严
明, 绝无屠杀不法情事。" 颠倒黑白, 无耻至极。

　　民国二十一年 (1932年) 1月21日, 川军邓锡侯部师长黄隐率三路支
队并联合各反马力量会攻天水, 马廷贤在东校场集合军队败逃宁夏。马在
天水盘踞长达3个年头21个月, 至此才算终结。时人回忆: "马廷贤进占天
水后, 杀人放火, 奸淫掳掠, 不止在城陷后的半日之内, 事实上在他盘踞
的21个月中, 各种暴行并未稍有收敛。军阀混战给人民造成的灾难, 真是
罄竹难书!"

　　马廷贤其人反复无常, 败军之后无人收留, 出走天津寓居。最终回到
临夏老家隐藏, 1959年被人民政府镇压。

九二、红军长征途经天水

　　1935年和1936年, 是天水历史上的两个光荣年份。这两年, 中国工农
红军二十五军、一方面军、四方面军、二方面军先后转战天水, 北上抗日。

1935年8月3日，中国工农红军第二十五军在军长程子华、副军长徐海东、政委吴焕先的领导下，从双石铺进入两当，并攻占两当县城。5日，进入天水县利桥沿党川、麦积、甘泉北上。9日，到达马跑泉。镇压保长及联保主任。当晚，副军长徐海东亲自指挥一个营，攻破北关，缴获大批枪支弹药及军用物资。10日，国民党三军十二师补充团、五十一军一一四师由武山、清水向天水增援。红军主动放弃攻占天水计划，击退尾追的甘肃省交通司令马锡武部骑兵。翻越凤凰山，进抵新阳镇，摧毁地方民团武装，镇压联保主任等5人。11日，北渡渭河，经五龙、千户、西川，攻占秦安县城。打开监狱，释放在押犯百余人，在大街小巷张贴"中国人不打中国人，团结起来，共同抗日！""公买公卖，不拿群众一针一线！"等标语。召开群众大会，镇压典狱员孙某等4人。12日，离开秦安县城，经叶堡、魏店进入静宁县境。

按，红二十五军于1934年11月16日从河南罗山县何家冲出发开始战略转移，至1935年9月15日到达陕北延川县永坪镇，胜利结束长征。途经4省，历时10个月，转战近万里。

1935年9月24日，中国工农红军一方面军陕甘支队7000余人在政委毛泽东、司令员彭德怀、参谋长叶剑英的领导下，进入漳县新寺镇。25日，从新寺镇沿龙川河进入武山马力镇境内，经苗丰、杨坪、王家门、付家门，强渡漳河，于中午前后宿营于鸳鸯镇以南的丁家门一带。26日晨，分三路渡过渭河，北上建军山。当晚，宿营于费家山和水家沟一带。毛泽东就住在费家山一费姓人家，此院落现存，为红色教育基地。27日，沿陇西、武山交界向通渭方向前进，在距礼辛镇约5公里的陈庄全歼敌军一个骑兵营，并于本日进入通渭县榜罗镇。

按，中央红军即红一方面军于1934年10月21日从江西瑞金等地出发开始战略转移，至1935年10月19日到达陕甘苏区的吴起镇，胜利结束长征。途经11个省，历时1年，转战二万五千里。我们经常说的"红军二万五千里长征"，就是指中央红军长征里数而言的。

图9-4　红军长征宿营武山费家山时毛泽东住过的房屋

　　1936年8月上旬，中国工农红军四方面军在总司令朱德、总政委张国焘、总参谋长刘伯承、四方面军总指挥徐向前的领导下进入陇南。8月23日，红四方面军三十一军在军长王树声、政委詹才芳领导下由漳县新寺镇进抵鸳鸯镇。其九十二师继续北进，于9月4日抵达通渭县城；而九十一师及军总部继续留驻武山鸳鸯、山丹一带，军总部留驻鸳鸯傅家门，师总部留驻山丹镇。随即，红军张贴中国工农红军总司令部布告，号召人民"快快团结起来，抗日反蒋救国，独立自由成功"，并发布韵文布告：

　　　　日寇步步进逼，国难日见加深，蒋贼甘心投降，华北全部被吞。亡国惨祸临头，眼见民族沉沦，凡属中华人民，莫不奋起图存。我军此次北上，抗日救国救民，宗旨光明正大，各界务须认清。我军抗日反蒋，联合爱国爱民，统率全国红军，誓与日寇抗争。愿同反蒋各派，建立抗日联盟，共同收复失地，坚决铲除汉奸。谁阻我军抗日，便是卖国匪军，定以铁拳相问，将其消灭干净。谁来共同抗日，即我抗日友军，全国人民爱护，我军竭诚欢迎。红军军纪严肃，到处人民安宁，各界安居乐业，无需自相疑警。快快团结起来，联合抗日红军，抗日反蒋救国，独立自由成功。

9月上旬，随军工作部门就地建立中共山丹区委，建立苏维埃武山县政府和鸳鸯、山丹苏维埃区政府、区农会，动员群众，播撒革命种子。同时，在鸳鸯、山丹、马力、颉家门等处设粮站，筹集军粮，追剿土匪，惩处恶霸。9月下旬，红军分五路纵队北上。10月8日，架起便桥，渡过暴涨的渭河和榜沙河，在建军山一带击退国民党三十七军毛炳文部尾追，经榆盘、庙儿沟、下堡等地去通渭榜罗镇。

按，红四方面军自1935年3月发动嘉陵江战役开始战略大转移，至1936年10月8日先头部队与红一方面军在会宁县青江驿会师，胜利结束长征。途经4省，历时1年7个月，三过草地，行程一万余里。

1936年8月，中国工农红军二方面军约1.7万人，在总指挥贺龙、副总指挥肖克、政治部主任任弼时的领导下，分左、中、右三路纵队，转战天水、礼县、西和、成县、徽县、武山、甘谷等地。10月5日，左路纵队六军团十六师在袭击娘娘坝时遭敌伏击，激战一夜，师长张辉在战斗中牺牲。12日、13日，红二方面军各部先后进入通渭北上。

按，红军二方面军于1935年11月从湖南桑植等地开始战略转移，至1936年10月22日在会宁县将台堡与红一方面军会师，胜利结束长征。途经8省，历时11个月，转战二万余里。

正如毛泽东主席所言："长征是宣言书，长征是宣传队，长征是播种机。"虽然红二十五军及红军三大主力途经或停留天水的时间是短暂的，所建立的党组织和政权组织也因红军的北上而隐蔽消失，但红军和当地群众建立的鱼水情谊永存。今武山县、甘谷县等地博物馆均藏有和红军长征相关的文物，就是党组织发展和民拥军军爱民的见证。

九三、邵力子捐献图书

邵力子（1882—1967年），字仲辉，笔名力子，浙江绍兴人。中过举人，又上过上海南洋公学、震旦大学等新式学堂，还留学过日本，见多识广。在上海创办《民国日报》，成绩赫赫。民国十三年（1924年）后，步入政界，历任黄埔军校秘书长兼政治部副主任、北伐军总司令部秘书长、国民党中央监察委员等职。民国二十年12月，任甘肃省主席。民国二十二年初，调任陕西省主席。民国二十六年后，历任国民党中央宣传部长、中国驻苏联大使、国民党中央监察委员会常委等职。民国三十四年抗日战争胜利后，作为国民党一方谈判代表团成员，参加国共重庆谈判。民国三十八年，参加北平和平谈判，和平无望之后，留居北平，应邀出席中国人民政治协商会议第一届全体会议。中华人民共和国成立后，历任中央人民政府政务院政务委员、全国人大常委会委员、全国政协常委会委员等职。邵力子毕生致力于国家的独立自主、民主和平事业，被誉为"爱国和平老人"。

邵力子和天水有交集，是因为捐献大量图书于天水县图书馆的大善举。其仕途显赫，多年担任国民政府高官，而一生保持文人品格嗜好，爱好读书藏书，所到之处，一有机会，便流连旧书铺或书摊搜购书籍。主政甘、陕时，尤注重有关西北文化、教育、历史、方志等地方文献的搜集和购求，并配备专人整理、登记和保管。政事之余，利用藏书潜心研究西北的历史及风土人情。

民国二十六年（1937年）春，邵力子聘天水冯国瑞为陕西省政府顾问，议政论文，颇相契合。不久，邵调南京任职，冯也应邀前往。抗战全面爆发后，日本侵略军飞机到处狂轰滥炸，西安时刻处在威胁之中。邵担心西安藏书安全，计划转移陕南某县山中。经冯陈说利弊，遂决定抢运天水存藏。当年10月，邵委托冯负责经办。在当时陕西省主席孙蔚如、陕西省政府秘书长杜斌丞协助下，图书终得启运。

由于交通工具奇缺，全部图书先运至陕西凤翔，存放在天水赵某的秦州店中。之后，天水方面三次派人联络转运，费尽周折，终于全部图书运抵天水，事在民国二十七年（1938年）。此后，冯又与邵往返函商，希望将书籍捐赠天水，"使天水士民披读感激，知所奋进！"；并给国民党元老于右任、吴稚晖等人去信，请其协助玉成，邓宝珊将军也尽力说合。最终，邵慨然同意将全部图书捐赠天水。

得到邵之捐赠后，冯国瑞即积极与地方当局协商，于当年将设在水月寺的民众阅览室扩建为天水图书馆，专辟邵力子先生纪念室存藏。冯还身体力行，联合汪剑平、王新令、聂友蓣等人考订整理、登记造册，历3月有余，撰成《力学庐书目》1册，详细记录图书状况。"力学庐"是邵力子藏书室之名，取邵力子和夫人傅学文二人名字各一字。整理后的图书，每本封面或扉页上加盖有红色竖排长方形"甘肃省天水县图书馆"印章，设"邵主席存书目录"二联登记卡，编有登记号，同时注明名称、作者、出版处、出版日期、部册数、失去册数、现有册数、价目、备考等登记栏目，还加有登记人员私章。管理严格细致。

民国三十二年（1943年），邵力子就其所捐图书情况在本年4月24日《中央日报》发表《天水图书馆记》。

天水自昔为西北名邑，人文称盛，故家流风，至今尚存，而时代茁新，作育英彦，方在雷雨甲坼际。

往岁余承乏甘政，谂知其俗重风义、尚文学，因获交其邑之贤士学人，而冯君仲翔，亦乐与余游。比余主陕，君旋携家长安，记室著论志乘之役，多得君助。二十五年西安事变后，余匆匆入都，明年二月，约君南来。适抗敌军兴，君议归陕董理余旧藏图书，以之捐赠天水，建馆而公诸世。余深感西北为国防重地，文化事业诸待倡导，图书馆之设备，尤为重要。而天水且付缺如，今创为此举，余甚题之。君果于敌氛侵袭中，展转载丛残百余箱，庋置天水，谋之邑人汪剑平、王新令、骆毅斋、聂友蓣、冯耻斋诸君，建馆城南，规模略具。君旋来渝州，备述规画充实之要，而君平昔纠合同志所主编之陇南丛书方志等，亦依资于斯馆焉。

近岁以来，关陇百事更新，天水蔚为冲会，中原士夫之辟地流寓者，咸乐其俗而欣斯馆之有成。去年冬，君再来渝，余亦方自俄归，君以徐沟刘耀蔾君所编图书目录见示，稿册善本，巨细靡遗，都凡五千二百四十二种，一万六千六百一十六册，合碑帖拓片等，略得五万卷以上。余始知斯馆之基础，幸粗能奠立矣，顾此区区图籍，品汇有限，亟待扩充，而地方资力微薄，倘海内贤达，多方赞助，俾能增进西北之文化，更因斯馆而引起西北文献之编著，现代学术之发皇，则又余之所深望已。

记文对捐书始末及其对地方文化的意义都有详尽记述，是关于天水图书馆创设的珍贵文献。文中"方自俄归"，是指邵自驻苏联大使任上回国述职。"刘耀黎君所编图书目录"，指刘文炳（字耀黎）受冯国瑞委托编成的《天水县图书馆分类目录》，现存天水市图书馆。

1994年，天水市图书馆新馆建成。2005年，筛选邵捐图书1491部、13546册专设邵力子捐书陈列室，妥善保管，并向公众开放。

图9-5　邵力子所捐清稿本《保安志略》书影

经整理，邵力子所捐图书，按类可分为5种：（1）丛书10余种，多为陕西学者编辑，以记陕西当地文物及文化动态为主；（2）方志、游记、地理类图籍，以陕西地方志为主，甘宁青等次之；（3）著作，主要是陕西及甘宁青等西北学者著述；（4）国内学者关于陕西及西北各省的著作；（5）陕西及西北各省的地理实境照片。

捐书以西北文教历史图书、地方志等地方文献为显著特色，还有不少珍贵文献。如明代嘉靖年间刻本《集录真西山文章正宗》、明代隆庆年间刻本《太师诚意伯刘文成公集》、明代弘治年间刻本《阿育王传》、明代济美堂刻本《河东先生集》、清代稿本《保安志略》5部古籍入选国务院颁布的《国家珍贵古籍名录》；明代万历年间刻本《松弦馆琴谱》等入选《中国古籍善本书目》；另有清抄本《雍胜略》等27部古籍入选《甘肃省珍贵古籍名录》。缘此，2010年，天水市图书馆被国务院公布为全国古籍重点保护单位。

九四、张大千天水作画

张大千（1899—1983年）长时间、大规模临摹敦煌壁画是中国艺术史上的壮举。这次活动的起止时间是民国三十年（1941年）5月出川至民国三十二年（1943年）11月回到成都，除去路途耗时及西宁、兰州等地考察盘桓时间，在敦煌、榆林窟考察编号、临摹壁画1年零7个月。摹得十六国至元历代壁画276幅，著成考察笔记《敦煌石室记》。民国三十二年农历九月，在兰州举办"张大千临摹敦煌壁画展览""张大千画展"，活动结束后，取道天水回成都。其子张心智《张大千敦煌行》说："我们一行十数人，从兰州出发经天水、汉中、广元等地南下，沿途还游览、参观了麦积山、广元千佛崖等名胜古迹。抵达成都时，已是金秋季节的十月下旬了。父亲两年零七个月的敦煌之行就此而告结束。"

张大千过天水时，是一个包括家属在内的团队，大约10余人。有张大千，张之二位夫人黄凝素、杨宛君，次子张心智，侄张比开（名画家张善子的儿子），挚友谢稚柳，女婿萧建初及弟子孙宗慰、刘力上等。另甘宁青监察使高一涵随行，高之诗《癸未十月与张大千同游麦积山》可证"癸未十月"即民国三十二年农历十月。其乘坐车辆为一辆客车，是包车。下榻居住地为中国银行宿舍，行址在大城阮家街，由行长、诗人苏麟善（字宝图）接待。天水陪同者有冯国瑛、汪剑平、张筱辰、范沁、李赞亭等人，皆是当地名流。停留时间大致一周左右。其间，一是参观麦积山石窟，二是举办小型画展，三是各种应酬作画。所作之画，有据可考者有5幅。

1.《西山感旧图》1幅。应冯国瑞托请而作。民国二十五年（1936年），冯和张在北京西山相识相知，"西山感旧"指此。画为没骨青绿山水，立轴，规格不详。画之顶端空白处是画之题名《西山感旧图》及张大千所作《浣溪沙》词。词云："潦倒心情百事慵，微霜惊梦思惺松。秋魔岩认旧支筇。浓淡山分眉角翠，浅深叶染酒边红。俊游俊侣总秋风。"落款"癸未九月，仲翔兄属图并赋浣溪纱求正。大千张爰"。此幅珍藏冯氏天水老宅。1961年，冯在兰州贫病交加，见到家人带来的张大千画作，睹物思人，作《念奴娇·题张大千西山感旧图》题于画端。

2.《苏子行吟图》1幅。为冯国瑞作，下落不明。

3.白描柳枝观音像1幅。应麦积山瑞应寺寺僧普净之请而作。绘柳枝观音立像1尊，简括流畅，娟秀庄严。现存麦积山石窟艺术研究所。落款"癸未十月写。留麦积山中瑞应寺。蜀郡清信弟子张大千爰"，后钤白文印"张爰之印"、朱文印"大千"。

4.《层台眺望图》1幅。为陪同的冯国瑞弟冯国瑛作。水墨山水，画面断崖峭壁，古木盘结，一人登高伫望，近处坡石上水草丛生。《天水文史资料》1986年第1辑卷首有此幅黑白照片。画之天头题诗云："子久云林力未殚，渐师高洁胜髡残。层台便是严陵濑，只觉尘埃误钓竿。"落款："浙江石溪俱从子久得笔法，此略师浙江并拈小诗，以似耻斋道兄两正。癸未十月朔，麦积山坐雨，大千张爰"。

5.《松石图》1幅。为天水青年诗人马永惕作。时诗人20岁，和张大千素昧平生，以诗代简求画。诗云："髯翁绝技艺坛伯，海内宝之如拱璧。边陬下士等蚍蜉，纵殚心力无由获。麦积之山高崔巍，示公以奇招公来。初闻脂车过秦陇，坐令遐迩欢如雷。我有宣城一尺纸，虽不足珍藏久矣。题封再拜致公前，愿借烟云生腕底。相期倘肯赐文章，坐见茅屋飞清光。"张为其诗才情怀打动，作《松石图》相赠。据马之后人说，此幅在1966年寄放某处，不知所终。

此外，为汪剑平、张仰文、李赞亭、胡子瞻、李仲明、冯国琳、胡宗珪、汝维新、张筱辰等人都留有画作。据说，麦积山归来之后，求画者众多，张大千也是尽量满足，数量多少，赠与何人，不得而知。

可以肯定，天水之行、麦积山之游，张大千心情舒畅、印象美好。次年春夏之时，回想天水的壮丽山川，激情勃发，创作诸多关于天水忆游之作。近几年，这些作品陆续现世各大拍卖行，引起轰动。

1. 《天水麦积山游》手卷。民国三十三年（1944年）"甲申三月"作。纵28厘米，横270厘米。纸本设色。画面所反映者应是入峡门之后麦积山附近的沿途风景。题诗："微霜初欲落，细雨止还蒙。一水鹅儿绿，千林柿子红。踏空礼诸佛，拔地起群龙。钟磬朝昏静，无人说赞公。"落款："天水麦积山游，甲申三月写，似守己学长教正，弟张爰"。钤印：张爰、张大千。受画者"守己"，即俞守己（1888—1973年），收藏家，时为世界书局经理。

2. 《天水游麦积山》镜心。民国三十三年（1944年）"甲申闰四月"作。

图9-6　张大千所绘《天水游麦积山》图

纵125厘米，横56厘米。纸本设色。画面基本写实，山脚瑞应寺、"望之团团"的麦积山，山顶的宋塔，山涧流水、大松古柏历历在目，凡游历过麦积山者，一望便知。题诗："微霜初欲落，细雨止还蒙。一水鹅儿绿，千林柿子红。踏空礼诸佛，拔地起群龙；钟磬朝昏静，无人说赞公。"落款："天水游麦积山作。甲申闰四月写，似梁年仁兄方家两正。大千张爰"。钤印：张大千、蜀客、人间乞食、大风堂。受画者"梁年"，即刘梁年（1905—?），收藏家，张大千友好，时居成都。

3.《天水之游》立轴。民国三十三年（1944年）"甲申夏"作。纵123厘米，横55厘米。纸本设色。画面反映者有南郭寺之南山古柏和天水城北山，传说为隗嚣宫遗址所在的皇城堡子。落款："老杜《秦州杂诗》'山头南郭寺，胜迹隗嚣宫'。予此幅正从南郭寺门北望隗嚣城所得稿也。其地荒芜，一土成干，岂避暑所宜。意当时必林木翁郁，幽径森冷。甲申夏偶忆去年天水之游，漫为图此。大千张爰"。钤印：张大千、蜀客、西方之人。鉴藏印：万里写入胸怀间，杨启霖所藏书画。收藏者杨启霖（1917—1998年），收藏家，新加坡著名华商。

4.《天水旧游》立轴。民国三十三年（1944年）"甲申夏"作。纵124厘米，横56厘米。纸本设色。画面反映者何，不好判断，似乎还是理想化、夸张化的南郭寺、隗嚣宫景色。落款："甲申夏日写天水旧游，似绳武先生方家正之。蜀郡张大千爰"。钤印：张爰、张大千、大千豪发、大风堂。受画者"绳武"，即龙绳武（1906—1994年），时任国民革命军暂编第十九师师长。

画事说完，再说一件趣事。张大千游麦积山之时，偶然发现以前从未见过的红嘴鸦，大感兴趣，雇人捕获10余只带回成都。之后，在青城山喂养繁殖放生，据说从此这座道教名山就有了红嘴山鸦。

九五、冯国瑞的石窟情结

在名和字之外，文人再取个号，是雅事，也是习惯。冯国瑞就有好几个号，其中两个比较特别，一个是麦积山樵，另一个是敦煌外史。单从这两个号就可以看出他对甘肃石窟寺研究情有独钟。

冯国瑞（1901—1963年），字仲翔，斋名"绛华楼"，今天水市秦州区人。其父经商养家，督子向学，常说"这世上都乱成这样了，我希望家中出个读书人，不希望有富贵人"。冯幼承家训，终生力学不息。上中学之后，从前清进士任承允、翰林哈锐指导学习诗文、攻读经史，为能诗善文打下良好基础。

民国十四年（1925年）9月，进入国立东南大学（在南京）国文系学习，次年清华研究院（又称"清华国学研究院"）招生，在上海设分考场，冯国瑞顺利考取，得入研究院深造。按，冯是在大二参加考试，尚未大学毕业。当时的研究院吴宓为主任，梁启超、王国维、陈寅恪、赵元任掌教席，师资阵容鼎盛，学子才华俊逸。《冯国瑞自传》说："当时在学术上又景仰了王国维先生，对他的书，认为是超过前人，是了不起的，恰巧清华研究院招生，我报名在上海应试，考取了，达到目的，得接近素所景仰的梁、王两先生。到校以后，还接近了陈寅恪、李济之、吴雨僧诸先生，知道用科学方法整理国故，用地下发现考证历史。"民国十六年（1927年）清华毕业，执意西归就业养家，梁启超乃函荐当时的甘肃省长薛笃弼，称"专有启者，冯君国瑞，西州髦俊。游学两京，已经五稔。今夏在清华研究院以最优秀成绩毕业。其学于穷经解诂为最长，治史亦有特识。文章尔雅，下笔千言。旁及楷法，浸淫汉魏，俊拔寡俦。此才在今日，求诸中原，亦不可多觏，百年以来，甘凉学者，武威张氏二酉堂之外，殆未或能先也。"对其才情极力称许，"武威二酉堂"即陇上著名学者张澍。

回到甘肃之后，其简历大致如此：

1928年，为甘谷中学、甘肃省立第三中学教员。

1928—1930年，任甘肃省通志局分纂、兰州中山大学教师。

1930—1935年，任青海省政府秘书、秘书长。

1935—1937年，遭马步芳诬陷，出走北平、西安等地投亲访友，著书立说。

1937—1941年，任陕西省政府顾问、东北大学历史系教授、西北图书馆筹委会委员等职。

1941—1949年，任西北师范大学国文系教授。

1949—1950年，任兰州大学中文系系主任、教授。

1951—1963年，先后任兰州图书（原西北图书馆）特藏部主任、甘肃省文物管理委员会主任、甘肃省人民政府文化教育委员会委员、甘肃省文史研究馆馆员、政协甘肃省委员会委员等职。

冯国瑞经历丰富，任过职的单位较多，相关著作涉及其生平简历多有混乱，故罗列其简历如上。

冯国瑞才华横溢，于文史、诗词、书法、绘画等领域均有成就，而对甘肃石窟艺术研究用功尤勤，贡献最大。

图9-7　冯国瑞所绘《麦积山石窟》图

民国三十年（1941年），约集同好，考察麦积山石窟，著成《麦积山石窟志》，石印300册发行，经《大公报》《益世报》等报刊报道，使麦积山显扬于世。1953年，参加随文化部麦积山石窟堪察团考察麦积山，事毕，又随团到北京整理考察资料，圆满完成任务。之后，撰成《调查麦积山石窟报告书》《麦积山石窟近六年来文艺写作简记》《天水麦积山石窟介绍》《麦积山石窟的古代民族文化艺术》《麦积山大事年表》等专文。1960年，函告家人将天水家藏拓片、书画、瓷器等各类文物5大箱悉数捐献麦积山文物管理所，其中珍贵拓片143件。

家乡麦积山石窟而外，冯国瑞对甘肃的著名石窟炳灵寺石窟、天梯山石窟、莫高窟也多有研究。1951年，趁参加临夏土改之机，考察永靖炳灵寺石窟，撰成《炳灵寺石窟勘察记》。1952年，参加文化部炳灵寺石窟勘察团，次年撰成《永靖发现西晋创始炳灵寺石窟》《炳灵寺石窟的历史渊源与地理环境》。此外，于1952年考察武威天梯山石窟，发现西夏文墨迹及刻本，撰成《记武威境北凉创始石窟及西夏文草书墨迹与各种刻本》《武威天梯山石窟图录》（稿本）。1957年，陪同文化部副部长郑振铎考察敦煌莫高窟，归来后，撰成《敦煌莫高窟杂诗五十首》，以诗歌加注释的形式考述莫高窟历史文化。

冯国瑞是以科学方法研究天水历史文化第一人，同时对甘肃地方文化的挖掘也是不遗余力，倾注了极大心血，成绩斐然。除上列石窟著作之外，还著有《守雅堂稿辑存》、《张介侯先生年谱》、辑佚《秦州记》、《天水出土秦器汇考》、《兰州读书记》（稿本）等；诗词结集为《壮游草》、《绛华楼诗集》。文论刊行者21篇，另有未刊稿本50余种散佚。

九六、日本侵略军飞机空袭天水始末

抗日战争期间，日本侵略军飞机（以下简称"日机"）多次侵袭兰州及甘肃各地，给人民群众生命财产造成巨大损失。自民国二十六年（1937年）"七七"事变至民国三十年，日机空袭甘肃各县71次，死伤1426人，涉及兰州、皋兰、平凉、天水、武威、永昌、泾川、靖远、陇西等市县，其中省会兰州市遭空袭36次。甘肃本是大后方，还是不免日军的魔爪。而日机对天水的空袭，集中在民国三十年（1941年），一年之内接连7次。

1.民国三十年（1941年）5月26日，日机第一次空袭天水。1941年，中国人民的抗战进入第五个年头，也是最困难阶段，时中国空军战机损失

殆尽，残余的战机完全无法和日本先进零式战机抗衡，于是采取避战之战略，意在保护空军仅存的"种子"。5月26日清晨，为应对日机袭击，驻泊在成都的中国空军第五大队18架战机经天水向兰州疏散，中途在成县机场降落加油，因日机尾随而至，大多飞机油未加足即仓促起飞。在盐官上空激烈空战，敌我双方纠缠僵持半个多小时，敌机率先脱离，向东飞去，我方损失战机2架。而后我方战机继续向天水方向飞行，到达天水机场（即今天水二十铺机场处）上空时，大多数飞机油料几乎耗尽，于是冒险强行降落着陆。不意空战之后并未远离的日机发现我方战机紧急降落天水机场，随即俯冲扫射，将机场停放飞机全部击毁。是为抗战期间中国空军损失最大的一次，蒋介石震怒，命令将空军第三路司令张有谷，第五大队队长吕天龙、代理大队长余平，天水空军站站长何禄生全部解送重庆执行枪决，后经白崇禧等人斡旋，最终以判处有期徒刑三年结案（坐监不久，即被保释，继续在空军服役）。第五大队被撤销编制，命名为无名大队，所有人员胸前佩戴"耻"字标识。关于此次轰炸，研究者或称为"天水空战"，也很符合史实，因为这的确不是那种轰炸机投弹式的轰炸，而是敌我战机之间的较量。详情可参看2020年国家档案馆、天水市档案馆联合出品的历史纪录片《天水抗战》。空战之后次日的《蒋介石日记》说："昨日我新机18架全为敌机击毁，我空军将领之幼稚卑劣，思之发指，实有泪无从流也。"

2.民国三十年（1941年）6月22日，日机8架第二次空袭天水。此次空袭目标仍然是天水机场，所幸天水机场在得到警报后，停住飞机全部前往兰州避战，敌机扑空。而我方一架从机场刚刚起飞、往重庆方向运送药品的小型运输机还是被击毁。

3.民国三十年（1941年）6月23日，日机27架第三次空袭天水。其目标还是天水机场，投弹100余枚，机场受损严重。

4.民国三十年（1941年）7月9日，日机9架第四次空袭天水。驻泊天水的所有飞机依次转场避战，日机寻战不得，转而轰炸其他目标，造成多人死伤。

5.民国三十年（1941年）8月5日，日机27架第五次空袭天水。据天水县政府给省政府上报的伤亡人数报表，当天日军共轰炸天水30余处，其中，中山公园死亡14人；大城学街死亡2人，伤7人；上庵沟死亡5人，伤4人；中城下河里死亡16人，伤3人；杂货巷死亡3人，伤3人；枣树台子死亡2人，伤1人；西关后街死亡5人，伤4人；关公巷伤1人；另有家巷、赵家大院、姚家巷、李家巷四处共死亡18人，伤4人；古人巷、二郎巷两处共死亡8人、伤4人，同时在大街上被炸死28人。多人被炸伤亡的同时，多间房屋被毁，朗朗乾坤，瞬间变成人间地狱。

6.民国三十年（1941年）8月6日，日机第六次空袭天水。当天中午12时左右，有19架日机侵入天水上空，共投弹10余枚。

7.民国三十年（1941年）8月31日，日机第七次空袭天水。当天下午2时许，4架日机从东面侵入天水北山上空，投弹并进行扫射，驻守军人和群众及时避入防空洞，没有人员伤亡。

民国三十年（1941年），日机七次空袭天水，前四次的主要目标是天水机场，而后三次则完全是针对普通平民的无差别轰炸，对天水人民犯下滔天罪行。当时，在天水也设有防空指挥部和预警系统，并在天水县城北山预设重机枪高射阵地，但由于完全没有制空权，防空设备又落后，敌机肆虐时只有被动避躲预防。据当事人回忆："当时天水行署设有防空指挥部，在城内外挖有防空洞，也有警报措施。为了防空，有一段时间，中小学师生每天早出晚归，在城外露天上课，一有预备警报，群众扶老携幼出城躲避；紧急情报一响，全城戒严，大街有军警巡逻，行人中断，一切工厂、商店停业关门，机关停止办公。有时一天连发两三次警报，甚至晚上发紧急警报，家家户户都为敌机轰炸而操心。"同年12月7日，日军偷袭美国海军基地珍珠港，太平洋战争爆发，日军无力继续在西北作恶，对甘肃各地的轰炸渐次停止。

九七、宝天铁路

宝天铁路，即陕西宝鸡至甘肃天水之间的铁路，现在一般称陇海铁路宝天段，在20世纪40年代建成通车，其建设过程历经曲折，艰苦卓绝。

这条铁路规划较早。民国二十年（1931年），国民政府制定中国工业化十年计划，其中关于铁路建设"五年建设近期计划"的西北线网就有宝天线。民国二十七年，为适应抗战新形势，国民政府军事委员会设立天水行营，宝天铁路修建就显得尤为必要。就在当年，陇海铁路局即开始勘测宝天铁路线路。民国二十八年，陇海铁路局在天水成立第四工程段。民国三十年铁路修建暂时停工。

民国三十一年（1942年）初，交通部宝天铁路工程局成立，凌鸿勋任局长兼总工程师。工程局设公务、材料、会计4个处，局址在天水城西今天水电缆厂处。自此，宝天铁路建设走上正轨，进度加快。凌鸿勋（1894—1981年），祖籍江苏常熟，生地广东番禺，交通部上海工业专门学校土木科毕业，曾在哥伦比亚大学进修，是著名的铁路工程技术专家。在建修宝天铁路之前，就参与或主持过粤汉铁路等多条铁路修建，曾任交通部南洋大学教授、校长，陇海铁路工程局局长，天成铁路工程局局长兼总工程师，同时兼任西北公路工务局局长。按，天成铁路即天水至成都的铁路，途经甘肃徽县，陕西略阳，四川广元、绵阳至成都，全长770公里，从民国二十九年就开始勘测并完成相关工作，由于投资极大，并未开工建设。

凌鸿勋就任后勤于职守，实地踏勘宝天铁路线路。《凌鸿勋口述自传》说："我就任宝天路局长后，便沿线视察一趟，此路预定路线在宝鸡进入渭河峡谷以后，沿渭河北岸弯曲前进，沿线没有大村庄，没有粮食生产，交通极为困难。所需的钢轨须从平汉铁路和陇海路撤运到豫西埋藏，再找人去接运，或到沦陷区购买流落到民间的钢轨，并用牛车半夜偷运出来，工作非常困难。"注："埋藏""偷运"是为躲避日本侵略军飞机轰炸。困难是的确困难。其一，整条线路基本上是在渭河峡谷迂回曲折穿行，或崇山峻岭，或悬崖绝壁，需开凿坚石，时人评论"工程之艰巨，为全国铁路所仅见"。其二，交通极为不便。渭河滩多水急，无法行舟，沿线又不通公路，工程器材、工人食粮之运送十分艰辛。其三，施工设备落后并短缺，凿岩

"利器"就是蓝牌钢钎，即便测量仪器、抽水机、土斗车等必须之工具都无法适时配备，筑路所以靠者就是人力手工。其四，经费预算紧张，物价飞涨，"包商单价，甫经商定，稍纵即不适用"，建修成本急剧增加，最终的投资额比最初的预算超过许多倍。诸多困难致使工程进度缓慢，但最终这条铁路还是在抗日战争的烽火中建成了。

民国三十四年（1945年）11月，这条因为抗战而修的铁路，在抗战胜利数月后终于铺轨到天水。《凌鸿勋口述自传》说：

> 宝天铁路在三十四年十一月十二日接轨，三十五年元旦举行通车典礼，时我早已被调在重庆交通部任职，不克参加，甘肃省谷主席亲自到天水观礼。宝天路始于三十一年设工程局，中间经几次的停顿。此路虽长一百五十多公里，但工程很困难，土方有一千六百多万方，石方有五百多万方，隧道有一百二十六座之多，隧道全长二十公里半，使用最好的炸药以至土制炸药共一千八百吨。三年内国内的材料涨价三十倍到六十倍，汽油涨四十倍，运费涨四五十倍。

阅读这一段史料，这两个时间——宝天铁路接轨时间民国三十四年（1945年）11月12日和通车典礼时间民国三十五年（1946年）1月1日很重要。还有一点，宝天铁路完工后，凌鸿勋升任交通部次长，没有参加交通典礼。宝天铁路终于建成了，而路况较差，行车速度缓慢。据说，参加通车典礼的列车提前两天从宝鸡车站开出，到1月1日上午才匆匆赶到典礼现场，总算没有误事。作为火车，那是相当地慢！现在的特快列车东去沿宝天铁路老路走也就是2个多小时，而新干线高速列车只需要43分钟。

关于宝天铁路的工程量，民国三十四年出刊《宝天铁路通车纪念刊》列出一组数据："路线长度一五四公里，土方一千六百三十余万公方，石方五百三十余万公方，隧道一百二十六座，共长二十公里又五百十公尺，卸土墙六万四千公方，大桥二十五座，共长一一九六公尺，小桥七十二座，共长三四三公尺，泄水洞三十四座，计长二七七五公尺，涵管五百七十六座，车站十七处。"《天水市志·交通》综合各种资料列出一组数据："宝天段全长 172 公里，境内段长 51 公里。均从渭河北岸溯河而行。工程耗资 90 亿法币。宝天铁路穿行于渭河峡谷，隧道、桥梁、涵洞极多（1989 年统计，境内路段隧道 18 孔，5500 多米；桥 76 座，5656 米）。平曲线半径 230 米（个别地方仅 190 米），隧道净高比通行标准低 0.6 米，净宽比通行标准窄 1 米。"这两组数字和《凌鸿勋自述》的相关数据可参看。

宝天铁路开通后，因为路况、塌方等原因，长时间无法正常运营，民国三十五年（1946 年）全年运营仅 46 天。因此，民间就有了一个段子："宝天路，瞎胡闹，不塌方，就掉道。三等车卖头等票，啥时有车，站长也是不知道。"不过，在那么艰难困苦的条件下，修成能走车的铁路已经相当不错了。

为修建宝天铁路，天水、陇南人民付出了巨大努力和牺牲，有民工 36250 人参与路基修筑，110 多人殒命。民国三十四年（1945 年），路基工程完工后，地方当局创建甘肃省协修宝天铁路殒职民工纪念堂并立碑以志纪念。纪念堂原址在今天水市儿童乐园隔壁，1955 年改建为解放电影院，2003 年拆除，《甘肃省协修宝天铁路殒职民工纪念堂创建碑记》等碑石移存伏羲庙碑廊。

九八、天水菜

民国时期，天水城内有不少酒肆饭馆，经营传统饭菜。

民国十九年（1930 年），马廷贤盘踞陇南，北洋余孽吴佩孚路过天水，小住数日，马盛宴欢迎，由天水各位名厨师操办海味全席，吴及其随员每日饮宴不歇，连吴也认为是多年来第一次品尝到的美味佳肴。天水市海味商店存货，也被搜罗一空。此后，马为巴结严尔艾视察员，想尽办法满足其口腹之欲。慕寿祺《甘宁青史略·副编》载《马廷贤部欢迎中央视察员时所唱之歌》说："好个威风视察员，司令迎他到陇南，吃大餐一日三遍，哎哟啊咳呀吃大餐一日三遍。"

抗日战争开始后，天水成为大后方重要城市。沦陷区人民大量流入，随之各种风味的菜馆在天水街巷纷纷开业。民国二十八年（1939年）出版的《天水指南》记菜馆24家。

序　号	名　称	地　址	口　味
1	济南春饭馆	大城南大街	山东馆
2	饮香阁	西关大街	河北馆
3	便宜坊	大城西大街	河北馆
4	复兴园	西关二郎巷	天水馆
5	中州小食堂	大城西大街	河南馆
6	新生活饭馆	大城东大街	河南馆
7	双月楼饭馆	大城南大街	河南馆
8	四季春饭馆	东关东大街	山东馆
9	千里香饭馆	大城南大街	山东馆
10	毓明楼	大城西大街	兰州馆
11	晋生饭馆	大城东大街	山西馆
12	天福楼	西关大街	天津馆
13	树仙园	西关大街	河北馆
14	明福居	西关上街	山西馆
15	复禄园	西关关公巷	天水馆
16	四时春	中城新路口	教门馆
17	复兴德饭馆	西关大街	天水馆
18	济美春饭馆	中城亲睦巷	教门馆
19	复源饭馆	大城东大街	秦安馆
20	大新饭店	西关大街	天水馆
21	醉月园	西关后街	天水馆

序　号	名　称	地　址	口　味
22	清真食堂	中城下河口	教门馆
23	刘氏肉馆	大城下什字口	天水腊肉铺
24	西安小馆	西关正街	天水普通馆

不难看出，鲁菜、豫菜、冀菜、晋菜之外，还有天水的本帮菜7家，并有清真餐厅3家（即列表所标的"教门馆"）。天水菜馆几乎占半壁江山，还是比较繁盛。当然，菜馆也是或经营或倒闭，长盛不衰的并不多见。1949年之前，天水有名的大型菜馆有豫商经营的正大豫、北平商人经营的春宴楼、江苏商人经营的江南春菜社，还有雅园、新陇饭店、东南华兴饭店、迎宾楼等菜馆；小型普通菜馆有北京饺子馆、四时春、天津饮香园、西北饭店、东兴饭店等。饭菜品种多普通饭菜，也有高级酒席，如燕菜席、鱼翅席、鱼肚席、海参席、鸡肉席等，北平名菜烤鸭也随着正大豫菜馆的开张，首次推向天水饮食业市场。《天水指南》所列菜馆，除毓明楼几家之外，大多已不见踪影。

外地菜馆在市面风光，也促使天水菜不断进步。如天水传统酒席十三件、十全、八大碗、六君子、四盘子等在烹调技术和饭菜品种上有了新的提高和增加，全鸡全鱼、海参鱿鱼在酒席里相继出现。此外，天水地方的传统风味小吃争奇斗胜，各呈特色，如范记演、赵德才的开锅式糖酥饼，胡子全、杨长林的面皮，陈其昌、万荣家的醪糟，王好善的凉粉、呱呱，姚力子的水盆羊肉泡馍，还有素扁食、素凉面以及由回民经营的清真碎面等。有些风味小吃，食客在某种小吃之前冠以制作者的姓氏，以表示这家小吃经营独特、与众不同。例如，刘猪油盒、吴凉面、顾馄饨（馅是猪头肉的）及赵豆腐脑等，享誉一时。

当然，普罗大众日常，基本是"食品以麦、菽、黍、稷、玉蜀黍为大宗，粳米、糯米虽有之，不多食（惟宴会酒席间用米，乡间贫民食麦者亦甚罕稀）也。"用现在时髦话说，碳水主食尚无法保证能够果腹，遑论大菜了。

末尾再讲个蒋介石吃天水菜的故事。民国三十四年（1945年）7月1日，蒋介石专机飞来天水，视察其兼任校长的天水骑兵军官学校（校址在今麦积区马跑泉），随行有白崇禧、钱大钧、罗卓英、俞济时、方先觉等一众大员，还有次子蒋纬国。在会见完地方军政官员之后，中午就在骑校旁边的中山公园用餐。当时，骑校负责接待蒋午餐的是曾担任过其卫兵司令的天水人舒国华，舒知道蒋的生活习惯和平素吃饭口味，便投其所好设计了一个天水风味的菜谱——六菜一汤。二海菜：海参、鱿鱼；二荤菜：炒肉片、天水杂烩；二素菜：豆腐菠菜、虾仁炒蛋；外配一个鸡蛋汤。蒋对豆腐菠菜尤其满意，连声称说："天水菜真好！俭朴大方，清洁卫生。"

据说，天水专员胡受谦为接待蒋费尽心机，早就在天水城里最高档的菜馆正大豫预订大餐，所用餐具全部从西安运来，主厨也是请正大豫西安总店技艺最好者料理，做足了"功课"。不意，骑校大厨的一桌天水菜解决了所有问题，胡的功课白做了。下午，蒋先是检阅骑校官兵及青年军组成的检阅部队、观看马术表演，而后前往天水县城参观李广墓、伏羲庙等名胜，视察宝天路车站、青年军营房，并于当晚乘机离开天水。

九九、邓宝珊将军

邓宝珊是近代史上天水这块土地上走出去的最杰出的人物。他的一生是爱国的一生，不断前进的一生，王震将军曾评价他"是中华民族著名的爱国将领"。

邓宝珊（1894—1968年），名瑜，字宝珊，清末出生在秦州城（今秦州区）西关忠义巷。据于右任为邓父所撰《天水邓太翁友斋墓表》："邓氏明初自江南凤阳石桥镇西徙秦州，始迁祖三传至禧祖者，族寝繁衍，占籍州治及邓家门，隶青石、柔远、向化三里。"明初邓氏家族西迁当属军事原因，应是西征甘肃之后军士在秦州的定居者，秦州东乡的胡氏家族就是如此。引文中的"邓家门"，即今秦州区牡丹镇邓家门村，邓氏还有一支在今麦积区花牛镇邓家庄。邓宝珊曾祖父、祖父都在秦州城教书，于是定居州城。

从父亲邓尚贤（字友斋）开始，邓家改儒从商，勉强维持家计。清光绪三十四年（1908年）邓宝珊14岁时，父母双亡，便辍学前往兰州谋生。次年，湖北新军换防新疆伊犁，途经兰州，招募补充兵员，邓宝珊便虚报年龄应募入伍，历经千辛万苦到达驻地。因上过私塾、粗通文墨，便在军中担任司书，并拜师苦读，自学文史经典，为以后成为一代儒将打下了良好的基础。对这段经历，邓宝珊日后有诗多首，保留下来的有两首。其一："玉门西望星斗稀，不是沙飞便雪飞。戴月披星千里外，凭谁检点寄征衣。"其二："髫龄失怙走天涯，荆花憔悴惨无家。马蹄踏遍天山雪，饥肠饱尝玉门沙。"

清宣统二年（1910年），邓宝珊加入同盟会。民国元年（1912年），参加伊犁革命党人的反清起义，作战勇敢，荣立战功。从此以后，坚定不移地走上了不断追求进步的革命道路。民国三年，在陕西参加北方革命党人旨在反袁的华山聚义。民国七年，协助张义安发动反对驻陕军阀陈树藩的三原起义，促成陕西护法力量的大联合。

第一次国内革命战争时期，先后担任国民革命军第二军第二师第一旅旅长、第七师师长、第五军军长，积极响应北伐。期间，民国十四年（1925年）驻兵陕州（今河南三门峡市陕州区）时，开办军官传习所，聘用苏联顾问，并任命共产党员葛霁云为其所部秘书长。民国十五年，所部在陕西乾县开办军官队，聘请共产党人邓小平等人担任政治教官。次年，国民联军驻陕总司令部在西安成立后，邓宝珊任副总司令，和在国民联军工作的共产党人邓小平、刘伯坚等多有合作，建立了良好的关系。对这段经历，王劲《邓宝珊传》评述："当大革命开始转入低潮时，邓宝珊依然坚持孙中山的三民主义和三大政策，忠诚于和共产党的友谊，抵制国民党右派的'清党'。他除保护、帮助许多熟悉的共产党员安全撤离外，还帮助一些不曾相识的共产党员解决困难，摆脱遭受迫害的处境。"这其中就有他素不相识的共产党人刘伯承，资助600银元，使之摆脱困境。大革命失败，又联络进步人士策划反蒋。

民国二十六年（1937年）抗日战争开始后，邓宝珊拥护国共合作抗日主张，出任第二十一军团军团长、晋陕绥边区总司令，驻防榆林，与中国共产党领导的陕甘宁边区建立睦邻友好关系。民国二十八年、民国三十二年，邓宝珊因公务去西安或重庆，数次道经延安，毛泽东主席等中共领导人热情接待，深入晤谈，共商抗日大计，共议国家前途。每次都是逗留好几天，时间最长的一次达20天。由于邓部和陕甘宁边区互相信任、和睦相处，使国民党顽固派的反共围剿计划屡遭失败。民国三十三年，毛泽东在给邓宝珊的一封信中说："去年时局转移，先生尽了大力，我们不会忘记，八年抗战，先生支撑北线，保护边区，为德之大，更不敢忘……"毛和邓多次晤谈、信使往还，交情深厚。某次，邓宝珊在延安期间偶感风寒，突然患病，毛主席亲自慰问，并请岐黄大家边区政府副主席诊疗，委托当时延安交际处处长金城将10张上好的狐皮送邓作衣料。信函说："金城同志：狐皮十件，送邓总司令作衣料，请转交为盼。毛泽东十一月二十六日。"邓也回送毛"炮台""三五牌"等高级香烟。

民国三十七年（1948年），在内战中输急了的蒋介石任命邓宝珊为华北剿匪总司令部（简称"剿总"）副总司令，授陆军上将衔。为避免再与人民解放军对抗，他一度留居陕西三原家中，后因傅作义（华北"剿总"总司令）一再催促，遂回驻包头。面对人民解放军不断取得的胜利，他向傅作义提出"效忠蒋介石为下，接受改编为中，率部起义为上"的策略。1948年12月，人民解放军包围北平；次年1月，邓宝珊代表傅作义与解放军领导人谈判。毛泽东致电谈判小组："经邓先生达成的协议是可行的。我们对邓先生完全信赖。"最终，和平解放北平协议达成，使古都避免遭受战争破坏，由此也形成了一种和平解决战争问题的方式"北平方式"。随后，他又与傅作义一起促成绥远起义。邓宝珊对北平和平解放做出的贡献，得到北平人民的赞扬，《新民报》相关报道称他是北平和平解放的"一把钥匙"。

中华人民共和国成立后，邓宝珊荣任甘肃省人民政府主席、省长。"文革"中受到"造反派"冲击，1968年在北京逝世。1979年，中共中央、全国人大常委会、全国政协在北京为邓宝珊补开追悼会。1994年，当邓宝珊一百周年诞辰，天水市在南郭寺森林公园专建邓宝珊将军纪念亭以志纪念，亭名由邓小平同志亲笔题写。现为甘肃省爱国主义教育基地，有常设展览，并有专门机构管理。

图9-8　天水市南郭寺景区邓小平同志题写馆名的邓宝珊将军纪念亭

一〇〇、天水解放

民国三十八年（1949年）7月28日，中国人民解放军第一野战军发起固关战役，全歼马步芳骑兵十四旅，关山关隘洞开，一兵团（附十八兵团六十二军）在司令员王震率领下，乘势挥师西进，向清水、天水进发。7月30日夜，兵团冒雨前进，越过关山，兵分两路，直插清水。一路经阎家店、傅堡、温泉前进；一路经马鹿、盘龙、百家、柳林前进。西进至张巴梁（今张家川县张良乡），击溃国民党西逃残骑。7月31日，两路大军汇集清水，清水县城解放。

8月1日，一兵团沿天（水）宝（鸡）公路长驱直入。驻守天水的国民党一一九军由军长王治岐率二四七师向武山、马坞溃逃；副军长蒋云台率二四四师和国民党天水专员、保安司令高增级带领两个保安团与天水骑兵学校士官及家属向西和、礼县溃逃。8月2日深夜，国民党一二〇军军长周嘉彬弃城向陇西、岷县溃逃。8月3日晨，七军二十师一部在军长彭绍辉率领下进入天水县城，天水解放。同日，一军一师解放秦安。8月5日，一兵团二军二团开进甘谷县城，甘谷解放。8月6日，进驻武山。至此，天水市现辖区全境解放。

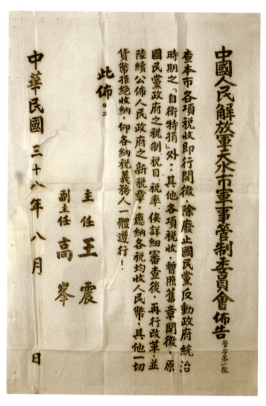

图9-9　天水市军事管制委员会布告

就在武山解放的同一天，中国人民解放军天水市军事管制委员会成立，王震将军任主任，高峰任副主任，宣布对东起五里铺、西至天水郡、南自东团庄、北到北关的城区实行军事管制。军管会下设政务、军事、财经、文教、治安、交通、秘书7个处，分工办理接管工作。

8月10日，召开拥护解放军和庆祝天水解放的群众大会，部分解放军和2万多群众参加，盛况空前。群众抬来许多猪、羊、蔬菜和大量馒头、饼子、米面、鞋子等慰问品，表达对解放军的拥护和敬意。关于大会情形，据亲历者秦慎之《陇南沧桑》回忆："我代表天水人民和地下党对天水的解放热烈祝贺，对解放军致以崇高的敬意，并表示坚持拥护共产党，支持解放军。王震同志发表重要讲话，感谢天水人民对解放军的信任和支持，阐述解放军的宗旨和军管会的各项重要政策，希望天水人民发展生产，继续支援部队解放整个西北和全中国。天水虽刚解放不几天，但军民感情融洽，情绪高昂，气氛热烈，欢声雷动。"

8月11日开始，军事管制委员会对国民党专署、县政府、法院、银行、邮电、学校、工厂等60多个单位按系统全面接管。至9月18日，全部接管完毕。国民党旧政权被彻底废除，人民政权确立。

为迎接天水解放，陇南地下党组织做了大量准备工作，编辑《天水城市调查》即是其中的一项。此调查资料分概况、军事、行政、党特、工商及金融业、文教、卫生事业、宗教8部分，对天水各机关的设置、人事至而官员及职员的学识、人品之好坏、思想状况都有记载，其中军事方面调查尤为详尽，内容全部是1949年天水多方面的"现状"，为中国人民解放军顺利入主天水提供了"情报"保障。

事实上，固关一战，歼灭马家军顽敌，迫于解放军的威名，天水各县驻防的国民党守军如惊弓之鸟，闻风向南、向西逃窜。解放军先头部队到达时，天水、秦安、甘谷已是空城，而武山的地下党争取赵玉亭起义，并将溃退至县城国民党一一九军全部缴械。每解放一地，即以随军西进干部为骨干成立县委及县人民政府，有条不紊地完成对旧政权的接管，天水的历史翻开了新的一页。

附录　天水历史大事简表

公元纪年	年号纪年	大　事　记
前891—前886年	西周孝王时	是年,秦人的先祖非子为周王室牧马有功,受封附庸,在"秦"建邑。
前822年	秦仲二十三年	是年,秦庄公率兵7000人攻打西戎,大获全胜,被周宣王封为西垂大夫。
前770年	秦襄公元年	是年,秦襄公护送周平王迁都洛邑,受封诸侯,秦正式立国。
前762年	秦文公四年	是年,秦文公举族迁徙关中"汧渭之会"(今陕西宝鸡陈仓区魏家崖),建立新都邑。
前688年	秦武公十年	是年,秦攻灭邽戎、冀戎,设立邽县、冀县,此为中国历史上有确切纪年最早设立的县。
前395年	秦惠公五年	是年,秦攻灭绵诸戎,设置绵诸道。
前220年	秦始皇二十七年	是年,秦始皇帝巡行陇西、北地两郡。
前205年	汉高帝刘邦二年	十一月,汉将军周勃、骑都尉靳歙等平定陇西郡。
前115年	汉武帝元鼎二年	是年,张骞第二次出使西域,"丝绸之路"开通。其东段南路经过今天水市境。
前114年	汉元鼎三年	是年,西汉始设天水郡,郡治平襄(今通渭县城)。
23年	新莽地皇四年	是年,成纪县人隗嚣等起兵反对王莽,建立"复汉"政权,割据天水。
32年	东汉光武帝建武八年	是年,刘秀亲征隗嚣,隗嚣先败后胜,收复失地。

公元纪年	年号纪年	大 事 记
34年	东汉建武十年	十月,来歙等攻陷落门聚,隗嚣子隗纯及部众投降。陇右全部归东汉。
74年	东汉明帝永平十七年	是年,天水郡改称汉阳郡,治所迁至冀县。
107年	东汉安帝永初元年	六月,金城、陇西、汉阳三郡羌民起兵反汉,遮断陇道,汉王朝和西域交通断绝。
150年	东汉和帝和平元年	是年,河峪摩崖石刻建成。
169年	东汉灵帝建宁二年	七月,破羌将军段颎在汉阳射虎谷屠杀先零羌部众1.9万人,东羌诸部的反汉斗争平息。
219年	东汉建安二十四年	五月,曹操令雍州刺史张既将武都氐族5万余落分徙扶风、天水边界。
228年	魏明帝太和二年	正月,蜀丞相诸葛亮出兵祁山攻魏,天水、南安、安定三郡叛魏响应。魏军先锋张郃在街亭大败蜀将马谡。
231年	魏太和五年	二月,诸葛亮第二次出兵祁山攻魏,六月粮尽退兵,在木门山隘设伏兵射杀魏宿将张郃。
256年	魏高贵乡公甘露元年	七月,蜀大将军姜维兵出祁山,进攻南安郡,魏安西将军邓艾据守武城山截击,姜维受阻,奔袭上邽,邓艾追击,在段谷接战,大败姜维。
269年	晋武帝泰始五年	二月,晋划分雍、凉、梁三州各一部分置秦州,州治冀县,辖陇西、南安、天水、略阳、武都、阴平、金城七郡。
296年	晋惠帝元康六年	十二月,略阳清水氐杨茂搜建立仇池国(今甘肃西和仇池山)。

续表

公元纪年	年号纪年	大 事 记
319年	东晋元帝大兴二年	四月,司马保在上邽自称晋王,改元建康,设置百官。
323年	东晋明帝太宁元年	七月,前赵主刘曜领兵围困陇城,击杀陈安,陇上人传作《壮士之歌》。今辖区归前赵所有。
329年	东晋咸和四年	正月,前赵太子刘熙带领部众逃奔上邽。九月,后赵石虎攻破上邽,杀死刘熙以下王公卿校3000余人,前赵灭亡。今辖区归后赵所有。
350年	东晋永和六年	十二月,苻健击杀据守上邽的前赵凉州刺史石宁。今辖区归苻氏所有。
416年	东晋义熙十二年	是年,冀县南山石鼓轰鸣,声震四野,方圆几百里野鸡哀鸣。秦州前后地震32次,其中8次有地声。
399—416年	后秦弘始年间	麦积山石窟创建。
524年	北魏孝明帝正光五年	六月,魏秦州城兵薛珍、刘庆等聚众起义,推举羌人莫折大提为帅,大提自称秦王,不久病死。子念生继位,称天子,改元天建。
559年	北周明帝武成元年	是年,拉梢寺大佛浮雕像建成。
565年	北周武帝保定五年	七月,北周武帝宇文邕巡视秦州,历时1月。
601年	隋文帝仁寿元年	是年,麦积山整修崖窟,建立舍利宝塔。
617年	隋炀帝大业十三年	七月,薛举称秦帝,迁都天水,年号秦兴。

公元纪年	年号纪年	大 事 记
629年	唐太宗贞观三年	是年,玄奘法师由长安前往印度求法,"至秦州,停一宿",而后再西行。
734年	唐玄宗开元二十二年	二月,秦州大地震,州城房屋几乎全毁,压死官民4000多人。
759年	唐肃宗乾元二年	八月至十月,杜甫流寓秦州,创作《秦州杂诗》等各类题材诗歌95首。
783年	唐德宗建中四年	正月,唐陇右节度使张镒和吐蕃尚结赞在清水会盟,划分双方守界,签订边界盟约。
849年	唐大中三年	二月,沦陷吐蕃的秦、原、安乐三州及石门、萧关等七关守将归顺唐朝。
915年	后梁末帝乾化五年	十一月,前蜀占据秦州。
925年	后唐庄宗同光三年	十月,后唐收复秦州。
947年	后汉高祖天福十二年	正月,后晋雄武节度使何重建拒不接受契丹节制(此时契丹已侵占汴京,后晋灭亡),献秦、成、阶三州投靠后蜀,后蜀任命李继勋为秦州宣慰使受降三州。
955年	后周世宗显德二年	闰九月,后周收复秦州。
960年	北宋太祖建隆元年	是年,赵匡胤建立宋王朝。宋朝廷以天水为国姓赵姓之郡望,历史学家陈寅恪以"天水一朝"指代宋朝,以此也。
1017年	宋天禧元年	是年,秦州都部署曹玮和秦州知州李及筑清水县城,即今之清水县城。

公元纪年	年号纪年	大 事 记
1041年	北宋仁宗庆历元年	是年,秦凤路都部署兼知秦州韩琦主持修筑秦州城,次年完工,文学家尹洙作《秦州新筑东西城记》。
1068年	北宋神宗熙宁元年	五月,秦凤路副总管杨文广筑荜篥城,击败争城的西夏兵。神宗特赐城名甘谷城。
1074年	北宋熙宁七年	二月,熙河路经略使王韶在秦凤、熙河路组织茶马贸易。秦州置买马司。
1107年	北宋徽宗大观元年	是年,秦州知州陶节夫进献麦积山所产灵芝于朝廷,徽宗赐寺名瑞应寺。
1206年	南宋宁宗开禧二年	十一月,金右都监蒲察贞攻灭天水军。
1218年	南宋嘉定十一年	二月,金兵攻破皂郊堡,宋军死伤5万。三月,宋利州统制王逸等联合忠义民兵,合兵10万,克复大散关、皂郊堡。
1227年	南宋理宗宝庆三年	七月,蒙古成吉思汗在清水萨里川哈老徒行营病逝。
1271年	元世祖至元八年	是年,天水县并入成州,鸡川、陇城并入秦安,冶坊并入清水。
1276年	元至元十三年	是年,山西介休圣泉观道人梁志通在秦州天靖山麓主持创修玉泉观。
1315年	元仁宗延祐二年	五月,秦州成纪县雷电交加,狂风大作,北山南移,直达藉河川地。
1369年	明洪武二年	四月,明大将军徐达率西征大军攻占秦州、清水、秦安、伏羌、宁远。
1374年	明洪武七年	是年,秦州后街清真寺建成。

公元纪年	年号纪年	大 事 记
1483年	明成化十九年	是年,秦州知州傅鼐主持在西关修建伏羲祠。
1516年	明正德十一年	是年,明廷诏准秦州重建伏羲庙,《明史·礼志》说:"正德十一年,立伏羲氏庙于秦州。"经嘉靖年间大规模建修,秦州成为明朝国祭伏羲的两大祭祀中心之一。
1558年	明嘉靖三十七年	是年,秦安胡缵宗撰成《秦州志》30卷,《明史·艺文志》著录。
1643年	明崇祯十六年	十一月十八日,起义军李自成部刘体纯、袁宗弟攻占秦州,杀知州及通判。
1645年	清顺治二年	四月,清靖远大将军阿济格进兵秦陇,清水知县丁国昌迎降。阿济格派参将王元安抚秦州。
1654年	清顺治十一年	六月,秦州境大地震,余震经年不止。秦州城垣摧毁,官衙民房倒塌3672间,压死7464人。
1718年	清康熙五十七年	五月,秦州、巩昌等地大地震,余震连续几十天。伏羌永宁镇滑坡压没全镇,伤亡3万余人。
1727年	清雍正五年	是年,秦州推行"摊丁入亩"。
1764年	清乾隆二十九年	是年,秦安学者胡釴、两当县令陶奕曾纂成《直隶秦州新志》14卷。
1862—1873年	清同治元年至十二年	此期,陕甘回民反清,多次波及秦州,战后张家川回族聚居区形成。
1876年	清光绪二年	是年,分巡巩秦阶道董文涣主持创建的陇南书院建成。

公元纪年	年号纪年	大 事 记
1886年	清光绪十二年	是年,秦州牛痘局成立。
1889年	清光绪十五年	是年,秦州任其昌、伏羌王权纂成《秦州直隶州新志》24卷。
1906年	清光绪三十二年	是年,秦州及辖县设立邮政局。 △陕西渭南知县张世英捐款设立敦本小学堂。
1908年	清光绪三十四年	是年,秦州基督教徒曹泰在大城设立西医房仁医堂,同时兼营照像业务,为天水最早的西医房和照像店。
1909年	清宣统元年	是年,秦州及辖县成立自治会。
1912年	民国元年	3月11日,骁锐军统领黄钺响应共和,发动秦州起义。
1913年	民国二年	2月7日,秦州改称天水县。
1914年	民国三年	1月30日,宁远县改称武山县。 5月5日,白朗军攻破天水县城,杀掠惨重。
1915年	民国四年	是年,张家川宣化冈拱北建成。
1916年	民国五年	是年,天水电报局成立。
1918年	民国七年	冬,前清进士哈锐创办炳兴火柴股份有限公司。
1919年	民国八年	是年,公立天水图书馆成立。
1920—1926年	民国九年至十五年	此期,陇南镇守使孔繁锦割据天水,大开烟禁,滥发钱币,横征暴敛,独霸一方,人称"陇南王"。
1927年	民国十六年	春,中共党员王承舜在家乡新阳镇开展农民运动,减租减息、剪辫放足,声势遍及天水全县。

公元纪年	年号纪年	大 事 记
1928年	民国十七年	12月18日至24日,马仲英部祸害武山、秦安、天水等地,武山县长、秦安县长自杀。
1929年	民国十八年	1月1日,伏羌县改称甘谷县。 春,天水各县遭受百年不遇的大饥荒。
1930年	民国十九年	5月6日,马廷贤纠合韩进禄等1万余人由静宁南下攻占天水县城,烧杀淫掠,2小时惨杀无辜3000多人。
1933年	民国二十二年	3月29日,柴宗孔组织西北人民抗日义勇军,派队长胡德纯率队员12人袭击甘谷县政府,打开监狱,释放犯人40多人。
1935年	民国二十四年	2月4日,关押在天水县监狱的中共党员赵德懋、陈庆五等越狱暴动。 8月9日,红二十五军攻占天水县城北关,后经沿河城(今新阳镇)北渡渭河占领秦安县城。 9月25日,中央红军(陕甘支队)由漳县新寺镇进入武山,宿营丁家门。26日,沿榜沙河北进,经鸳鸯镇渡渭河在盐家山、水家沟一带宿营。
1937年	民国二十六年	10月,原陕西省主席邵力子将家藏图书16616册计5242种赠送天水图书馆。
1938年	民国二十七年	5月,国民政府教育部在天水县玉泉观设立国立甘肃临时第一中学,收容战区失业的教师学生,不久改为国立第五中学。 7月7日,国民政府教育部在天水设立陇豫中学,收容流亡学生。次年夏迁往清水,改名国立十中。 9月30日,国民党中央陆军骑兵军官教育班由兰州迁至天水县马跑泉镇。

公元纪年	年号纪年	大 事 记
1939年	民国二十八年	2月1日,兰州至天水、天水至双石铺的公路开始通行班车。
1940年	民国二十九年	5月25日,国立十中学生自治会组织学生1200余人为反贪污、反饥饿,争取民主,由清水县徒步到天水请愿,遭军警镇压,请愿学生被囚禁天水中学,3日后武装押回清水。
1941年	民国三十年	5月26日,中国空军第五大队16架战斗机在天水机场遭尾随的日本侵略军战机突袭,全部被击毁。 8月5日,日本侵略军飞机27架轰炸天水县城,投弹多枚,毁房屋357间,炸死炸伤多人。 夏,黄河水利委员会林垦设计委员会在天水建立陇南水土保持实验区,是为全国最早的水土保持科研机构。
1942年	民国三十一年	是年,汉口福新第五面粉公司设天水分厂,生产机制面粉。
1943年	民国三十二年	10月,全国水利发电工程总处引藉河水在天水县城西王家磨兴建水电站。1945年,电站正式建成,装机180千瓦,为甘肃最早的水电站。
1945年	民国三十四年	8月15日,《陇南日报》发表特大号外,报导日本无条件投降。天水举城欢庆,鞭炮声彻夜不绝。 11月12日,宝(鸡)天(水)铁路建成,次年元月1日举行通车典礼。
1947年	民国三十六年	4月5日至12日,天水、甘谷、秦安、武山、清水各县开展一次性人口清查工作。

公元纪年	年号纪年	大 事 记
1948年	民国三十七年	11月,中共陇南工委成立,武山、甘谷、清水、徽县、两当、成县、西和、礼县、秦安、天水县的党组织全部划归陇南工委领导。
1949年	民国三十八年	8月3日,中国人民解放军第一野战军一兵团所部解放天水,成立以王震为主任的天水市军事管制委员会,全面接管旧政权。

公元纪年	大 事 记
1950年	2月,西北军政委员会批准建立天水市(县级),归天水分区管辖,为专署驻地。
1953年	7月6日,张家川回族自治区成立,1955年6月改名为张家川回族自治县。
1956年	1月23日,天水市私营工商业全部按行业实行公私合营,手工业基本实现合作化。
1959年	9月14日,天水专区第一所高等学校天水师范专科学校开学,设中文、生物、数理三科共4个班。
1961年	3月4日,麦积山石窟被列为第一批全国重点文物保护单位。
1962年	7月,天水县党政机关由天水郡迁至北道埠。
1963年	12月12日,甘肃省小陇山林业实验局成立。
1965年	9月20日,天水县花牛公社花牛寨生产队全体社员精选红元帅苹果40公斤邮寄毛泽东主席。10月9日得到中共中央办公厅秘书室感谢信及苹果市值汇款。10月20日花牛苹果在香港试销成功。
1968年	7月22日,天水被国家确定为甘肃省"三线"建设重点地区之一,此后36个中央、部、省属企业在天水选点建厂。

公元纪年	大 事 记
1970年	1月26日,北京天坛医院医务人员、职工及家属1240人搬迁天水市。2月8日,原天水专区医院被定点为搬迁的天坛医院院址,定名为天水地区人民医院。
1975年	1月30日,天水地区计划生育领导小组成立。
1978年	1月30日,国家建设委员会将天水市确定为第一批38个重点抗震城市之一。 5月,天水市第一中学改名为甘肃省天水第一中学,成为甘肃省重点中学。
1979年	9月13日至28日,天水地委召开有县(市)委书记、公社书记参加的工作会议,提出推行农业生产责任制。
1982年	12月9日,麦积山风景区被国务院列为全国44个风景名胜区之一。
1983年	6月8日,天水陆军预备役师成立。
1984年	5月1日,陇海线天(水)兰(州)段电气化铁路全线通车。
1985年	7月8日,经国务院批准,撤销天水地区,实行市管县体制。天水市升为地级市。撤销天水县,设秦城、北道两区;析天水县西南17乡归秦城区管辖。
1986年	3月11日,天水市"花牛"苹果被评为1985年度甘肃省优质产品,并获全国优质水果奖。
1987年	8月18日,天水宾馆建成,主楼16层。
1988年	6月26日,天水市在伏羲庙举行公祭中华民族始祖伏羲典礼,传统公祭人文始祖伏羲传统恢复。
1989年	8月20日至24日,首届中国西部商品交易会及首届天水民间艺术节在天水市举行,34个地州市和10个地级以上企业、企业集团计1万多名代表参加,成交总额6.07亿元。

公元纪年	大　事　记
1990 年	10 月 25 日,天水市雕漆工艺厂"飞天牌"金漆镶嵌产品获"中国工艺美术品百花奖"金杯奖。
1992 年	8 月 13 日,中共中央总书记江泽民视察天水,为天水题词"羲皇故里"。
1994 年	1 月 4 日,天水市被国务院列为国家历史文化名城。 7 月 1 日,甘肃省第一条高速公路天水至北道高速公路正式通车。
1997 年	12 月 30 日,中共天水市委、市政府在武山县草川乡李子沟村举行全市村村通电工程竣工典礼。至此,全市 2988 个行政村实现村村通电,成为甘肃省第一个实现行政村村村通电的城市。
1998 年	12 月 24 日,"长城电工"(600192)A 股股票在上海证券交易所上市交易。
2000 年	6 月 10 日,天水师范高等专科学校更名天水师范学院,实现"专升本"。
2001 年	6 月 28 日,甘肃林业职业技术学院、甘肃工业职业技术学院成立。
2002 年	12 月 9 日,中华伏羲文化研究会在北京成立。
2003 年	12 月 10 日,国家旅游局命名天水市为"中国优秀旅游城市"。
2004 年	5 月 18 日,天水农业高新技术示范区开园。 9 月 30 日,天水市秦城区更名"秦州区"、北道区更名"麦积区"。
2005 年	7 月 3 日,甘肃省公祭人文始祖伏羲大典在天水伏羲庙前广场举行,从此伏羲公祭由市级升格为省级。
2006 年	5 月 20 日,"太昊伏羲祭典"列入第一批国家级非物质遗产名录。

续表

公元纪年	大　事　记
2007年	11月20日,天水华天科技股份有限公司"华天科技"(002185)A股股票在深圳证券交易所上市交易。
2008年	5月22日,四川省汶川县发生8.0级大地震,天水全境波及,直接经济损失57.53亿元。
2009年	9月25日,宝(鸡)天(水)高速公路(甘肃段)建成通车。
2010年	12月2日,麦积山风景区被国家旅游局列为"国家5A级旅游景区"。
2011年	5月30日,天(水)定(西)高速公路建成通车。
2014年	6月22日,麦积山石窟作为"丝绸之路:长安—天山廊道的路网"组成部分被联合国教科文组织世界遗产委员第38届大会列入《世界文化遗产名录》。
2015年	10月1日,十(堰)天(水)高速甘肃段建成通车。 12月30日,天(水)平(凉)铁路建成通车。
2017年	7月9日,宝(鸡)兰(州)高铁开通运营,天水由此进入全国高铁网。
2021年	6月18日,天水秦州万达广场开业。 9月25日,天(水)平(凉)高速公路全线通车运营。
2022年	6月18日,天水古城西关片区综合保护与利用项目(一期三新巷片区)正式全面向公众开放。
2023年	1月7日,天水市城区引洮供水工程通过竣工验收,该工程向城区日均供水9万立方米,可解决城区80万人口的缺水现状。

公元纪年	大 事 记
2024年	9月10日至11日,中共中央总书记、国家主席、中央军委主席习近平在天水市考察调研。10日下午,考察全国重点文物保护单位伏羲庙时,习近平总书记指出,伏羲庙具有很高的历史文化价值,要将这份宝贵文化遗产保护传承好,让祖先的智慧和创造永励后人,不断增强民族自豪感和自信心。9月11日上午,习近平总书记考察麦积区南山花牛苹果基地,勉励乡亲们再接再厉,把苹果产业做得更大更强,过上更加幸福的生活;随后,习近平总书记考察麦积山石窟并指出,我国四大石窟是中华文明的瑰宝,都具有重要的历史价值、文化价值,希望文物工作者赓续"莫高精神",潜心为国护宝,为传承创新中华优秀传统文化、增强中华文化影响力作出更大贡献。 是年,天水麻辣烫火爆全网,全国各地游客纷纷前来品尝、旅游。

主要参考文献

一、史志类著作

1.〔西汉〕司马迁.史记.北京：中华书局，2013.

2.〔东汉〕班固.汉书.北京：中华书局，1962.

3.〔南朝宋〕范晔.后汉书.北京：中华书局，1965.

4.〔晋〕陈寿.三国志.北京：中华书局，2007.

5.〔唐〕房玄龄等.晋书.北京：中华书局，1974.

6.〔北齐〕魏收.魏书.北京：中华书局，1974.

7.〔唐〕令狐德棻.周书.北京：中华书局，1971.

8.〔唐〕魏征等.隋书.北京：中华书局，1973.

9.〔后晋〕刘昫等.旧唐书.北京：中华书局，1975.

10.〔北宋〕欧阳修等.新唐书.北京：中华书局，1975.

11.〔元〕脱脱等.宋史.北京：中华书局，1985.

12.〔元〕脱脱等.金史.北京：中华书局，2016.

13.〔明〕宋濂等.元史.北京：中华书局，1976.

14.〔清〕张廷玉等.明史.北京：中华书局，1974.

15.赵尔巽等.清史稿.北京：中华书局，1977.

16.〔北宋〕司马光.资治通鉴.北京：中华书局，2011.

17. ［南宋］李焘.续资治通鉴长编.北京：中华书局，2004.

18. ［北魏］郦道元撰，陈桥驿校证.水经注校证.北京：中华书局，2007.

19. ［北魏］郦道元撰，杨守敬、熊会贞疏.水经注疏.南京：江苏古籍出版社，1999.

20. ［唐］李吉甫撰，贺次君点校.元和郡县图志.北京：中华书局，1983.

21. ［北宋］乐史.宋本太平寰宇记.北京：中华书局，2000.

22. ［北宋］王存撰，王文楚等点校.元丰九域志.北京：中华书局，2004.

23. ［南宋］祝穆撰，施和金点校.方舆胜览.北京：中华书局，2003.

24. ［元］孛兰肹等纂.大元大一统志.北京：线装书局，2019.

25. ［明］李贤等纂.大明一统志.西安：三秦出版社，1990.

26. ［清］嘉庆重修一统志//四库丛刊续编，上海：上海书店，1984.

27. ［清］许容监修，李迪等纂.甘肃通志.清乾隆元年刻本.

28. ［清］升允、长庚修，安维峻纂.甘肃全省新通志.清宣统元年刻本.

29. ［明］杨恩纂修，［清］纪元补辑.巩昌府志.清康熙二十七年刻本.

30. ［明］胡缵宗纂，［清］王一经重纂.秦州志.清顺治十三年刻本.

31. ［清］赵世德纂修.秦州志.清康熙二十六年抄本.

32. ［清］费廷珍修，胡釴、陶奕曾纂.直隶秦州新志.清乾隆二十九年刻本.

33. ［清］余泽春修，王权、任其昌纂.秦州直隶州新志.清光绪十五年陇南书院刻本.

34. 任承允纂.秦州直隶州新志续编.1939年石印本.

35. 哈锐、任承允、贾缵绪等纂.天水县志.1939年石印本.

36. 李天煦.天水乡土教材.1927年油印本.

37.徐培芝.天水小志.战区中小学教师甘肃服务团油印本，1938.

38.武耀南主编.天水指南.西安《秦风日报》社印刷，1939.

39.〔明〕胡缵宗纂.秦安志.明嘉靖十五年刻本.

40.〔清〕严长宦修，刘德熙、张思诚纂.秦安县志.清道光十八年刻本.

41.刘福祥修，王凤翼、王耿光纂.清水县志.内部石印本，1948.

42.〔清〕巩建丰纂修.伏羌县志.内部铅印本，1999.

43.〔清〕周铣修，叶芝纂.伏羌县志.清乾隆三十五年刻本.

44.安履祥，贾鸿逵.甘谷县志稿.兰州：甘肃文化出版社，2022.

45.武山县旧志整理编辑委员会.武山旧志丛编.兰州：甘肃人民出版社，2005.

46.冯国瑞.麦积山石窟志.天水：陇南丛书编印社，1941.

47.张锦秀.麦积山石窟志.兰州：甘肃人民出版社，2002.

48.刘雁翔.伏羲庙志.兰州：甘肃文化出版社，2004.

49.李亚太.大像山志.内部铅印本，1998.

50.赵昌荣.玉泉观志.兰州：甘肃文化出版社，2002.

51.新编《天水市志》.北京：方志出版社，2004.

52.新编《秦城区志》.兰州：甘肃文化出版社，2001.

53.新编《北道区志》.兰州：甘肃文化出版社，2002.

54.新编《秦安县志》.兰州：甘肃人民出版社，2001.

55.新编《清水县志》.西安：陕西人民出版社，2001.

56.新编《张家川回族自治县志》.兰州：甘肃人民出版社，1999.

57.新编《甘谷县志》.北京：中国社会出版社，1999.

58.新编《武山县志》.西安：陕西人民出版社，2002.

59.刘玛莉主编.天水史话.兰州：甘肃文化出版社，2007.

二、学术著作

1.刘光华主编.甘肃通史.兰州:甘肃人民出版社,2009.

2.刘雁翔.秦州文史研究.兰州:甘肃教育出版社,2014.

3.刘雁翔.天水金石辑录校注.西安:三秦出版社,2017.

4.天水市政协文史资料委员会编.天水文史资料.内部铅印本〔1986—1993年〕,第1辑至第8辑等各辑.

5.兰永平主编.武山旅游文化.兰州:敦煌文艺出版社,2015.

6.程晓钟主编.大地湾考古研究文集.兰州:甘肃文化出版社,2002.

7.甘肃省文物考古研究所编.秦安大地湾新石器时代遗址发掘报告.北京:文物出版社,2006.

8.中国社会科学院考古研究所编.师赵村与西山坪.北京:中国大百科全书出版社,1999.

9.王太职、董文珍.天水古史探微.兰州:敦煌文艺出版社,2023.

10.张维.陇右金石录.兰州:甘肃文献征集委员会校印,1943.

11.冯国瑞.天水秦器汇考.天水:陇南丛书编印社,1944.

12.雒江生.诗经通诂.西安:三秦出版社,1998.

13.程俊英.诗经译注.上海:上海古籍出版社,2021.

14.梁云.西垂有声——史记秦本纪的考古学解读.北京:三联书店,2020.

15.甘肃省文物考古研究所编著.渭河上游天水段考古调查报告.北京:文物出版社,2022.

16.祝中熹.物华史影——陇原文物赏萃.西安:三秦出版社,2006.

17.张贻玖.毛泽东读史.北京:中国友谊出版公司,1991.

18.刘光华.秦汉西北史地丛稿.兰州:甘肃文化出版社,2007.

19.张弛、谷国伟编.原石拓本对比——东汉刘福功德.郑州:河南美术出版社,2017.

20.天水市政协文史资料委员会编.天水文物精华.兰州：甘肃文化出版社，2016.

21.柏杨.柏杨版通鉴纪事本末.北京：东方出版社，2021.

22.杨铭.氏族史.北京：商务印书馆，2014.

23.李蔚.诗苑珍品璇玑图.北京：东方出版社，1996.

24.鲁迅.中国小说史略//鲁迅全集第9卷，北京：人民文学出版社，1991.

25.刘雁翔.走进天水.兰州：甘肃教育出版社，2019.

26.王来全.大象山.内部铅印本，1997.

27.〔唐〕慧立、彦悰撰，孙毓棠等点校.大慈恩寺三藏法师传.北京：中华书局，1983.

28.刘雁翔.杜甫秦州诗别解.兰州：甘肃教育出版社，2012.

29.〔唐〕李白撰，瞿蜕园、朱金晨校注.李白集校注.上海：上海古籍出版社，1998.

30.〔北宋〕李昉编.太平广记.北京：中华书局，2003.

31.〔清〕蘅塘退士编.唐诗三百首.北京：中华书局，1981.

32.〔五代〕王仁裕撰，李剑国辑证.王仁裕小说三种辑证.上海：上海古籍出版社，2024.

33.俞丰译注.经典碑帖释文译注.上海：上海书画出版社，2009.

34.〔唐〕权德舆撰，郭广伟校点.权德舆诗文集.上海：上海古籍出版社，2008.

35.范长江.中国的西北角.成都：四川大学出版社，2010.

36.杜鹏程.杜鹏程文集.西安：陕西人民出版社，2008.

37.陈寅恪.金明馆丛稿二编//陈寅恪集.北京：三联书店，2001.

38.〔清〕徐松辑.宋会要辑稿.北京：中华书局，1997.

39.〔北宋〕张方平撰，郑涵点校.张方平集.郑州：中州古籍出版社，1992.

40.［北宋］沈括撰，侯真平校点.梦溪笔谈.长沙：岳麓书社，2002.

41.［南宋］赵彦卫.云麓漫钞.北京：中华书局，1996.

42.袁林.西北灾荒史.兰州：甘肃人民出版社，1994.

43.王广林编.胡缵宗书法撷英.秦安县地方志办公室铅印本，2016.

44.胡圭如编著.天水胡氏民居.内部铅印本，2005.

45.冯国瑞.绛花楼诗集//中国西北文献丛书·西北文学文献第17卷，兰州：兰州古旧书店，1990.

46.莫建成编.王了望墨迹选集.北京：线装书局，2012.

47.［清］杨应琚撰，汪受宽校注.据鞍录.西宁：青海人民出版社，2024.

48.［清］董文涣.砚樵山房日记//清季洪洞董氏日记六种.北京：北京图书馆出版社，1996.

49.［清］董平章.秦川焚余草.清光绪二十七年刻本。

50.张维欣.谭嗣同年谱长编.长沙：岳麓书社，2020.

51.［清］王权撰，吴绍烈校点.笠云山房诗文集.兰州：兰州大学出版社，1990.

52.王效琦.王权评传.甘谷老年大学铅印本，2004.

53.王效琦编.王权学术研究资料辑录.西安：三秦出版社，2017.

54.张博.西厢张氏.兰州：甘肃文化出版社，2006.

55.［清］安维峻撰，杨效杰校点.谏垣丛稿.兰州：兰州大学出版社，1991.

56.马国琪主编.宣化岗志.兰州：甘肃人民出版社，2005.

57.黄钺.陇右光复记.内部铅印本，1913.

58.刘绍韬、黄祖同编.黄钺与秦州起义.兰州：甘肃人民出版社，1992.

59.天水市档案局编.辛亥革命史料三种.内部铅印本，2011.

60.张克复主编.甘肃的由来.兰州：甘肃人民出版社，1992.

61.胡圭如编.哈锐集.天津：天津古籍出版社，1991.

62.中共天水市委党史资料征集办公室编.天水党史资料.内部铅印本，1990.

63.慕寿祺.甘宁青史略.台北：台湾广文书局，1972.

64.中共天水市委研究室编.红军长征在天水.兰州：甘肃人民出版社，2006.

65.陈建中主编.力学楼藏书史话.兰州：甘肃科学技术出版社，2015.

66.李永翘.张大千年谱.成都：四川省社会科学院出版社，1987.

67.甘肃省档案馆编.晚清以来甘肃印象.兰州：敦煌文艺出版社，2008.

68.贾廷诗等记录.白崇禧口述自传.北京：中国大百科全书出版社，2016.

69.沈云龙等记录.凌鸿勋口述自传.长沙：湖南教育出版社，2011.

70.王劲.邓宝珊将军.兰州：甘肃人民出版社，2004.

71.王志荣主编.邓宝珊将军.兰州：甘肃人民出版社，2004.

三、相关论文、考古报告

1.梁云.考古学上所见秦与西戎的关系.西部考古，第11辑.三秦出版社，2016.

2.赵吴成.甘肃马家塬战国墓马车的复原——兼谈族属问题.文物，2010（6）.

3.马芳芳.马家塬墓地西戎文化研究.西北大学硕士学位论文，2018.

4.梁云，张志丹.甘谷毛家坪出土秦"子车"戈探讨.中原文物，2021（3）.

5.晏昌贵.天水放马滩木板地图新探.考古学报，2016（3）.

6.甘肃省文物考古研究所.甘肃秦安上袁家秦汉墓葬发掘.考古学报，1997（1）.

7.赵逵夫.赵壹生平著作考.文学遗产，2003（1）.

8.张学正.甘谷汉简考释//甘肃省文物工作队、甘肃省博物馆编.汉简研究文集.甘肃人民出版社，1984.

9.阎小鹏.东汉〈刘福功德颂〉真伪再考——兼与辛德勇先生商榷.书法报，2023-6-21.

10.天水市博物馆.天水发现隋唐屏风石棺床.考古，1992（1）.

11.德凯琳、黎北岚撰，魏纯林译.巴黎吉美博物馆围屏石榻刻绘的宴饮和宗教题材//张庆捷等编.4—6世纪北中国与欧亚大陆.科学出版社，2006.

12.甘肃省博物馆文物队.甘肃秦安县唐墓清理简报.文物，1975（4）.